Die Kunst war mir das einzige Ziel

Erinnerungen an den Maler Lovis Corinth

von

Renate von Rosenberg

Über die Autorin

Renate Dangschat, 1938 in Berlin geboren, veröffentlichte bereits in jungen Jahren vier Jugendbücher unter ihrem Mädchennamen Renate von Rosenberg. Seit 1963 ist sie mit dem Arzt Dr. Peter Dangschat verheiratet, hat drei erwachsene Kinder und sechs Enkel. Die Autorin lebt in Wolfenbüttel und publizierte bereits eine Vielzahl historischer Romane: „Ein Schloss für Sophie – Roman aus der Zeit Friedrich des Großen" (2008); „Antonia, die schöne Polin" – Eine Liebe am Hofe August des Starken" (2009); „Ich – Paganini. Ein Künstlerroman um den Teufelsgeiger" (2010); „Die Emigrantin – Europas erste Malerin, Das Leben der Elisabeth Vigée – Lebrun" (2011); „Adieu Märchenprinz – Wandlung des Künstlers Heinrich Vogeler" (2012); „Ein Herzog zu viel – Der Kampft Karls des II. von Braunschweig um seinen Thron" (2013); „Leopold der I. – Ehestifter Europas. Ein Coburger auf Belgiens Thron" (2014); Auf den Flügeln des Genius – Das Leben des Bildhauers Christian Daniel Rauch" (2015) sowie „Da streifte mich ein Mädchen. Walter Leistikow – ein Maler in Berlin" (2017).

Renate von Rosenberg

Die Kunst war mir das einzige Ziel

Erinnerungen an den Maler Lovis Corinth

Beggerow

Bibliographische Information der Deutschen Bibliothek

Die Deutsche Bibliothek verzeichnet diese Publikation in der Deutschen Nationalbibliographie; detaillierte bibliographische Daten sind im Internet über http://dnb.ddb.de abrufbar.

Titelbild: Ausschnitt aus „Selbstbildnis mit Skelett" 1896

© 2017 Beggerow Buchverlag
D-12487 Berlin, Königsheideweg 290
Alle Rechte vorbehalten
Druck und Bindung: Alfred Nordmann, Israel
ISBN 978-3-936103-56-4

Für André
und unsere gemeinsamen
vierundfünfzig Jahre

Inhalt

Der Schüler Louis erinnert sich:

Behütete Kindheit – lieblose Jugend

„Du bist ein Dickschädel wie nur einer in Ostpreußen! Da predige ich dir, was du zu tun und zu lassen hast. Aber bei dir muss man immer wieder von vorn anfangen", schrie meine Mutter auf Platt, wenn ich etwas ausgefressen hatte. In ihrer Rage traktierte sie dann mein Hinterteil, bis sie mich von ihrer Sicht der Dinge überzeugt hatte. Wenn ich ihr danach Leid tat, war sie sogar zärtlich zu mir, was ich sehr liebte. Damit hat sie ungewollt meinen Widerspruchsgeist gestärkt. Also fange auch ich von vorn an.

Geboren bin ich am 21. Juli 1858 in Tapiau, einer Kleinstadt am Pregel, von dem hier die vielbefahrene Schifffahrtsstraße der Deime abzweigt, genau gesagt im Landkreis Wehlau östlich von Königsberg. Mein Vater ist Lohgerbermeister und besitzt darüber hinaus eine größere Landwirtschaft mit Ackerbetrieb, Kühen, Schafen und Pferden. Bevor ich auf die Welt kam, hatte er eine Witwe mit fünf Kindern geheiratet, die ihm den Hof mit in die Ehe brachte. Ich bin ihr sechstes Kind und zugleich der einzige leibliche Sohn meines Vaters. Getauft wurde ich auf den Namen Franz Heinrich Louis Corinth. Der dritte französische Vorname rührt wohl vom Hohenzollernprinz Louis Ferdinand her. Denn meine Eltern, besonders mein Vater, sind echte Preußen und königstreu bis auf die Knochen.

Bei uns zu Hause wird Ostpreußisch gesprochen. Meine Eltern sprechen das Platt ebenso wie unsere Arbeiter, Tagelöhner und Dienstmägde auf dem Hof. Ich hätte nie gedacht, dass es ein feineres Deutsch gibt. Als Kleinkind waren Haus, Stallungen und

Scheune meine ganze Welt. Hinter dem grün bemoosten, baufälligen Bretterzaun um unser Anwesen, dort, wo ein schiefes Tor hängt, fließt die Deime, die als Arm des Pregel ins Kurische Haff mündet. Ich sehe vor meinen Augen noch die Lastkähne, die von stets schreienden und schimpfenden Schiffern mit langen Stangen am Ufer entlang vorwärts geschoben werden. Oder im Sommer die Dampfschiffe mit Ausflüglern aus dem nicht weit entfernten Königsberg.

Wenn ich nach meiner ersten Kindheit jetzt so allein bei der Tante in ihrer kümmerlichen Wohnung in Königsberg sitze, denke ich auch über meine fünf Halbgeschwister nach. Seit mein Vater mich hier aufs Gymnasium geschickt hat, weil es in Tapiau keins gibt und weil ich in den Ferien nach Hause darf, sind sie noch gehässiger gegen mich als vorher. Das kommt wahrscheinlich daher, dass sie eifersüchtig sind. Sie glauben, ich halte mich für was Besseres. Bei uns zu Hause hat es von je her viel Streit gegeben. Die größeren Jungen raufen sich oft, bis meine Mutter dazwischen fährt und ihnen den Kopf zurechtsetzt. Im Haus ist sie die oberste Instanz über ihre Kinder und die beiden Marjellen in der Küche. Wenn nötig, verschafft sie sich bei jedem von uns gehörig Respekt auch mit einer kräftigen Tracht Prügel. Unser Vater kümmert sich um die Gerberei und Landwirtschaft und hat das Sagen über unsere Dienstleute. In Tapiau gelten wir als reiche Leute, und da mein Vater sogar Ratsherr ist, gehört er zu den Honoratioren.

Der Bodo ist mein Lieblingsknecht. Er hat immer ein gutes Wort für mich. Wenn er in den Pferdestall ging, schlich ich oft heimlich hinter ihm her. Er kannte die vier Füchse und zwei Braune mit Namen und sprach immer mit ihnen. Als er dann draußen war, ging auch ich zu den Pferden und erzählte ihnen was. Ob sie mir zuhörten, weiß ich nicht, nur, dass sie mir nichts taten, weil ich wohl noch so klein war.

So entdeckte ich bald auch ein neues Pferd, das mein Vater auf dem Insterburger Pferdemarkt gekauft hatte. Es war jung und ungebärdig und sollte sich erst mal an die neue Umgebung gewöhnen. Ich bemerkte gleich, dass der Bodo bei ihm vorsichtiger war. Beim Mittagessen in der großen Stube hörte ich denn auch, dass es ein Hengst war. Die Knechte am Tisch machten wohl komische Bemerkungen, so dass meine Mutter mit der Faust auf den Tisch hieb, worauf die Männer schwiegen. Aber meine älteren Brüder verulkten mich, *ich* könnte ja mal auf dem Hengst reiten.

Genau das wollte ich sowieso ausprobieren. Als der Bodo gegangen und die Luft im Stall rein war, schlichen meine beiden älteren Halbbrüder August und Julius mit mir zu dem Neuen. Von der Seite sollte ich mich dem Tier nähern, damit es mich sehe und hinten nicht austreten würde. Dann hoben sie mich vierjährigen Knirps hinauf auf den Rücken. „Hol di fast!", riefen sie mir zu und ich klammerte mich an die Mähne des Fuchses. Dann öffneten sie das Gatter und trieben ihn hinaus. Das ging nur gerade so lange gut, bis mich der Hengst abschüttelte. Ich flog in hohem Bogen unsanft auf die Erde. Wie durch ein Wunder hatte ich mir nichts getan. Die Mutter veranstaltete ein Donnerwetter. Mein Vater aber, der mich sehr liebte, hielt meinen Kopf geborgen an seiner Brust und wiegte mich lang. „Min lewer Jung", sagte er immer wieder. Noch heute bin ich mir im Zweifel, ob meine Halbbrüder in ihrer Eifersucht nicht doch beabsichtigt hatten, mich umzubringen.

Dennoch blieb der Pferdestall für mich das Interessanteste auf dem Hof. In der Küche schnappte ich auf, dass eine rossige Stute dem Hengst zugeführt werden sollte. Ich lag auf der Lauer. Das musste ich sehen. Als mein Ohm auf der Stute angeritten kam und die Tore des Hofes fest zugesperrt wurden, wollte ich mich in den Stall schleichen Dabei entdeckte mich aber die Maja. Sie schlug gleich Alarm, woraufhin mich meine Halbschwester Rike packte und mit roher Gewalt ins Haus schleppte. Ich hörte nur noch den Hengst aufgeregt wiehern. Mir aber wurde meine Neugier mit einer Tracht Prügel ausgetrieben. So bekam ich diesmal nichts mit. Schwor mir aber, es das nächste Mal zu versuchen.

Als es dann wieder einmal so weit war und der Ohm die Stute in den Hof brachte, versteckte ich mich hinter einem Holzhaufen. Und was ich da zu sehen bekam, konnte ich mir zuerst gar nicht erklären. Nur, dass der Hengst von hinten auf die Stute stieg und dabei ein entsetzlich langes rotes Ding zum Vorschein kam. Dazu schnaubte und wieherte er gefährlich. Das ganze dauerte nicht sehr lang und ich dachte, was macht der da? Dann wurde der Hengst wieder in den Stall geführt und die Stute an einen Wagen gebunden.

Da mir niemand erzählen wollte, was es mit diesem Vorgang auf sich hatte, schnitt ich mit der Kinderschere ein Pferd aus Papier aus und brachte gleich den Gegenstand, den ich genau beobachtet hatte, mit auf das Bildchen. Ich zeigte es meinem Lieblingsknecht Bodo. Der grinste nur und meinte, da hätte ich ja wohl einen Hengst bei der Arbeit ausgeschnitten. Ich verstand nicht recht. „Na ja, wann er de Stute een Fohlen makt", wurde ich belehrt.

So war das also. Nun wusste ich das. Ich erfuhr auch den Unterschied zwischen Stute und Hengst und darüber hinaus, dass männliche Tiere und Menschen eine „Wurzel" haben. Das interessierte mich sehr. Und mit meinem Spielkamerad Otte und anderen Freund, Schuster Schöntaubs Gustav, prüften wir in einer Ecke des Heuschobers gleich nach, wie die wohl bei uns aussieht.

Außer Otte und Gustav hatte ich einen großen Freund. Das war der Zimmermann Beckmann, der mir immer so schöne Zeichnungen machte. Dann holte er seinen großen Stift und ein Stück Papier hervor und zeichnete ein Gesicht oder ein Tier darauf. Das machte mir soviel Spaß, dass ich es auch probieren wollte. Herr Beckmann freute sich über meine Kritzeleien und meinte, ich hätte ja Talent, lobte mich sogar, wie gut ich mich selbst auf dem jungen Hengst gezeichnet hätte. Dabei vergaß ich nicht, seine Wurzel deutlich sichtbar zu machen. Von da an sah ich mir alles um mich herum noch genauer an. Denn ich wollte so gute Bildchen machen wie Herr Beckmann.

Mit noch nicht einmal sechs Jahren sollte ich in die Schule kommen. Das war mir gar nicht recht. Viel lieber zog ich weitere Kreise rund um unseren Bauernhof. Ich durfte dem Vater sogar das Mittagsbrot auf den Acker bringen und sollte unsere Enten am Ufer der Deime hüten, dass sie nicht in den Gemüsegarten des ehemaligen Ordensschlosses hinein strolchten und die ganzen Anlagen zerstörten. Tiere hatte ich besonders gern. Unsere schwarze Molli war meine Lieblingskatze. Wenn sie Junge bekam, behielten wir in der Regel zwei, damit im Stall die Mäuse nicht Überhand nahmen.

Das lange, weiß getünchte Gebäude des alten Ordensschlosses mit seinem spitzen roten Dach stand unserem Haus genau gegenüber auf der anderen Seite der Deime. Im Volksmund hieß es „das Stidut" und trug den Namen „Ostpreußische Besserungsanstalt". Dort sah ich schwarz-, weiß- und braun gekleidete Gestalten ein- und ausgehen. Das waren verurteilte Gefangene, aber auch straffällig gewordene Jugendliche und Waisenkinder. Im Oberstock unseres Hauses hatte eine ältere Aufseherin der Anstalt eine kleine Wohnung. Denn auch weibliche Personen sollten gebessert werden. Ihre Tochter Emilie, die ich Emmi nannte, war mit meiner Halbschwester Rike befreundet.

Emmi und ich spielten öfter zusammen „Mutter und Kind", was mir sehr gefiel, denn meine eigene Mutter war selten zärtlich zu mir. Emmi zeigte mir auch ihre Sammlung von Postkarten, die sie in einer Pappschachtel verwahrte. Darunter befand sich das Abbild eines Reiters auf einem herrlichen Pferd aus Eisen. Sie verriet mir, dass das Denkmal in Königsberg stehe und den preußischen König Friedrich Wilhelm III. darstelle. Ich konnte mich daran gar nicht genug satt sehen. Besonders bewunderte ich die kühne Haltung von Reiter und Tier. Auf unserem Hof trieb ich mich ja am liebsten bei den Pferden herum. Wenn sie auf der Weide grasten, brachte ich sie mit Klatschen und Rufen zum Laufen und beobachtete genau, wie sie sich bewegten.

Kurze Zeit später half mir nichts mehr. Ich musste mich dem „Ernst des Lebens" stellen. Mit mir noch nicht einmal Sechsjährigem saßen in der Klasse Jungens, die schon lange zur Schule gingen und kurz vor der Konfirmation standen. Während ich Lesen und Schreiben spielend lernte, wussten diese nicht viel mehr als ich und waren außerhalb der Schulzeit auf dem Gut oder im Dorf als Kleinknechte beschäftigt. Zu ihren Aufgaben gehörte, den Erwachsenen bei allerlei Handreichungen zu helfen. Unser Lehrer Böhm hielt den altersmäßig zusammen gewürfelten Haufen mit Strenge beieinander und sorgte für Ordnung. Dafür hatte er sich eine Art Spitzelsystem ausgedacht. Der Klassenprimus sollte aufpassen, dass es still im Raum war. Er schrieb die größten Schreier mit Namen auf die Tafel, was unweigerlich zur Folge hatte, dass der Lehrer die langstielige Lederpeitsche, den Kantschu, hervorholte und die Schreier versohlte.

Mich lobte Böhm, als sei ich ein Wunderkind. Er stellte mich der Klasse als Vorbild hin, was meinen Vater in seinem Stolz auf den Gedanken brachte, ich hätte „Kopp" und sollte ein Studierter werden. Also wurde ich mit allerlei wertlosen Kenntnissen voll gestopft. Wenn es ums Lesen ging, konnte ich nie genug lernen. Mit dem Rechnen lag es allerdings bei mir im Argen. Ich kriegte die Zahlen einfach nicht in den Schädel hinein. Herr Böhm rang die Hände. Was er auch versuchte, ich konnte nicht die kleinste Aufgabe rechnen. Schließlich versuchte er es damit, mich an den Haaren zu ziehen und zu prügeln. Als das auch nicht half, ließ mir mein Vater bei ihm für einen Taler im Monat Nachhilfestunden geben. Das schränkte meine kostbare Freizeit empfindlich ein. Denn mittags von zwölf bis eins und abends von fünf bis sieben sollte ich mich bei meinem Lehrer einfinden.

Das hatte ich bald satt, zumal die anderen Jungens mir rieten, ich solle mich vor den Stunden drücken. Wenn ich dann doch mal hinging, war Böhm noch froher als ich, wenn die Nachhilfestunde vorbei war. Ja, es kam sogar so, dass wir beide uns freuten, wenn ich die Stunden schwänzte. Dabei drückte Böhm mehr als ein Auge zu. Meine Mutter kümmerte es wenig, ob ich auch im Rechnen ein Wunderkind sei. Sie meinte sowieso, ich solle als Bauer auf einem Landgut wirtschaften. Mein Vater hingegen hielt an seinem Lebensplan für mich fest. Ich sollte auf die Universität gehen, denn Kopfarbeit mache sich immer noch am besten bezahlt. Kein Wunder, dass mir die Schule von Anfang an keinen Spaß machte.

Schon als Kind war ich dickköpfig und setzte mich über manche Gebote hinweg. Wenn ich es nur einigermaßen schlau anstellte, bemerkte auch niemand etwas. Meine Mutter wurde argwöhnisch, wenn ich mich zu sehr fügte und rein gar nichts anstellte. Dann traf sie in gewisser Weise Vorsorge, wie ich mich anständig zu benehmen hätte. So etwas passierte, als ich ihr einmal heimlich in die Speisekammer nachschlich, um zu sehen, ob ich dort etwas Gutes zu naschen finden könnte. Am Türpfosten hing der steife, verschimmelte Sielenstrang. Mit dem hatte ich schon öfter Bekanntschaft gemacht. Meine Mutter nahm ihn vom Nagel, drehte sich zu mir um und sagte: „Da hau ek de Lue, wenn du onartig best." Sie machte ihre Androhung nur zu bald wahr. Dann warf sie ihn auf das Dach des elterlichen Himmelbetts.

Ich aber dachte mir auch mein Teil. Listig stahl ich den Strang, musste dafür allerdings auf zwei Stühle steigen, schlich mich vom Hof bis zur Deime und warf ihn dort weit in den Fluss. Triumphierend sah ich ihn davon schwimmen. Meine Mutter erwähnte mit keinem Wort meine Eigenmächtigkeit. Wahrscheinlich werden alle gelacht haben und stolz gewesen sein über meinen Streich.

Das nächste Mal wurde ich kühner, sogar diebischer: Ich stahl! Unsere Dienstleute waren angehalten, kleine Geldbeträge, die sie von Einkäufen für meine Mutter zurückbrachten, auf den Tisch zu legen. Dort rührte sie niemand an. Ich aber griff mir einmal die kleinsten Münzen, was gar nicht auffiel. Als ich aber eines Morgens wieder zur Schule ging, nahm ich eine Handvoll kleine und größere Geldstücke an mich. Das konnte meiner Mutter nicht entgehen. Ich wollte doch nur beim Bäcker Kraft die lang ersehnten Puppen aus Pfefferkuchenteig kaufen. Über Preise wusste ich nichts. Für mein Geld bekam ich so viele Figuren, dass meine Hosentaschen und mein Wams nicht ausreichten, sie alle zu verstecken.

Wie sehr ich auch stopfte, überall schauten Köpfe, Arme und Beine heraus. Schließlich packte der Bäcker den Rest auf meine vorgestreckten Arme. Nun war es doppelt schwer, unbemerkt ins Haus zu kommen. Ich futterte in mich hinein, was mein Magen hielt. Meiner Mutter, die am Fenster stand und mich beobachten konnte, kam das aber spanisch vor. Sie kombinierte, dass der Geldschwund auf dem Tisch, vielleicht mit mir zusammenhängen konnte.

Als ich in die Wohnstube trat, schrie sie mir entgegen: „Jung, du hest dat Jeld jestoahle!" Vor Schreck ließ ich alle wunderbaren Brotfiguren fallen, flüchtete ins Schlafzimmer und warf mich schluchzend aufs Bett. Ich erwartete nichts anderes, als dass ich windelweich verprügelt würde. Aber weit gefehlt. Meine Mutter sagte mir nur einige beschämende Worte und wandte sich dann von mir ab.

Als mein Vater vom Feld heimkehrte, spürte er die gedrückte Stimmung und fragte ganz verwundert, was denn los sei. Darauf klärte ihm meine Mutter mit verächtlichem Ton, ich hätte gestohlen. Nun sprach auch mein Vater kein Wort mehr mit mir und man ließ mich allein. Von Schuldgefühlen gequält, wurde ich todunglücklich. Ich hätte sogar die schlimmste Prügel ertragen, wenn meine Eltern bloß wieder mit mir gesprochen hätten. Aber das dauerte einen ganzen Tag. Diese Sache habe ich nie vergessen. Was ich da gelernt hatte, wirkte auf mich so, dass ich im Leben nie mehr etwas, das mir nicht gehörte, nicht einmal das Kostbarste, angerührt hätte.

Mein Vater wurde zu dieser Zeit sehr krank. Unser Hausarzt aus Tapiau fühlte sich überfordert und riet, mein Vater solle nach Königsberg gebracht werden. Dort sei er in besten ärztlichen Händen. So arrangierte meine Mutter denn alles und quartierte ihn bei unseren Königsberger Verwandten ein, damit er gut gepflegt würde. Nach drei Wochen wollten wir ihn dort besuchen. Meine Mutter besorgte zwei Billetts vierter Klasse auf der neuen Eisenbahn und nun fuhr ich mit ihr zum ersten Mal in die große Stadt.

Mein Vater lag im Bett und weinte vor Rührung, als er mich wieder sah. Gewachsen sei ich. Er strich mir mit seiner blassen Hand übers Haar und zog mich zu sich aufs Bett. Ich freute mich ja auch, ihn wieder zu sehen. Eigentlich aber wollte ich viel lieber das Denkmal sehen, das mir die einäugige Emmi auf der Postkarte gezeigt hatte. Er verstand meinen Wunsch und überredete meine Mutter, mit mir in den Königsgarten zu gehen, wo das Denkmal König Friedrich Wilhelms III. stand.

Als wir dann auf dem weiten Platz der Anlage auf einem hohen blank polierten Steinklotz einen eisernen Reiter auf einem wunderschönen eisernen Pferd sahen, war ich ganz hin und weg. Das Pferd hatte ein Vorderbein richtig angehoben. Auch stellte ich fest, dass es ein Hengst war. Mutter und ich gingen ehrfürchtig darum herum und betrachteten die vier Frauenfiguren an den Enden des Sockels. Sie waren von nackten Kindern umringt und bei den Knäblein dachten wir beide dasselbe. Meine Mutter flüsterte, dass niemand es hören konnte: „Kick, Lue, de Jung heft ook son kleene Hoan wie du."

Das Beste war, dass mein Vater wieder gesund heimkehrte. Doch eine Tragödie folgte bald auf dem Fuß: Zu Ostern wurde ich nicht von der zweiten in die dritte Klasse versetzt. Durch mein Sitzen bleiben waren uns leider die Feiertage vergällt. Als endlich der Ärger verraucht war, beschlossen meine Eltern, mich nach Königsberg aufs Kneiphöfische Gymnasium zu schicken. Dafür musste ich allerdings bei meiner Tante, der jüngeren Schwester meiner Mutter, gegen ein Pensionsgeld untergebracht werden. Die lebte mit ihrem Mann, einem Schuhmachermeister, im eigenen Haus am Pregel. Ihren Sohn, den Fritzke, liebte ich sehr, weil er für mich immer so schöne Lokomotiven zeichnete. Meine Mutter meinte, mit einem Sack Kartoffeln und ein paar fetten Enten wäre ich bei der Tante vor dem ärgsten Hunger geschützt.

Da noch Ferien waren, machte ich mir über meinen Umzug, der ja eigentlich ein Fortzug war, noch keine Gedanken. Immerhin bestand ich im Kneiphöfischen Gymnasium die Aufnahmeprüfung für die Septima. Der alte Direktor, der sich selbst von meinen bisherigen Kenntnissen überzeugt hatte, stellte fest, im Herbst würde ich bestimmt in die Sexta kommen. Zunächst war ja noch Sommer. Und da lockten in Tapiau das Schützenfest und in Wehlau der Jahrmarkt.

Für das Schützenfest waren die Straßen unserer kleinen Stadt mit Birkenbäumen geschmückt. Am Vorabend marschierte eine Blaskapelle bis zum Marktplatz und leitete den folgenden Tag mit einem Zapfenstreich ein. Dort stellte sich am Festtag die Schützengilde in Reih und Glied auf. Die Offiziere, ehemalige Schützenkönige, Fahnenträger und andere Würdenträger, trugen Degen an der Seite, die sie von Beamten des Instituts entliehen hatten. Gemeinsam mit dem Schützenkönig sprengten sie auf geborgten, prächtig aufgezäumten Pferden an den ausgerichteten Reihen entlang. Diese präsentierten zur Musik von Trompetenfanfaren das Gewehr. Der Schützenkönig, wie auch seine Vorgänger, trugen über der Brust breite Ordensbänder mit tellergroßen silbernen Medaillen. Nach dieser Präsentation zogen alle mit „Gewehr über" unter den schmetternden Klängen des Düppeler Schanzenmarsches mutig zum Fichtenwald.

Am Saum dieses Waldes, den die große Chaussee zwischen Tapiau und Wehlau durchschneidet, liegt die Festwiese mit ihren Trinkbuden und dem Tanzboden. Dorthin eilte auch alles, was gesunde Beine hatte. Die Honoratioren, zu denen mein Vater als Ratsherr gehörte, fuhren mit dem Pferdewagen. Bei Musik und

Tanz amüsierten sich die meisten. Wenn die Sonne sank, verschwanden einzelne Paare im Gehölz oder tauchten wieder auf. Am nächsten Morgen zogen Liebespaare Händchen haltend und Trunkenbolde grölend in die Stadt. Dort wurde der neue Schützenkönig durch den „Königsschuss" gekürt. Für seinen Meisterschuss erhielt er eine schön bemalte Scheibe, die er als Ehrenzeichen an seinem Haus befestigte. Wo sonst kaum etwas los war – nach jedem Schützenfest gab es unter Tapiaus Klatschmäulern wieder neuen Gesprächsstoff.

Der Wehlauer Jahrmarkt war für meinen Vater als Gerbermeister besonders wichtig. Dort wollte er möglichst viele fein gegerbte Leder verkaufen. Sie wurden auf große Leiterwagen geladen, nicht selten zusammen mit mehreren Scheffeln Raps. Dann fuhren wir auf dem Pferdegespann dorthin. Tapiau liegt von Wehlau nicht weit entfernt. Bis dorthin sind es nur zwei Wagenstunden. Bei klarem Wetter können wir von unserem Haus aus über die Wiesen hinweg dort die Fenster blitzen sehen. Vor Wehlau gibt es allerdings ein Nadelöhr. Das ist die alte Brücke, auf der sich viele Bettler herumtreiben. Auch in diesem Jahr gab meine Mutter jedem aus egoistischem Aberglauben ein Almosen. Man musste im langsamsten Tempo über die Brücke fahren, damit der wackelige Holzbau nicht zusammenbrach.

Kaum hatten wir die Brücke passiert, kamen auch schon die Lederhändler heran und begannen, mit meinen Eltern zu feilschen. Wegen des siegreichen Krieges in Schleswig-Holstein gegen Österreich lief das Geschäft sehr gut. Und da bereits ein neuer Krieg Bismarcks gegen Frankreich in der Luft lag, waren Raps und Leder für Stiefel schnell verkauft. Mein Vater nahm mich auch mit auf den Pferdemarkt. Dem hatte ich schon entgegen gefiebert. Er ist einer der größten in der gesamten Provinz. Vor allem werden dort russische Pferde importiert. Hier war auch die „Schanz" mit Riesendamen, Seejungfern, Trink- und Schießbuden.

Die Riesendame hatte, wohl um noch größer zu wirken, einen roten Türkenfez auf dem Kopf. Über ihrem gewaltigen Busen trug sie ein blau-schwarz gestreiftes Wams und an den Beinen schwarze Pluderhosen. Sie stand auf einem Podest, neben dem ein Schild verkündete: „Das ist die Riesendame Elvira aus Bessarabien, 2 Meter 20 groß, 120 Kilo schwer". Sie forderte die Mutigsten unter den Männern lauthals zum Zweikampf heraus und sparte nicht mit obszönen Worten. Nicht viele folgten ihrer Einladung. Mein Vater zog mich weiter, aber ich konnte noch sehen, wie sie einen Hünen von einem Kerl derart in den Schwitzkasten nahm, dass ihm die Luft weg blieb und er darum bettelte, ihn los zu lassen. Am Schießstand bezahlte mein Vater für mich fünf Schuss und zeigte mir, wie ich das Gewehr halten und den Hahn abziehen sollte. Man konnte auf allerlei langsam vorbei ziehende Pappscheiben mit aufgemalten Wildtieren wie Fuchs und Hase zielen. Immerhin gelang mir ein Treffer auf einen Hirsch, wofür ich zur Belohnung einen Dauerlutscher erhielt.

Da die Gelegenheit günstig war, kaufte meine Mutter Schuhe für mich ein. Auswahl hatten wir genug, denn eine ganze Straße entlang reihten sich Bude an Bude von Tilsiter Schuhmachern. Wenn meine Mutter gut gestimmt war, spendierte sie mir an einer speziellen Bude auch Thorner Pfefferkuchen. Dann bekam ich die Taschen voll mit gebackenen Figuren, die ich früher „gestohlen" hatte. Zum Abschluss eines solchen Tages suchte meine Mutter bei den Kähnen noch Elbinger Käse aus und erstand zwei Stücke, von denen jedes so groß war wie ein Wagenrad. Die Männer schafften sie auf unseren nun leeren Wagen.

In Tapiau verbrachte ich die herrliche Freizeit der Ferien mit meinen Spielkameraden. Was wir dann immer so trieben, taucht nur in Fetzen in meiner Erinnerung auf. Dabei fällt mir ein, dass in unserer nächsten Nachbarschaft der Nagelschmied Schöntaub wohnte, der auf dem Hof seine Werkstatt hatte. Er war ein finsterer, verdrießlicher Mann, vor dem ich mich insgeheim fürchtete. Obwohl ich ihm aus dem Wege ging, war ich mit seinen beiden Söhnen befreundet. Wir drei waren fast gleichaltrig. Mein liebster Freund war jedoch Gustav. Er war sehr gutmütig, hatte brandrote Haare und das Gesicht voller Sommersprossen. Der ältere Heinrich war lang und weißhaarig. Entweder lungerten wir in der Schmiede herum, aus der ein lustiges Ping-Pang vom Hämmern auf dem Amboss tönte, oder lagen bei uns im Pferdestall. Dabei wurde es uns nie langweilig.

Als die Sommerferien vorbei waren, löste die Entscheidung meiner Eltern, mich aufs Gymnasium in Königsberg zu geben, einen schweren Kampf in mir aus. Denn plötzlich wollte ich überhaupt nicht zu meiner Tante. Ich wehrte mich mit aller Kraft und hätte mich in der Volksschule sonst wie angestrengt, um nicht aus Tapiau fort zu müssen. Aber es wurde definitiv gepackt: Kleider für mich, ein Sack Kartoffeln und gebratene Enten für meine Tante. Meine Mutter überlegte sogar, meinen künftigen Klassenlehrer mit einer der fettesten Enten und einer Speckseite zu meinen Gunsten wohlwollend zu stimmen. Davon hielt allerdings mein Vater nichts.

Als wir an der Haltestelle standen, war auf der Deime der Dampfer schon in Sicht. Planmäßig hielt er nur kurz und die Mutter trat vor Aufregung bereits von einem Fuß auf den anderen. Aber das war mir ganz egal. Hatte ich mich vorher bei all dem Palaver um meine Zukunft nur leidlich gefügt, so wollte ich jetzt absolut nicht mehr nach Königsberg zur Tante. Die kannte ich ja gar nicht, hatte die nur ein einziges Mal zu Besuch bei uns gesehen. Und wenn ich etwas nicht wollte, war nur schwer gegen mich anzukommen.

Ganz gegen ihre Gewohnheit zwitscherte meine Mutter geradezu und pries in höchsten Tönen ihre Lockungen an. Ich aber blieb bockig, obwohl der Dampfer beim Tuten schon anlegte. Da überbot sie sich und versicherte mir beschwörend, in der Sexta gebe es jeden Tag Zeichenunterricht. Außerdem habe der „kleene Fritzke" schon die schönsten Lokomotiven für mich gemalt. Da gab ich endlich nach. Es war auch die höchste Zeit. Mein Vater und ich stiegen über den Steg in den Dampfer. Hätte er mich zu guter Letzt nicht begleitet, würde ich die Trennung nicht über mich gebracht haben.

Die Fahrt über den Pregel nach Königsberg war langweilig. Zu beiden Seiten nur flaches Land mit Wiesen und Vieh darauf. Auf erhöhten Flächen standen die Gutshäuser unter Laubbäumen. Nach vier Stunden erblickten wir endlich die Türme der Stadt. Als wir die Festungsanlagen passiert hatten, gelangten wir zum Hafen. Über die vielen großen Seeschiffe konnte ich mich gar nicht genug wundern. Mit ihrer neuen Konstruktion und den Rahen sahen sie ganz anders aus als die Reise- und Lastkähne, die bei uns auf der Deime vorbei fuhren.

Endlich gingen wir von Bord und geradeswegs auf zwei Menschen zu, die sich von Nahem mit Lachen und Winken als Tante und Onkel entpuppten. Als sich die große magere Frau zu mir nieder beugte, um mich zu küssen, kniff ich die Lippen fest zusammen. Sie hatte in ihrem Mund nur einen einzigen langen Zahn, darum wollte ich sie nicht küssen. Der kleinere Onkel reichte mir freundlich die Hand. In seinem mageren Gesicht wuchs ihm ein dünner grauer Kinnbart. Neben ihnen stand der „kleene Fritzke" mit abstehenden Ohren. Beinahe hätte ich ihn nicht erkannt, so lang war er aufgeschossen, seit ich ihn das letzte Mal gesehen hatte. Er war Schlosserlehrling geworden und trug eine blaue Arbeiterbluse, aus der eine Blechflasche hervorlugte. So freudig, wie ich erwartet hatte, begrüßte er mich gar nicht. Gemeinsam gingen wir in ihre Wohnung, Magisterstraße 41.

Nachdem ich mich schluchzend von meinem Vater verabschiedet hatte, blieb ich zurück bei meinen Verwandten, die ich gar nicht kannte. Ich fühlte mich völlig fremd und verlassen. Zudem war die Wohnung im Verhältnis zu der unsrigen in Tapiau sehr klein: Nur zwei lange schmale Zimmer, aber noch einmal so hoch wie unsere Stuben. Aus dem größeren Raum führte ein Balkon auf den Pregel hinaus. Unten sah man einen kleinen Hof mit einer alten Linde. Von hier aus konnte ich wenigstens das turbulente Leben auf dem großen Fluss beobachten. Im kleinsten Zimmer der Gasse zu befand sich die Schusterwerkstatt des Onkels. Hier arbeitete er mit einem Gesellen zusammen. Abends wurde für mich aus dem Schrank eine Schlafbank herausgezogen. Die Matratze war sehr hart, die dünne Decke wärmte kaum.

In der ersten kurzen Nacht träumte ich wirr, sah immer wieder mein Zuhause in Tapiau vor mir und fuhr zusammen, als man mich weckte. Noch im Hemd, ohne mich zu waschen oder anzuziehen, sollte ich am Tisch mit gefalteten Händen ein „Vaterunser" beten. Nach einem spärlichen Frühstück brachte mich der gutmütige Onkel in die Schule. Da erlebte ich die nächste Überraschung.

Zunächst einmal trugen die Kinder feine Kleider mit breiten weißen Kragen. Der Unterschied zu meinen zerlumpten Klassenkameraden in der Volksschule hätte nicht größer sein können. Außerdem sprach alles hochdeutsch. Obwohl ich es verstand, war es für mich eine fremde Sprache. Als mich der Lehrer nach meinem Namen fragte, sprach ich ihn nach Bauernart hart und breit aus: „Caaarinth". Daraufhin brach die Klasse in schallendes Gelächter aus. Diese geschniegelten und gestriegelten Jungens amüsierten sich über jedes Wort, das mir kaum noch über die Lippen kam. Als mich der Lehrer aufforderte, eine leichte Rechenaufgabe zu lösen, verwechselte ich „Plus" und „Minus", weil ich diese Wörter noch nie gehört hatte. Ich wusste gar nicht, was sie bedeuteten. Natürlich kam das Ergebnis verkehrt heraus. Daraufhin holte mich der Lehrer aus der Bank und zog mir mit dem Rohr eins über. Dann sollte ich mich auf meinen Platz scheren. Ich beherrschte mich schwer, um nicht zu heulen. Denn ich war stolz wie ein Spanier. Geprügelt wurde also auch auf dem feinen Gymnasium in Königsberg.

Der Anfang in der neuen Schule war wirklich schwer. Wegen meines bäuerlichen Dialektes wurde ich von den Schülern in einer Tour gehänselt. Deswegen versteckte ich mich in den Pausen in einem Winkel unter den Bänken. Niemand kümmerte sich um mich. Einen Freund hatte ich schon gar nicht. Da fasste ich fest den Entschluss: Von nun an wollte ich nur noch hochdeutsch sprechen wie die feinen Stadtkinder. Als mich meine Tante wie gewohnt auf Plattdeutsch empfing, antwortete ich ihr hochdeutsch. Außerdem hatte ich beschlossen, sie in Zukunft mit „Sie" anzusprechen, wie das auch ihre Söhne August und Fritz meiner Mutter gegenüber taten. Das schuf immerhin einen Abstand zwischen mir und ihr. Meine Tante wundert sich zunächst über mein Benehmen und hielt das dem feinen Gymnasium zugute. Sie ließ es aber zu.

Außerdem hatte sie gerade anderes zu tun. Ich war mitten in einen heftigen Streit zwischen ihr und dem Onkel geraten. Meine

Tante schimpfte wie ein Rohrspatz. Weil er gar nicht zu Wort kommen konnte, hob er die Hände gegen sie, obwohl sie doppelt so groß war wie er. Da kam der kleene Fritzke hinzu und schubste seinen Vater gegen die Wand. „Wat, du wellst min Mudder schloage?" Um den Streit zu beenden, zog sich seine Mutter in die Küche zurück, weil sie das Mittagessen zubereiten wollte. Plötzlich hörten wir lautes Wehgeschrei. Das heiße Wasser war der Tante über die nackten Füße gelaufen. Sie kam humpelnd aus der Küche gestürzt. Mein Onkel aber tanzte triumphierend vor Freude: „Dat is goot, dat is goot!"

Wenn ich das Leben hier nicht mehr aushielt, schlich ich auf die „Lucht", wo der Geselle schlief. Das war der Bodenraum drei Stockwerke über der Wohnung. Aus der Dachluke schaute ich sehnsüchtig nach Osten, ob ich vielleicht den Kirchturm von Tapiau und unser Haus sehen könnte. Aber ich erkannte nur den Pregel, der sich, an Holzplätzen mit aufgestapelten Baumstämmen vorbei, silbern durch grüne Wiesen schlängelte. Tapiau lag irgendwo weit hinten im Dunst.

Aufgeregt stürmte ich die drei Treppen hinunter in die Stube, stülpte meine Mütze auf und wollte mich davon stehlen. Aber meine Tante hatte mich schon entdeckt und stellte sich vor die Tür. „Wo wellst hin?"

„Nach Hause will ich fahren."

„So? Dat lot man bliewe", fegte sie mir die Mütze vom Kopf, packte mich und zerrte mich in den Keller. „Mit der Hand über den Dubs (Hintern) kannst du fahren!", verhöhnte sie mich und schloss die Kellertür ab. Nun saß ich im Dunkeln, vor dem ich mich sonst so gefürchtet hatte. Diesmal aber war es anders. In mir hatte sich Widerstand geregt und mir Kräfte zugefügt. Ich wusste genau, dass an den Wänden entlang Spinnen ihre Netze spannten, dass Kellerasseln und Maden auf dem Boden krochen. Das war mir jetzt egal. Unbändige Wut erfüllte mich. Ich beschloss, mich an der Tante zu rächen. Sie sollte mich nicht finden und ruhig Angst um mich haben. Deshalb versteckte ich mich im äußersten Winkel.

Nach einer längeren Weile hörte ich sie die Tür aufschließen und nach mir rufen. Ich gab keine Antwort. Sie rief noch einmal, diesmal schon ängstlicher. Aber ich schwieg. Da kam sie mit einer Kerze die Stiege herunter und wäre beinahe gestolpert. „Herrgotts noch mal, wo bist du, Jung?" Ich wollte sie nicht länger auf die Folter spannen und kam zu ihr. Da umarmte sie mich auf ihre Art flüchtig und wurde ganz sanft. Sie tröstete mich, dass ja bald Pfingsten herankäme und ich in den Ferien nach Hause fahren dürfe. Schließlich mussten wir sogar zusammen lachen. So hatte sich denn unser Verhältnis einigermaßen gebessert, woraufhin ich auch meinen Kopf stärker in die Bücher steckte.

Als dann endlich der Tag herangekommen war, dass ich zu meiner Familie durfte, sollte ich mit dem Fahrschein für den Dampfer in der Tasche noch alles Mögliche mit nach Hause nehmen. Meine Tante hatte Strümpfe als Geschenk für meine Mutter gestrickt, zudem noch einen Kaffeetopf aus Porzellan gekauft mit der Aufschrift „Ein jeder Tropfen erquicke dich". Den sollte ich bloß nicht fallen lassen. Sie schärfte mir noch dies und das ein, was ich nicht mehr hörte. Ich wollte einzig fort von hier.

Als ich dann nach gut drei Stunden die beiden Mühlen von Raddatz und die Häuser nahe der Kirche mit dem roten Turm sah, schlug mir das Herz bis zum Halse. Ich wunderte mich nur, wie klein die Häuser hier gegenüber denen in Königsberg waren. Nun fuhr der Dampfer schon langsamer und ich konnte sogar bestimmte Menschen erkennen. An der Haltestelle stand noch auf einem Plakat: „William Bauer, Kolonialgeschäft und Dampferexpedition". Ich entdeckte auch das Schild mit dem nackten wilden Mann und seiner Blätterkranz um Kopf und Hüften, der noch immer eine Zigarre rauchte.

Als das Schiff anlegte, sprang ich heraus und stand endlich auf festem Boden, auf meiner Erde. Meine Eltern wussten zwar, dass ich kommen würde, kannten aber nicht den Termin. Deshalb eilte ich heim und schlich mich ins Haus. Da mich niemand sah, klopfte ich extra schüchtern wie ein Bettler an die Tür und bettelte mit verstellter Stimme durch den Spalt; „Schenke Se doch e Pfennig un e betke Brod!"

„Jung, wirst too Huus!", schrie meine Mutter. Darauf riss ich die Tür auf, sprang jubelnd herein und fiel ihr um den Hals. Da presste sie mich ganz fest an sich, wollte mich gar nicht mehr loslassen. In uns beiden brach eine gewaltige Empfindung auf. Ich war so glücklich wie lange nicht. Ich war wieder zu Hause.

Schon bald hatte sich im Hof das Gerücht verbreitet, ich sei wieder da. Und da kamen alle, einer hinter dem anderen, meine Schwester Rike von der Arbeit, die einäugige Emmi, mein Vater und die Halbbrüder aus der Gerberei. Alle freuten sich und staunten, wie sehr ich gewachsen sei und nun sogar hochdeutsch spreche. Denn das wollte ich meiner Familie gegenüber beibehalten, mit den Knechten und Dienstleuten aber unsere gewohnte Mundart sprechen.

Ohne es zu wissen, hatte ich mich auch innerlich verändert. Ich hatte viel von den feinen Stadtkindern angenommen und hielt mich nun wohl für was Besseres. Das ließ ich sogar meinen besten Freund von früher, Schöntaubs Gustav, spüren. Nachdem ich wieder im Hause war, machte er vor dem Fenster mit allerlei Kapriolen auf sich aufmerksam. Aber ich beachtete ihn nicht. Da riss meine Mutter das Fenster auf und schrie: „Lorbass, wirst too Huus goane!" Betrübt zog er fort. Das schmerzte mich nun doch zu sehr. Schon am Nachmittag war ich mit meinen alten Freunden wieder ein Herz und eine Seele und wir tauschten unsere Erlebnisse aus.

Die Pfingstferien verliefen ruhig und ich amüsierte mich mit meinen Freunden. Da brachte eines Morgens der Briefträger einen Brief mit schwarzem Rand. Die Tante teilte unserer Familie mit, dass ihr lieber Mann, der Schuhmachermeister Horn, ganz plötzlich am Nervenfieber gestorben sei. Das Begräbnis sollte gerade an meinem ersten Schultag sein. So fuhren mein Vater und ich am Ende der Ferien als trauernde Familienangehörige dorthin. Die Mutter war zu Hause geblieben, weil sie dort unabkömmlich sei, wie sie ausrichten ließ.

In Königsberg angekommen, erschien mir die Tante in ihrem schwarzen Kleid noch länger und magerer. Im offenen Sarg schlief friedlich der kleine Ohm, der immer so gut zu mir gewesen war. Einen Augenblick lang, hatte ich das Gefühl, als lächele er in seinen grauen Spitzbart hinein. Er hatte ein weißes Papierhemd an mit Kragenspitzen um den Hals. Am nächsten Tag war es bis zum Kirchhof der Kneiphöfischen Gemeinde hinter dem Brandenburger Tor ein weiter Weg. Dort wurde der Ohm nach kurzer Zeremonie eingescharrt. Die Tante verdrückte am Grab ein paar Tränen. Mein Vater und ich warfen eine Rose in die Grube. Zurück in der Wohnung, tischte uns die Tante eine schöne Mahlzeit auf. Als Nachtisch gab es Pudding mit Mandeln und Rosinen, was ich noch nie bei ihr gegessen hatte. Dabei rühmte sie die guten Charaktereigenschaften des Verstorbenen und wie friedlich sie zusammengelebt hätten: „Wie die Engel im Himmel." Soviel verstand ich schon, dass das nicht die Wahrheit war.

Nach dem Begräbnis lebten meine Tante und ich nun zu zweit in der Wohnung. Denn der Geselle ging fort. Die Einrichtung und das Werkzeug der Schusterwerkstatt wurden verkauft. Merkwürdig still schien es. Schließlich gewöhnten wir uns daran. Doch nicht lange darauf bemerkte ich, dass die Tante sich veränderte. Sie wurde noch geiziger und nahm es mit der Sauberkeit nicht mehr genau. Dazu wurde sie bequem und stellte mich für allerlei Besorgungen und Botengänge an. Um etwas mehr Geld in die Kasse zu bekommen, nahm sie sich eine alte Schlafstellerin. Diese präsentierte sich in ihrem Sonntagsstaat und behauptete, dem alten Grafen Bülow von Dennewitz die Wirtschaft geführt zu haben. Dabei schwärmte sie vom guten Leben im Schloss und wie sehr der alte Herr sie stets gelobt habe. In unserer Wohnung war ihr der Schlafplatz im Ehebett neben der Tante zugewiesen. Die Frau brachte drei kleine Möbelstücke mit, die im gemeinsamen Zimmer noch Platz fanden. Aber so eng aufeinander zu sitzen, ging nur selten gut.

Wenn Frieden herrschte, erzählte mir die Alte die Geschichte der Freiheitskriege, die ich auf diese Weise staunend vernahm. Brach aber wegen läppischer Kleinigkeiten Krieg zwischen den Frauen aus, bearbeitete meine Tante die Möbel der „Person" mit Fäusten und Füßen. Die Feindin rächte sich auf perfide Weise, indem sie in der Küche extra etwas Gutes briet. In Friedenszeiten war mir auf blankem Teller ja noch eine kleine Kostprobe serviert worden. Wenn stimmungsmäßig aber dicke Luft herrschte, strich mir nur der verlockende Bratenduft um die Nase und ich war ebenfalls ein Opfer ihrer Rache. Schließlich kündigte ihr meine Tante. Doch bald reute sie die fehlende Einnahme und sie nahm wieder eine andere Mieterin. Dann begann das gleiche Lied von neuem.

Die Tante liebte Unterhaltungen, wie sie ihr Schabbern nannte. Waren wir allein, musste ich ihr Zuhörer sein. Dann erzählte sie stundenlang von ihrer Kindheit, wie sie bei der Testamentseröffnung in Tapiau als jüngstes Kind übervorteilt worden sei. Nur eine alte englische Standuhr habe sie geerbt und schwärmte, welch ein Meisterwerk diese sei. Monate, Tage, Wochen, Stunden, Minuten, sogar Sekunden und den ganzen Kalender zeige sie an. Ich hätte das gern gewusst, aber leider ging sie nicht. Denn so lange ich bei der Tante in Pension war, schwieg die Uhr still. Natürlich behauptete sie, die Uhrmacher von heute seien schuld, weil sie von solchen Schätzen nichts mehr verstünden. Dabei hatte sie die Uhr noch nie zur Reparatur gebracht. Auch über meine Familie zog sie her und erzählte mir schauerliche Geschichten, wie mein ältester jähzorniger Halbbruder Fritz einmal mit dem Messer auf meinen Vater los gegangen sei. Selbst mich kleinen Wurm habe er bedroht und nur dem beherzten Eingreifen meiner Schwester Rike hätte ich es zu verdanken, dass ich noch am Leben sei.

Der Klatschereien nicht genug, wurde meine Tante immer geiziger. Ich bekam kaum noch zu essen und schlief fast immer hungrig ein. Durch nichts mehr gezügelt, tyrannisierte sie mich ohne Ende. Obwohl meine Eltern ein gutes Pensionsgeld für mich zahlten, verbrauchte sie das meiste davon für sich selbst. Einmal gab sie mir ein Dittchen (Zehnpfennigstück), mit dem ich beim Fleischer eine Karbonade für mich kaufen sollte. Ich dachte mir gleich, dass das nicht reichen würde. So schüttelte die Verkäuferin denn auch den Kopf, für so wenig Kleingeld gebe es „nuscht nich". Die Fleischersfrau aber betrachtete mich mitleidig. „So en kleen Jung, un so mager." Dann packte sie mir die Karbonade ein. Die knallte ich der Tante auf den Tisch, weil ich so gekränkt und wütend war. In der Küche entdeckte ich auch Schnapsflaschen, die sie zu verstecken suchte. So unordentlich, wie es bei uns aussah, konnte ich keinen meiner Klassenkameraden, mit denen ich mich schließlich angefreundet hatte, mit in die Wohnung bringen.

Eines Tages überraschte sie mich mit dem Plan, die „Lucht", wo früher auf dem Dachboden der Geselle wohnte, in eine kleine Mansardenwohnung für einen Mieter umzubauen. Natürlich nahm sie den billigsten Maurer. Der aber hielt ihr vor, dass Ziegel, Mörtel und Sand viel kosteten. „Aber doch wohl gereinigten Sand", dachte sie. Ja natürlich: Den könnte man billig haben. In unserer Nähe gab es einen Neubau. Mich hielt sie an, mit ihr abends um zehn Uhr den Sand in Portionen zu holen. Sie selbst band eine große Schürze um und mir ebenfalls eine. Dann schlichen wir zu dem Neubau, wo ein stattlicher Haufen gereinigter Sand prangte. Wir den Sand in die Schürzen und schnell nach Hause, längs dem Pregel entlang in den kleinen Hof unter unserem Balkon.

Aber wie groß war ihr Schrecken, als sie, zurückblickend, eine feine Sandspur entdeckte, die direkt zu uns führte! Gerade so wie bei Hänsel und Gretel die Brotkrümel im Wald. Das kam daher, weil in meiner Schürze ein großes Loch klaffte, durch das der Sand gesickert war. Mich an der Hand, lief sie zurück und versuchte, mit dem Fuß die Spur zu verwischen. Ich sollte es ihr nachtun. Mir kam dabei nur in Erinnerung, wie sich meine Mutter aufgeregt hatte: „De Lue heft gestoahle."

Dass solcherlei Erziehungsmethoden meinem Vorwärtskommen in der Schule nicht förderlich waren, lag auf der Hand. Mein natürlicher Verstand reichte gerade bis Quarta. Sexta und Quinta hatte ich noch geschafft. In Quarta aber erwischte mich beinahe das Schicksal. Hier nämlich lernten wir fremde Sprachen, von denen meine Tante noch nie gehört hatte. Anstatt Vokabeln zu lernen, sollte ich mit dem Fritz im Keller Holz sägen. Außerdem musste ich früher aufstehen, denn die Tante schlief selbst gern lange aus. Ich musste meine Stiefel wichsen. Den Kaffee bekam ich regelmäßig zu heiß und ging ohne Frühstück in die Schule. Übernächtigt, wie ich war, schlief ich oft in der fünften Stunde ein. Anstatt Hausaufgaben zu machen, zeichnete ich. Wenn ich mit den Mathematikaufgaben nicht nachkam, vielleicht auch, weil die Tante keine Ahnung davon hatte, schrieb ich vor den Stunden bei meinen Klassenkameraden ab. Zum Glück saß ich unter den besseren Schülern, so dass meine „ordentlich gemachten" Hausaufgaben den Lehrern genügten.

Was ich stets und mit größtem Eifer betrieb, war das Zeichnen. Sogar unserem Zeichenlehrer fiel auf, dass ich Talent hätte. Wenn meine Tante einige Damen zu Besuch hatte – zuvor musste ich die Wohnung auf Hochglanz bringen – ließ sie sich bewundern, wie gut ich es bei ihr hätte. „So liebevoll wie bei Muttern zu Haus." Dann meinte sie, der Jung sei ja so bescheiden. Er brauche nur eine Scheibe Brot und Papier zum zeichnen. „Weiter will er nuscht." I wo, nur satt gegessen hätte er sich gern!

Wenn es nur irgend meine Zeit erlaubte, schlenderte ich längs den Bollwerken am Pregel entlang. Dort beobachtete ich die kleinen polnischen Boote, die Wittinnen genannt wurden, und machte mit den anderen Jungen, die hier herumlungerten, interessante Tauschgeschäfte mit den Polacken. Ziel waren deren halbwegs brauchbare Angelruten, auch Brot. Als Münzen dienten blanke Knöpfe. Dann ging das so hin und her: „Schenkst Kleba, schenk i Knopka, dobry popolski kleba gibst." Wenn das mit Hochdeutsch auch nur wenig zu tun hatte, so verstanden wir uns dennoch.

Hatte ich einmal einige Groschen erübrigt, mietete ich mir von den Fischern eines ihrer Boote und schaukelte dann auf den Wassern des Pregel. Wie gern wäre ich mit einem der großen Segelschiffe in ferne Länder gefahren, zu den Menschenfressern, wie mein Freund Beckmann, der Zimmermann in Tapiau, sie gezeichnet hatte, oder zu den Indiern und Malaien. Früher wäre ich gern Landwirt geworden wie mein Vater. Jetzt wollte ich Seemann werden. Stattdessen musste ich aber immer länger die verhasste Schulbank drücken.

Einen Lichtblick gab es aber doch auf dem Gymnasium für mich. Die Singstunde bei Musikdirektor Pabst lag meistens in der fünften Stunde. Da diese für ihn selbst so langweilig war, schlief er oft ein. Die Zeit nutzte ich, um eine Karikatur von ihm zu zeichnen. Einmal wachte er plötzlich auf und fragte mich, was ich da mache. Dann war er auch schon bei mir und griff sich den Zettel und lachte amüsiert. Zwar verpasste er mir ein paar Ohrfeigen, meinte aber, ich hätte ihn gut getroffen und sei talentiert. Was ich werden wollte. „Soldat", sagte ich, weil das gerade im Schwange war. Und er: „Jung, werde doch Porträtmaler." Das machte mich ganz stolz. Heute weiß ich, dass ich später einmal bestimmt Maler werde.

Um meinen zwölften Geburtstag herum begann im Juli 1870 der deutsch-französische Krieg. Zunächst hatte die französische Kriegserklärung an Deutschland zur Folge, dass in Königsberg wie auch in Tapiau viele junge Männer als Soldaten ausgehoben wurden. Auch mein ältester Halbbruder August sollte zur Armee. Die Straßen und Züge waren voller Soldaten. Diejenigen, die aus dem Osten kamen, wurden noch vor ihrer Abfahrt an die deutsche Grenze in Königsberger Privatunterkünften einquartiert. Die Tante, die sich Geld davon versprach, bot eine solche freiwillig an. Daher tummelten sich bei uns auf der Lucht bald zahlreiche Soldaten. Und weil sie kaum Platz und fast gar nichts zu essen hatten, besoffen sie sich mit Alkohol. Einige Tage lang gab es bei uns einen Höllenlärm. Nachdem dann die letzten Soldaten abtransportiert worden waren, herrschte plötzlich überall gespenstische Stille. Die Menschen hatten Angst, wie der Krieg wohl ausgehen werde.

Um die Stimmung in der ostpreußischen Bevölkerung zu heben, wurde die Stadt Königsberg öfter von der Königsfamilie aus Berlin besucht, so auch in diesem ersten Kriegsherbst. An den noch warmen Herbsttagen veranstaltete man im Börsengarten am Schlossteich ein herrliches Fest, die „Italienische Nacht". Dafür wurden unzählige Lampions aufgehängt und ein großes Feuerwerk vorbereitet. Auf dem Schlossteich warteten schon die ebenfalls mit Lampions reich geschmückten „Gondeln" auf Schaulustige. Alle warteten auf das Schiff, mit dem der alte König Wilhelm I. und der Kronprinz fuhren. Über den Schlossteich führte eine schmale hölzerne Brücke, die natürlich den besten Blick auf die erwarteten Festivitäten bot. Dorthin eilte meine Tante mit mir. Aber da standen schon hunderte von Zuschauern. Die Schutzleute schrieen durcheinander. „Nicht stehen bleiben! Weiter gehen!"

Das half jedoch nichts. Im Gedränge der Menschen brach das Geländer und viele stürzten ins Wasser. Die Leute schrieen und drängten nur umso mehr. Meine Tante aber verteidigte mich wie eine Löwin ihr Junges. Sie schob und stemmte mich mit aller Kraft durch die Massen, bis wir an Land festen Boden erreicht hatten. Nach diesem schrecklichen Unglück blieb alles still. Meine Tante wollte aber unbedingt den König und Kronprinz sehen und eilte mit mir zum Schloss, wo die hohen Herrschaften ankommen sollten. Wir trafen gleichzeitig mit den Wagen ein. Der König und Kronprinz eilten sofort ins Schloss.

Als ein Schutzmann rief: „Kinder, schreit doch Hurra!", blieb bis auf einzelne dünne Stimmen alles still. Am nächsten Morgen stand in der Zeitung, dass viele Menschen ertrunken seien. Außerdem war an allen Ecken ein Telegramm des alten Königs an die Königin in Berlin angeschlagen, in dem zum Schluss der gütige Gott als Trost angerufen wurde. Schon nach wenigen Monaten hatte Deutschland gesiegt und war am 18. Januar 1871 unser preußischer König Wilhelm I. im Spiegelsaal von Versailles zum ersten deutschen Kaiser gekürt worden. Zur Feier der Reichsgründung wurden überall schwarz-weiß-rote Fahnen herausgehängt.

Das änderte nicht viel an unserem Leben. Für mich war außer der Tante das Beherrschende die Schule. Ein besonderes Original war unser Lehrer Dr. Knobbe. Bei ihm hatten wir Geometrie und Latein. Klein und mager, wie er war, besaß er eine Riesennase. Von ihm hieß es, die Eltern seiner Frau hätten ein Inserat in die Zeitung gesetzt, dass der hässlichste Hauslehrer gesucht werde. Als er sich meldete, wurde er nicht nur in Gnaden aufgenommen, sondern die Tochter verliebte sich auch noch in ihn und beide heirateten.

Dieser Knobbe war nicht nur ein begeisterter Befürworter des deutsch-französischen Krieges, er war auch empfänglich für Schmeicheleien. Das nutzten seine Schüler aus und gingen ihm nach Strich und Faden um den Bart. Er führte ein Notizbuch, in dem er jedem Schüler mit Strichen, Nullen und Schlangenzeichen eine Beurteilung beimaß. In seiner Zerstreuung ließ er das Büchlein häufig liegen, woraufhin es die Schüler an sich nahmen und mit Strichen nur so anfüllten.

Er hielt auch viel auf eine gute Handschrift. Ich hatte mir große Mühe gegeben, in fünf besonders schön geschriebenen Zeilen die Naturgeschichte des Schwans abzuhandeln. Dazu hatte ich einen lebensgroßen Schwanenkopf gezeichnet. Der gefiel ihm so gut, dass er auf den Sinn des Textes gar nicht achtete sondern mir versprach, mich zu protegieren. Das verschaffte mir die leidliche Passage von Quarta nach Untertertia.

Als ich dreizehn Jahre alt war, wurde meine Mutter sehr krank. Wenigstens war meine Versetzung ein Trost für sie. Sie lag fiebernd im Bett und sah mich lange an, wie wohl meine Zukunft aussehe. „Bis du zwanzig wirst, würde ich gern noch länger leben", sprach sie auf Hochdeutsch. So ernst war ihr das. Aber das sollte nicht sein. Schon wenige Tage später starb sie. Zuvor hatte sie noch ihr Testament gemacht und für die fünf Kinder aus erster Ehe deren Vermögen auf Pflichtteil gesetzt. Mein Vater und ich kamen wohl besser dabei weg. Ich trauerte nicht übermäßig um sie, denn sie war mir beinahe fremd geworden. Schon über vier Jahre lebte ich bei der geizigen Tante.

Wie die Mutter so da lag, betrachtete ich sie mit neugieriger Schärfe, weil ich wissen wollte, ob sich wirklich nichts mehr in dem blassen Gesicht bewegte. Dabei studierte ich, wie das Leben in diesen seltsamen Zustand des Todes übergeglitten war. Viel mehr Leid tat mir mein Vater, den ich sehr liebte. Er weinte um seine Frau, die im Leben doch hart wie ein Mann gewesen war. Sein Kummer um sie schnitt mir viel mehr ins Herz. Obwohl er nur die Dorfschule besucht hatte, besaß er eine hohe Intelligenz. Deshalb wollte er auch unbedingt, dass ich, sein einziger leiblicher Sohn, in die beste Schule gehen sollte. Wie ich dafür in Königsberg untergebracht war, kümmerte ihn nicht im Geringsten. Ich möchte hinzufügen, dass er sich wohl deswegen kaum Gedanken über meine weitere Erziehung machte, weil er mit seinen beiden Berufen, Landwirt und Gerbermeister, so beschäftigt war.

Bei der Tante lernte ich das Leben gehörig kennen, will heißen, das Proletariat. Das waren die Schlafstellerinnen und ihre Freundinnen, Wahrsagefrauen, Armenvorsteher zur Kontrolle und allerlei Versuchungen in Kneipen mit Leuten, die überhaupt nicht zu meiner Familie passten. Es hätte für mich gefährlich werden können, auf Abwege zu geraten. Denn schon hatte die Schule per Post an meinen Vater in mein Zeugnis gesetzt, dass ein Wechsel der Pension dringend zu wünschen sei. Davon hat er mir erst später erzählt. Zuvor hatte er die schlechten Zeugnisse erst gar nicht zu Gesicht bekommen, weil nämlich ich sie unterschrieben hatte. Denn ich war geübt im Nachmachen von Unterschriften. Ich kann nur sagen, ich habe ein fabelhaftes Glück gehabt, dass ein gütiges Schicksal es gut mit mir meinte. Das ist wohl auch dem mir angeborenen Eigensinn zu danken, der mich immer fragen und abwägen ließ, welche von zwei Seiten die Bessere sei.

Im Jahr nach Mutters Tod kam ich in den Stimmbruch und machte einen gewaltigen Schuss in die Höhe. Von der Tante ließ ich mir nicht mehr viel sagen. Das war umso einfacher, als ich gewissermaßen „von oben" auf sie herabschaute. In der Schule gab ich mir mehr Mühe und brachte sie zwei Jahre später Ende Untersekunda zu einem leidlichen Abschluss. Zwar hatte ich nicht das Abitur in der Tasche, dafür aber das „Einjährige" (wie die Mittlere Reife damals hieß). Und nun hielt mich nichts mehr bei der Tante. Ich pfiff mir eins, als ich sie verließ. Gottlob lag diese Zeit hinter mir.

Ich pfiff mir auch eins, als ich am lang gestreckten, dreigeschossigen Bau des Kneiphöfischen Gymnasiums entlang schlenderte. Als ich dort zum letzten Mal die Tür ins Schloss zog, endete der schmerzlichste Teil meiner Jugend. Mit sechzehn fuhr ich zu meinem Vater nach Tapiau. Zunächst, um ihm bei der Arbeit zu helfen. Mein wichtigstes Ziel aber war die Königsberger Akademie der Künste. In zwei Jahren würde ich dort nicht eine einzige Stunde auslassen, um ein ordentlicher Maler zu werden.

Meine ersten Schritte, ein Maler zu werden

Von meinem sechzehnten bis zu meinem achtzehnten Jahr lebte ich bei meinem Vater auf dem Hof in Tapiau und ging ihm bei der Ernte, den Getreide- und Lederverkäufen und der Viehwirtschaft zur Hand. Durch die Arbeit auf dem Hof und den Feldern hatte ich mich zu einem kräftigen Burschen entwickelt, so dass ich nicht mehr aussah wie ein langer dünner Spargel. Anfangs wollte mein Vater nichts davon hören, dass ich mich entschlossen hatte, Maler zu werden. Es kostete mich eine Menge Überredungskunst, ihn endlich davon zu überzeugen. Denn ich nutzte jede freie Zeit, um Motive in der Landschaft, den Bootsbetrieb auf der Deime und Porträts von unseren Dienstleuten zu zeichnen. Auch mein Gesicht brachte ich vor einem Spiegel öfter zu Papier. Wenn ich die Zeichnungen dann meinem Vater zeigte, sah er wohl, dass es mir ernst damit war.

Da er zu dieser Zeit nicht mehr ganz gesund und ihm die Landwirtschaft zu viel geworden war, stimmte er meinem Entschluss schließlich zu. Er verkaufte die Gerberei und den Hof mit dem Land und erwarb in Königsberg ein ansehnliches Mehrfamilienhaus in der Tragheimer Pulverstraße. Dort bezogen wir beide Anfang 1876 eine Sechszimmerwohnung, denn er wollte mir eine sorgenfreie Ausbildung als Maler zukommen lassen. Endlich hatte ich mein eigenes geräumiges Zimmer, das idealer Weise nach Nordwesten gelegen war, dazu ein bequemes Bett, in dem ich mich ausstrecken konnte. Mein Vater war stolz auf sein Herrenzimmer, in dem vor dem Fenster sein ausladender Schreibtisch aus Tapiau einen neuen Platz gefunden hatte. Später erwarb er noch zwei weitere große Miethäuser. So waren wir ehemals eingesessene

Landleute nun richtige Großstädter geworden und lebten in einem regelrecht gutbürgerlichen Milieu.

Kurz vor Ostern wollte ich mich als Kunststudent anmelden. Aus Neugier, wo ich die nächsten Jahre zubringen sollte, betrachtete ich mir die Akademie schon mal von außen. Wie mein Gymnasium, war sie ein kastenförmiges, dreistöckiges Gebäude, vor dem ein schlanker Obelisk aufragte. Die beiden kleinen wie Tempel aussehenden Häuser zur Rechten und Linken verliehen dem Komplex einen schlossartigen Charakter. Mit einer Mappe unterm Arm, in der ich einige ausgesuchte Blätter verstaut hatte, betrat ich aufgeregt das Atelier, in dem die Aufnahme stattfinden sollte. Dort wurde ich von einem älteren vornehmen Herrn begrüßt. Wie ich vom Hausdiener erfahren hatte, war das Professor Max Schmidt, stellvertretender Direktor der Akademie. Ich wusste, dass sein Bild von einem im Wald stehenden Hirsch in der Stadt sehr berühmt war. Nachdem ich ehrerbietig meine Reverenz gemacht hatte, stammelte ich meinen Wunsch vor und zeigte ihm die Zeichnungen.

„Schön, schön, Corinth, man sieht, Sie zeigen Begabung. Ob wir etwas daraus machen können, muss man sehen. Meine Kollegen werden das entscheiden. Auf jeden Fall werden wir Ihre Ausbildung Schritt für Schritt vornehmen und sorgfältig überwachen. Sie können davon ausgehen, dass eine Menge Arbeit auf Sie zukommt."

„Oh, das stört mich nicht im Geringsten, Herr Professor. Ich möchte gern soviel lernen, wie ich kann.", versicherte ich.

„Das ist lobenswert. Ich hoffe, Sie sind in der Lage, Ihr Studium längerfristig ohne pekuniäre Engpässe durchzuführen. Es ist immer wünschenswert, sich voll auf die von uns gestellten Aufgaben konzentrieren zu können." Dabei schaute er mich mit einem gewissen Wohlwollen prüfend an.

„Fürs erste bin ich unabhängig, Herr Professor", versuchte ich, mich ins rechte Licht zu rücken. „Mein Vater, bei dem ich hier in Königsberg wohne, übernimmt die vollen Kosten."

Das schien ihn zu freuen. „Dann beginnen Sie zunächst in der Kopierklasse bei Professor Trossin", verabschiedete er mich wenig später mit einem freundlichen Lächeln. „Da können Sie sich zuerst einmal aufs Genaueste mit den Absichten großer Künstler auseinandersetzen."

Was das heißen sollte, begriff ich nur zu bald. Mein erster Lehrer war Robert Trossin, der als sehr angesehener Kupferstecher sogar einen russischen Orden erhalten haben sollte. Als einer der ganz „Alten" legte er mir Lithographien des Wiener Biedermeiermalers Johannes Kriehuber vor, die ich abzeichnen sollte. Diese waren so fein gestrichelt, dass ich mir beinahe die Augen verdarb. Insgesamt war Trossin freundlich und liebenswürdig, wenn er aber etwas zu bemängeln hatte, richtig pingelig. Sein Lieblingswort lautete: „Nicht zu pechig", wenn die Kreide verursachte, dass die Vorlage zu schwarz hervor trat. Einmal sollte ich den Kopf eines jungen Dichters nach Julienne mit dunklem Bart nach den Strichvorlagen genau wiedergeben. Ich hatte ihn jedoch in kräftiger Weise hingewischt, was Trossin dazu bewegte, mir scherzend zu sagen: „Ja, was soll ich da korrigieren? Sie sind eben ein Schwarzkünstler." Von ihm hieß es, er habe die „Mater dolorosa" von Guido Reni gestochen und allein für das Abzeichnen des Halses im Berliner Museum viele Monate gebraucht.

Ein jüngerer Lehrer war Professor Heydeck, der die Tochter von Akademiedirektor Rosenfelder, geheiratet hatte. Diese Verbindung brachte ihm den Vorteil ein, dass er eine prächtige Wohnung mit Garten erhielt und glaubte, sich aufgrund seiner Verwandtschaft Hoffnung auf die Nachfolge im Amt seines Schwiegervaters machen zu dürfen. Er korrigierte in der Gips- und Modellklasse, die auch Malschule genannt wurde. Dort lehrte er auch die Perspektive, ein Studium, das ein sehr wichtiges Fach war. Denn die Akademie bildete auch Elementarlehrer zu Zeichenlehrern aus. Um die Reife dafür zu erlangen, mussten sie Examina in der Gipsklasse, in der Perspektive und Anatomie ablegen.

In der Gipsklasse zeichnete ich Abgüsse antiker Skulpturen sowie einzelne in Form gegossene Körperteile wie Nase, Ohren, Hände und Füße ab. Diese Übungen schulten die genaue Beobachtung, langweilten mich aber schon bald. Das änderte sich, als wir einen neuen Lehrer von der Weimarer Kunstschule bekamen. Er hieß Otto Günther und genoss in Königsberg seit der letzten Ausstellung im Moskoviter Saal mit seinem Bild „Der Witwer" schon einen gewissen Ruhm. Er pflegte die herkömmliche Historien- und Genremalerei der Düsseldorfer Schule, eröffnete uns aber auch das Freilichtmalen in der Natur. Er war ein etwa fünfzigjähriger vornehm wirkender Herr, der sich stets gut kleidete und im Gegensatz zu den anderen Professoren glatt rasiert war. Das verlieh seinem fein geschnittenen Gesicht einen jugendlichen Anstrich. Mit seinen lockeren Scherzen brachte er frischen Wind mit und überraschte uns bald mit einem Plan: Vier Wochen vor den großen Ferien zog er mit uns Schülern seiner Klasse an diesen oder jenen angenehmen Ort in der Umgebung Königsbergs, wo wir etwa in einem Park oder Wald Bilder nach der Natur malten. Krönender Abschluss war, wenn wir dafür von einem reichen Spender mit einem Mittagessen in einer Gastwirtschaft belohnt wurden.

Was ich meine gesamte Gymnasialzeit über vermisst hatte – jetzt fand ich gleich gesinnte Freunde, die ich auch nach Hause einladen konnte. Oft trafen wir uns außerhalb des Unterrichts, unternahmen gemeinsam Ausflüge oder zogen durchaus auch von Kneipe zu Kneipe. Denn der Genuss alkoholischer Getränke, meistens auch ein Bartwuchs im Gesicht, gehörten zum Image eines angehenden Künstlers. Besonders das ostpreußische Maibier floss nur so durch unsere Kehlen. Manchmal betranken wir uns derart, dass wir nicht unterscheiden konnten, wer von uns „Akademikern" der Trinkfesteste war. Ich will mich nicht besser machen, als ich war. Denn unter uns allen hielt ich wohl am besten mit. Man wollte ja beweisen, was für ein Kerl man war.

Meine liebsten Kommilitonen waren Kohnert und Minzlaff. Mit ihnen zog ich zu Bauern auf den Dörfern und zu Fischern am Hafen, überall hin, wo es einen guten Tropfen gab. Manchmal besuchten wir auch eine von Kohnerts früheren Liebsten. Bei den jungen Damen hatte er großen Erfolg, denn er war der schönste Jüngling, den ich je gesehen hatte. An einem kalten Wintertag wanderten wir nach Wargen und Preil, wo sich die Kirchturmspitze mit Baumpartien im herrlich klaren See spiegelte. Ich machte schnell eine kleine Zeichnung, die mehr einer Kritzelei ähnelte. Aber wir hatten anderes vor, uns nämlich nach Weibern umzusehen oder einen hinter die Binde zu kippen. In Buchholz trafen wir dann den Don Juan des Dorfes und trieben uns den Tag über mit ihm herum. Je fröhlicher wir wurden, umso mehr hofften wir, diese oder jene Schöne werde uns ansprechen. Das missglückte jedoch, worauf wir nach Abklappern der Wirtschaften, die Schlorren voll, nach Königsberg zurück mussten.

Dort angekommen, suchten wir vier gleich unsere Stammkneipe auf. Auf einem Bein war nicht gut stehen. Ich ging sowieso breit wiegend wie ein Seemann. Also kippten wir den zweiten und dritten Schnaps herunter. Zuletzt landeten wir vor der Gambrinushalle, einem Tingeltangel-Lokal, wo wir ebenfalls Stammgäste waren. Der Wirt verbeugte sich devot, als er uns begrüßte. Deswegen richteten wir uns schon auf einen unterhaltsamen Abend ein. Aber wie erstaunt waren wir, als der Kassierer seine Kasse zuklappte und uns angrunzte: „Betrunkenen ist der Eintritt verboten." Ich wollte mich beim Wirt beschweren, doch der brummte nur etwas von „besoffen Jungs". Das machte mich so wütend, dass ich ihm einen Schlag vor die Brust boxte.

Das ließ er sich nicht gefallen und so waren wir bald in eine regelrechte Keilerei verstrickt. Gäste standen um uns herum. Schauspieler fragten, was los sei. Die Kellnerinnen drängten sich heran. Sogar ein Schutzmann wurde geholt und sagte begütigend: „Meine Herren, lassen Se's gut sein, entfernen Se sich ruhig!" Minzloff und der Don Juan aus Buchholz hatten sich schon aus dem Staub gemacht.

Als mich nun noch ein Stift von hinten packte, verpasste ich dem einen solchen Hieb, dass er auf die Straße flog. Vor dem Eingang des Lokals gab es einen Auflauf von Passanten. Nachdem sich der Krawall von Innen bis nach draußen getragen hatte, ließ der Schutzmann die Wache vom Schloss holen. Rufe und Schreie aus den Nachbarhäusern bildeten den schönsten Chor zu der sich nun anbahnenden Randale. Wer nicht auf uns drosch, schlug auf andere ein. Kohnert und mir wurde endlich klar, dass wir zu weit gegangen waren. Zwar versuchten wir, uns irgendwie davon zu stehlen. Aber da schritt der Schutzmann kraft seines Amtes energisch ein: „Nee, jetzt is et zu spät. Se sin arretiert!" Ich hörte noch, wie einige staunten, mit welchen Kräften ich mich zur Wehr gesetzt hatte.

44

Drei Leute von der Wache flankierten uns und brachten uns nach „Nummer 8" zum Polizeigebäude. Hinter uns folgte ein Zug von lärmenden Neugierigen. Als man endlich das bekannte Tor hinter uns schloss, wurden wir von einem Korridor und einem Tor zum anderen geschoben, bis ein winziger Hof vor uns lag. Plötzlich fühlte ich, dass mich jemand ins Genick fasste und mich so vorwärts stieß, dass ich beinahe stürzte. Da erfasste mich eine derartige Wut, dass ich meinen Angreifer niederstreckte. Noch mehr Polizisten drangen auf mich ein. Denen schrie ich zu: „Nur dem Schutzmann ergebe ich mich!" Der traute dem Frieden nicht und rief mir zu, ich solle doch vernünftig sein.

Endlich zerrte man mich in ein kleines, spärlich beleuchtetes Zimmer, in dem ein weißer Kachelofen stand. Dann spürte ich nur noch, wie jemand meinen Kopf gegen die Kacheln stieß, so dass ich halb betäubt zu Boden ging. Unter wilden Flüchen der Polizisten wurde ich festgehalten und mit einem unheimlichen Gespinst umwickelt: Man hatte mich in einen Sack gesteckt. Danach hielt man mir eine Jacke mit langen Ärmeln vor, in die meine Arme gezerrt und auf dem Rücken verknotet wurden. Eine Zwangsjacke! Nun war ich völlig wehrlos. Man führte mich in einen völlig kahlen Raum ohne jedes Fenster und Licht und warf mich hart auf den Boden. Zum Überfluss wurden mir auch noch die Stiefel ausgezogen. So lag ich unbeweglich wie ein Stück Holz. Mir war erbärmlich kalt und noch erbärmlicher zumute.

Einige Stunden mochten vergangen sein – vielleicht hatte ich sogar etwas geschlafen – da rasselte ein Schlüssel in der Tür. Der Schutzmann und ein anderer Polizist befreiten mich von meinen Fesseln. Sie führten mich an die frische Luft. „Nun ham Se sich man nich so. Sie warn stockbetrunken. Wir mussten uns vor Ihnen schützen", versuchte der Schutzmann mich zu rühren. Doch ich blieb verstockt, fühlte mich zutiefst in meiner Ehre gekränkt. Nachdem Kohnert und ich verhört worden waren und unser Geständnis unterschrieben hatten, wurden wir entlassen.

Es konnte nicht ausbleiben, dass unsere Sauf-Eskapade schneller bekannt wurde, als uns lieb war. Die Akademie erfuhr davon als erste. Als ich demoliert und schuldbewusst meinem Vater gegenüber trat, wollte er mein Fehlverhalten gar nicht glauben. Er machte sich die größten Sorgen, der Staatsanwalt werde mich nehmen und ins Loch schmeißen. Nach vielem hin und her beschlossen wir, dass ich zuerst zu meinem Lehrer Günther gehen sollte. Der werde sich schon irgendwie für mich einsetzen.

Kohnert, den ich auf seiner Bude besuchte, war es noch viel schlechter als mir ergangen. Er lag mit verbundenem Kopf im Bett und sagte, er könne nicht mit kommen. Die Beamten hatten ihn mitsamt dem Geländer die Treppe hinunter gestoßen, so dass seine Augen blutunterlaufen waren. Deshalb musste ich mich denn allein der peinlichen Geschichte stellen.

Von den Lehrern waren alle außer Günther gegen mich. Immerhin bot der stellvertretende Direktor Schmidt alles auf, um die Presse von dem Vorfall herauszuhalten. Auch der Polizeidirektor legte bei den betroffenen Ordnungshütern ein begütigendes Wort für uns ein. Schließlich ließ man die Angelegenheit unter den Tisch fallen. Der schöne Kohnert, Heydecks Liebling, und ich sollten allen Beamten gegenüber, die wir beleidigt und misshandelt hatten, reuige Abbitte leisten. Bis der Schutzmann unsere Entschuldigung mürrisch annahm, dauerte es noch eine ganze Weile. Um den Fall abzuschließen, mussten wir schließlich einen Taler Ordnungsstrafe wegen Unruhe auf der Straße zahlen. Für mich blieb es lange Zeit eine Lehre, mich aus Streitereien herauszuhalten.

Was mein Fortkommen in der Akademie betraf, so drängte es mich mittlerweile von dem ewigen Kopieren fort zu eigenen Bildern. Ich spürte in mir, ich könnte etwas ganz anderes machen, könnte meine ganze jugendliche Kraft in solch eine Malerei geben. Ich hatte sogar schon ein Thema, eines, das mich unglaublich fesselte, andere aber, wie ich wusste, abstoßen würde: Ich wollte Fleisch malen, im Schlachthof festhalten, wie Tiere, Rinder, Schweine und Schafe vom Leben zum Tode gebracht wurden. Einer meiner Verwandten vom Lande war jetzt Fleischermeister und verschaffte mir die Möglichkeit, das Schlachthaus während der Betriebszeit zu besuchen. Er war mein Schwager und so nannten wir uns auch. Also nahm ich bei meinem Lehrer und Freund Günther einige Tage Urlaub und begab mich zu dem braunrot gestrichenen Holzbau an der Holzbrücke des Pregels.

Auf dem kleinen Hof davor standen schon dicht beieinander die Rinder, schlugen mit den Schwänzen und gähnten. In mannshohen Holzverschlägen drängten sich Schafe und Schweine. Obwohl mich das Schicksal dieser Tiere gewaltig anrührte, überwog doch das akribische Interesse an dem, was mit ihnen geschehen sollte. Drinnen in der großen Halle rauchte aus den aufgebrochenen Leibern weißer Dampf. An eisernen Pfeilern hingen rote, violette und perlmuttfarbene Eingeweide. Ich stand schon mit Block, Studienbrett und Palette da, denn das alles wollte ich malen. So gräulich der Anblick war, mich durfte es nicht stören, wenn hart an mir ein mit blutgetränkten Fellen beladener Karren vorbei geschoben wurde. Fieberhaft schrammte ich mit einem gröberen Pinsel Rot über Rot aufs Papier, setzte Abtönungen von Blau oder Gelb hinein, malte auch die groben Schlachtergesellen in dieser schaurigen Inszenierung. Das Element all diesen Blutes schien aus meinem Pinsel zu triefen.

Da wurde ein starker Ochse hereingezerrt. Am Eingang blieb er wie angewurzelt stehen und schnaubte. Zwei Männer zerrten ihn an seinem Nasenring weiter und fädelten die Stricke vorsichtig durch eiserne Ringe an der Wand. So wurde sein Kopf bis an die Vorderbeine nieder gezwungen. Dann krempelte sich der Schwager die Ärmel und Hosen auf, schwang das Beil und ließ es krachend auf die Stirn des Ochsen niedersausen. Der stieß ein erbärmliches Blöken aus. Er zitterte am ganzen Körper und spreizte die Beine weit auseinander. Noch einmal krachte das Beil, dann stürzte das Tier mit vorgestrecktem Hals. Ich sah seine Augen brechen.

Hatte mich als Zeuge dieses barbarischen Augenblicks noch höchste Aufregung gepackt, so packte mich jetzt das Entsetzen vor der Unabänderlichkeit des Todes. Diese geöffneten leblosen Augen! Sie verfolgten mich noch lange. Auch den Kopf des Ochsen malte ich, so, wie er noch gelebt hatte und so, wie er starb. An die zwanzig Blätter hatte ich direkt mit Farbe bedeckt, ohne vorherige Zeichnungen. Mit dieser Ausbeute ging ich zu Günther.

„Da ist Ihnen ja etwas Absonderliches gelungen. Man riecht ja geradezu das viele Blut", schüttelte er den Kopf. „Mich hätten keine zehn Pferde an diesen Abgrund gebracht. Aber Sie, Corinth, Sie haben die Kraft, so etwas auszuhalten und zu malen. Und dann noch mit grobem Pinsel!" Er schob ein Blatt hinter das andere, hielt das Bild des abgetrennten Tierkopfes auf Armlänge vor sich und kniff die Augen zusammen. „Ah, jetzt sehe ich, wie die Form zusammen wächst. Gewagt, aber nicht schlecht, mein Freund. Aber so etwas werden Sie nie verkaufen. Wer würde sich schon einen Schlachthof als Bild an die Wand hängen? Was ich aber auch sehe, Sie sollten unbedingt Figuren malen. Ihr Talent verlangt geradezu nach Akten und Porträts." Dann schlug er mir auf die Schulter und meinte grinsend: „Ich werde Sie mir von Schmidt aus der Landschaftsklasse ausborgen – für meine Modellklasse."

So ein Lob! Ich wusste gar nicht, wie mir geschah. Ich musste einfach los heulen. Dann machte ich innerlich einen Luftsprung. Denn jemand schätzte mich, glaubte an mein Talent und wollte mich fördern. Ich war sehr bewegt und ergriff spontan Günthers Hand. „Ich danke Ihnen, verehrter Herr Professor, dass Sie meine Arbeiten gut finden. Ich glaube, Sie sind der einzige. Sobald es möglich ist, möchte ich bei Ihnen die Figurenmalerei erlernen."

„Na, na, so gut sind Ihre blutrünstigen Bilder nun auch nicht", lächelte er mit einem Anflug von Heiterkeit. „Ich werde Sie mit den Gesetzen der Aktmalerei vertraut machen. Da können Sie weißes, weibliches Fleisch abbilden und dabei außer echter Arbeit noch Ihren Spaß haben."

In den folgenden Monaten war mir Günther nicht nur ein ausgezeichneter Lehrer, sondern auch ein väterlicher Freund. Mit Witz und Geist zog er mich schwerfälligen und argwöhnischen Jüngling zu sich heran, bemühte sich jedoch immer, mich vor anderen nicht zu bevorzugen. Dass er mich vielleicht für begabter als andere hielt, zeigte er nur bei gelegentlichen Blicken aus den Augenwinkeln, wenn wir uns in geheimem Einverständnis zuzwinkerten. Für alle interessierten Schüler seiner Klasse hatte er Komponierabende eingerichtet, die einmal wöchentlich in einem Restaurant stattfanden. Wer Lust hatte, brachte Entwurfzeichnungen für ein Bild mit, die Günther dann in der Weise beratend korrigierte, dass die Komposition schlüssiger wurde. Auch sonst saß er mit uns jungen Leuten gemütlich beim Wein zusammen, was uns imponierte. So wurde er bei uns sehr beliebt.

Im Sommer 1878 schlug er vier Schülern seiner Klasse eine Studienreise nach Thüringen vor. Als gebürtiger Weimarer wollte er uns seine Heimatstadt zeigen und mit uns einige seiner ehemaligen Künstlerfreunde in ihren Ateliers besuchen. Malzeug sollten wir auch mitnehmen. Natürlich waren wir junge Leute begeistert und schnorrten uns irgendwie die Bahnreise vierter Klasse zusammen. Günther war schon voraus gefahren, um alles für uns zu arrangieren.

In Weimar holte er uns von der Bahn ab und betätigte sich in den folgenden drei Tagen als ausgezeichneter Fremdenführer. Gegenüber dieser kleinen und überschaubaren Residenzstadt fühlten wir Königsberger uns als richtige Großstädter. Weimar wirkte auf uns wie ein wahres Museum seiner größten Berühmtheiten. Die Häuser, die Leute, alles erschien uns gewissermaßen mumifiziert. Da gab es Menschen, die noch mit Goethe, Schiller oder Herder gesprochen hatten. Von einem älteren Herrn, der am Stock langsam über die Straße ging, hieß es ehrfürchtig, er sei ein Enkel Goethes. Die späteren Berühmtheiten wie Liszt und Wagner, zählten bei den Thüringern schon nicht mehr.

Um Zeit zu sparen, hatte uns Günther in dem Dörfchen Herges beim dicken Emil einquartiert. Dort betrug der Pensionspreis mit Kaffee am Nachmittag nur 2,25 Mark. Neben zahlreichen Künstlern, die in dem Nest lebten, hatten einige Berühmtheiten der Weimarer Kunstschule hier ihre Ateliers.

„Meine Herren, Sie werden staunen, wen Sie hier alles treffen werden", zog sich Günther den Hut forsch ins Gesicht. „Spitzenmaler, kann ich Ihnen sagen. Die meisten sind Schüler von Böcklin und Lenbach, denen es die französische Schule von Barbizon mit ihrer Freilichtmalerei angetan hat. Ich erwarte, dass Sie sich entsprechend verhalten." Dann schritt er weit ausgreifend vorne weg und wir im Gänsemarsch hinter ihm her. Natürlich wollte er sich mit uns vier großen jungen Leuten ins richtige Licht setzen. Wir bildeten schon ein Grüppchen, dem man nachschaute.

Als ersten besuchten wir den alten berühmten Friedrich Preller in seinem Atelier. Es lag im ersten Stock eines Bauernhauses und nahm wohl die gesamte Fläche des Dachstuhls ein. Durch vier große Fenster fiel genügend Licht herein und beleuchtete eine prunkvolle Szenerie von wallenden Vorhängen, schweren Teppichen und auf Staffeleien aufgestellten Bildern. Als wir so der Reihe nach eintraten, konnte sich der kleine bärtige Herr bei unserem Anblick nicht genug wundern: „Das sind ja richtige Riesen, lieber Günther. So etwas habe ich noch nicht gesehen." Sein sächsischer Tonfall war unüberhörbar.

„Sie sind auch angehende, und wie ich hoffe, dereinst ordentliche Maler", verbeugte sich unser Professor. Man konnte ihm ansehen, wie stolz er auf seine Schar war. „Da ich mit meinen Schülern einen Streifzug durch Thüringen unternehme, wollte ich nicht versäumen, Sie aufzusuchen, um sie mit dem berühmtesten Maler Weimars bekannt zu machen. Sie haben doch gewiss noch einige Skizzen zu Ihrem Leipziger Odyssee-Zyklus."

Das ging dem kleinen Herrn sichtlich glatt herunter. Rasch schritt er zu einem Stehpult und zog aus dem unteren Fach eine Mappe hervor. „So zwei, drei werden es noch sein. Sehen Sie, hier habe ich noch Vorstudien zu dem Bild, als Odysseus gefesselt am Mast steht, um dem Gesang der Sirenen zu lauschen und als er als Schiffbrüchiger von Nausikaa am Strand gefunden wird. Ich habe die sechs überlebensgroßen Odysseus-Bilder für das Treppenhaus und den Ballsaal des Römischen Hauses in Tempera ausgeführt."

Wir unterzogen die feinen Skizzen unserer genauen Betrachtung und nickten bewundernd. „Bis wir es zu solcher Kunst bringen, kann noch einige Zeit vergehen", meinte mein Freund Wilhelm Wellner und drückte damit aus, was die meisten von uns empfanden. Mir persönlich erschien der Stil jedoch insgesamt zu altertümlich. Ich wollte ganz anderes malen. Wir sahen uns noch seine kleinformatigen Genrebilder an, darunter „Schlittschuhläufer auf dem gefrorenen See", bis er uns auf einem gestreiften Kanapee und ebensolchen Sesseln zum Platznehmen einlud.

Da auf dem Tisch eine Schale mit Gebäck stand forderte uns Preller zum Zugreifen auf. Dann fragte er jeden von uns nach unseren künstlerischen Absichten. Da gab es nun noch nicht viel zu erzählen. Verlegen redeten wir uns etwas heraus. Insgeheim bemerkte ich, dass Günther schon von einem Fuß auf den anderen trat. So beendete er denn den Besuch nach einer Stunde: „Wie Sie sehen, sind meine Schüler sehr von Ihren Arbeiten beeindruckt. Noch als ganz junger Mann haben Sie den Geheimrat Goethe so von Ihrem Talent überzeugen können dass er Ihnen ein Stipendium verschaffte."

Preller lächelte geschmeichelt: „Ja, der alte Goethe! Der hatte etwas auf dem Kasten, wenn ich einmal so sagen darf. Ich habe ihm viel zu verdanken und mein Leben der Malerei gewidmet. Aber jetzt bin ich alt. Für junge Künstler ist das wichtigste, neben Talent und Fleiß gute Lehrer zu haben. Und den haben Sie doch gewiss?", blickte er uns der Reihe nach an und wies lächelnd auf Günther. Wir nickten eifrig, denn auch uns wurde allmählich die Zeit lang.

„Das Kompliment gebe ich Ihnen gern zurück", erhob sich Günther und winkte uns mit einem Blick aufzubrechen. „Meine Schüler und ich bedanken uns sehr herzlich für die freundliche Aufnahme. Was sie bei Ihnen gesehen haben, wird sie ermutigen."

Er schloss mit dem Goethewort: ‚Wer immer strebend sich bemüht, den können wir erlösen‘.‘‘

„Da haben Sie wohl Recht, Herr Kollege‘‘, verabschiedete ihn
Preller freundlich an der Tür. „Und Sie, junge Leute, schauen Sie
sich nur tüchtig noch in anderen Ateliers um.‘‘

Als nächsten besuchten wir den Akademiedirektor Albert Brendel. Ehe wir bei ihm eintraten, zog sich Günther die Handschuhe
an als Zeichen, dass es hier wohl formeller zugehen würde. Dieser
stille und fischäugige Herr zeigte denn auch mit vielem Hin- und
Herschwenken des Kopfes, dass er an unserem jugendlichen Ur-
teilsvermögen über seine Kunst zweifelte. Darüber hinaus lispelte
er. Als Spezialist für Tiere hatte er es insbesondere mit den Schafen, die uns aus vielen seiner Bilder gleich in Herden stumm an-
blökten. Nun zeigte er uns, wie es schien, das Gemälde eines süd-
ländisch bunten Pferdemarktes, das er gerade in Arbeit hatte.
Dabei erklärte er belehrend, worauf es ihm hier ankam, nämlich
auf die Natur dieser stolzen Tiere. Das war nun Wasser auf unsere
ostpreußischen Mühlen. Wir begeisterten uns über den Pferdemarkt in Wehlau und wie die Spannung unter den Käufern
wuchs, wenn die Rassehengste aus Insterburg vorgeführt wurden.

Brendel zog leicht die Augenbrauen hoch. „So, so. Ein Pferdemarkt ist immer ein schönes Motiv. Mein Bild hier zeigt allerdings
eine besonders dekorative Seite des Pferdesports. Auf meiner Reise
1852 nach Italien hatte ich das Glück, den Palio von Siena zu erleben. Dort findet zweimal im Jahr auf dem Hauptplatz der Stadt
eines der härtesten Pferderennen der Welt statt. Die Rennbahn ist
mit Sand ausgestreut und führt dicht an den Häusern vorbei. Die
Zuschauer stehen, von Gittern geschützt, in der Mitte oder schau-
en von den teureren Fensterplätzen auf dieses farbenprächtige
Schauspiel von Fahnen und Kostümen. Mich interessierten beson-

ders die Pferde, die mit ihren Jockeys in einer Nebenstraße warteten. An diesem Motiv arbeite ich zurzeit."

Wir gingen nun näher an das Bild heran und bewunderten die Technik. Dabei wurde mir wieder einmal klar, dass ich ein solch wild-lebendiges Thema ganz anders gestaltet hätte, eben spannender, aufregender, der Nervosität des Augenblicks angemessen. Ich hielt mich aber zurück und schwieg, um Günther nicht in Verlegenheit zu bringen, noch einen längeren Vortrag mit anzuhören.

Unser nächster Besuch galt dem Landschafter Karl Buchholz, Meisterschüler von unserem Professor Max Schmidt in Königsberg. Dieser etwas über dreißigjährige Maler lebte still und zurückgezogen. In seinem Atelier hingen viele kleinformatige Bilder, die von der Kritik gerade sehr gelobt wurden. In einer zufällig aufgeschlagenen Zeitung stand so Sinniges zu lesen wie, „diese liebevoll erfassten Landschaften zeigen die Natur im Morgenkleid." Mich sprachen sie nicht an, weil sie mir zu bedeutungslos erschienen, und wie ich glaube, meinen Mitschülern und Günther ebenfalls. So ließen wir es nur bei einem kurzen „Vorbeischauen" bewenden und machten uns auf zum nächsten Maler.

Um ins Atelier von Olaf Winkler zu gelangen, mussten wir vier Treppen hoch klettern. Dieser Herr überraschte uns mit einer Art experimenteller Malerei, denn sein Hauptthema war nichts Geringeres als „die Erde von den Kratern des Mondes aus gesehen." Dieses Motiv zeigte in mehreren Fassungen die leuchtend farbige Kugel der Erde, entweder in passend rundem oder quadratischem Format. Gerahmt waren sie alle mit roten samtbezogenen Leisten.

Winkler selbst war von seinen Werken am meisten begeistert. „Das müsste doch für junge Leute wie Sie von besonderem Interesse sein. Die Zukunft gehört der Forschung und Technik. Ich könnte mir denken, dass Menschen einmal auf dem Mond landen werden und dann genau solche Bilder von der Erde sehen." Er zweifelte nicht im Geringsten, dass er mit dieser Kunst einmal sehr berühmt werden würde. Obwohl uns diese moderne Malerei kolossal imponierte, waren wir dessen nicht so sicher. Mochte er das immerhin glauben. Wir dachten, lieber auf der Erde zu bleiben.

Am letzten Tag unseres Aufenthaltes in Weimar führte uns Günther zu seinem liebsten Freund Eduard Weichberger. Baumbilder von ihm kannten wir schon von der Königsberger Akademie her und schätzten sie sehr. Wie seine übrigen Kollegen war er Schüler von Lenbach und Böcklin gewesen, dessen romantische Auffassung der Natur er teilte. Als Künstler hatte er den Wald für sich erkoren und malte am liebsten knorrige Buchen. Bäume zu zeichnen, wusste ich, war schwer. Ich selbst hatte mich schon an einer alten Eiche versucht, dann aber beim fein ziselierten Blattwerk die Lust verloren. Blätter „erledigte" ich am liebsten mit Pinselstrichen.

Günther umarmte seinen Freund herzlich. „Schön, dass wir uns wieder sehen. Heute komme ich mit meinen Malerjüngern, denen ich die Kunst der Weimarer Schule bei unseren Kollegen näher bringen möchte."

Weichberger, ein rotlockiger Hüne von Mann, hieß uns fröhlich willkommen: „Immer nur hereinspaziert, die jungen Leute! Hier gibt es nicht nur einen Wald von Bildern, sondern auch meine geliebte Familie zu sehen." Dabei griff er sich einen nackten kleinen Jungen und schwang ihn im Zimmer herum. Die Mutter, eine schöne üppige Frau, blickte bewundernd zu dem Familienglück empor. „Den Franz musst du auch mal nackt malen", lachte sie. In seiner unkomplizierten herzlichen Art war uns Weichberger gleich sympathisch. Da wir nun einmal hier waren, ließ er es sich nicht nehmen, seinen Freund Günther und uns Schüler den ganzen Tag lang überall dorthin zu begleiten, wo es für Maler etwas Interessantes zu sehen gab. Mir schaute er über die Schulter, als ich eine sich im Wind wiegende Birkengruppe mit ihren lang herabhängenden Zweigen, wie Mädchen mit langen Haaren, zeichnete. „Originell, junger Mann! Das wird etwas", lobte er.

Doch nun ging unsere Weimarer Zeit zu Ende. Wir mussten ins Dorf Herges zurück, per Bahn und zu Fuß. Und da im Mai gleich halb Thüringen in der vollsten Rapsblüte stand, nahmen wir den schönsten Eindruck von dieser gelb leuchtenden Landschaft mit. An einem Dorf kamen wir vorbei, wo gerade Kirmes herrschte. Wie wir es bisher nur von Bildern kannten, trugen die Männer Pelzhauben, Kniehosen mit Strümpfen und darüber lange weiße Röcke. Die Mädchen hatten sich mit Kopftüchern, Miedern mit vielen silbernen Knöpfen und kurzen Röcken geschmückt. Wir stellten uns nahe dem erhöhten Tanzpodium auf und sahen den Burschen zu, wie sie ihre Liebsten herum wirbelten, dass die Röcke wie aufgespannte Regenschirme flogen. Wir junge Kerle hätten da gern mitgemacht. Aber das ließen die Einheimischen nicht zu. Mit Püffen und Knüffen vertrieben sie uns. Dennoch behielt ich diese bunte Vielfalt und die heitere Stimmung der Menschen in schönster Erinnerung.

Zurück in unserem Quartier, stellte uns der dicke Emil seine Mutter und junge Schwester vor, mit denen zusammen er die Wirtschaft führte. Zu der übrigens bildhübschen Schwester gehörte ein jüngerer Mann namens Freiesleben, der ein bekannter Maler aus Weimar war. Mit unserem Professor Günther war er noch von früher her befreundet. Obwohl er die Nase etwas hoch trug, schien er uns mit seinem leidenden Ausdruck im Gesicht und „einsamen Augen" eine interessante Erscheinung. Offenbar hielt er viel von sich selbst, denn er hackte auf allem herum und ließ nichts gelten, auch den alten Preller nicht. Der wäre ein Kriecher und Streber. Sogar Böcklin attackierte er. Lächerlich, ein Zwerg wie Freiesleben gegen solch einen Riesen! Auch Günther ließ er nicht ungeschoren. Prahlte, er habe mit einem seiner Genrebilder auf der Berliner Kunstausstellung am Kupfergraben die goldene Medaille erhalten. Ich fand ihn immer weniger sympathisch. Dabei ging mir ein Licht auf, dass Gleichaltrige immer auf einander eifersüchtig sind. Dem einen stinkt der Erfolg des anderen in der Nase.

Ähnliche Eifersüchteleien erlebte ich dann wieder in Königsberg. Wir sollten eine Klasse höher steigen zu Günther, der für sich die Mal- und Figurenklasse durchgesetzt und sie damit seinem Kontrahenten Heydeck fortgenommen hatte. Hinzu kam noch, dass er bei der Verabschiedung des Oberpräsidenten von Horn diesem ein kleines Bildchen „Eine Thüringerin im Kostüm" geschenkt und damit bei ihm den Vogel abgeschossen hatte. Günthers Urlaubsgesuche bewilligte der nun immer. Folglich spitzte sich die Feindschaft der Lehrer gegen unseren Professor immer mehr zu. Zum Glück nahten die großen Sommerferien, so dass erst einmal Ruhe im Karton einkehrte. Mir war das nur recht. Denn draußen war Sommer. Die Sonne lachte ohne Unterlass und mir hing der Himmel voller Geigen. Denn ich hatte mich mit meinem Studienfreund Wellner verabredet, für zwei Wochen über das Frische Haff auf die Nehrung zu fahren. Dort wollten wir im Dörfchen Narmeln Quartier beziehen und malen, was das Zeug hielt. Und natürlich das Leben und unsere Freiheit genießen nach Strich und Faden, natürlich mit Strömen von Bier und Schnaps.

Als wir Mitte August dort eintrafen, herrschte starker Wind, wohl ein Vorgeschmack auf die kommenden Herbststürme. Schon auf der Herfahrt im Boot waren wir tüchtig durchgeschaukelt worden. Beim Krugwirt und Dorfschulzen Jakob Dahms hatten wir uns eingemietet und das einzige Doppelzimmer der Wirtschaft bezogen. Sie lag direkt am kleinen Hafen zum Frischen Haff.

Nachdem wir unser Gepäck verstaut hatten, gingen wir an die schmale Pier, wo schon das halbe Dorf versammelt war. Weiter draußen legten sich in den schaumgekrönten Wellen die verankerten Fischerkähne mit dem Wind auf die Seite. Die Menschen blickten gespannt in Richtung Festland. Denn für die wenigen hier auf der Nehrung lebenden Kühe, die den wohlhabenderen Fischern gehörten, hatten ihre Besitzer aus Tolkin einen Bullen gemietet. Der sollte seinen Dienst verrichten, um den Tierbestand zu vergrößern.

Die Leutchen schabberten untereinander, was solch ein Stier anrichten könnte. Denn außer Meerschweinen, einer Art Delphine, hatten sie noch nie einen gesehen und nur die mystische Vorstellung, dass er bösartig sei und Menschen aufspieße. Da auch Frauen unter den Wartenden waren, machten Wellner und ich gewisse Andeutungen, ob die Kraft des Tieres für die ihm zugedachte Aufgabe wohl ausreiche. Das amüsierte vor allem die Jüngeren unter ihnen.

Einen besonderen Spaß machten wir uns daraus, die Hübscheste, die Flor, zu necken. Deshalb wollte sie den Platz ihres Ausgucks wechseln. Da sie barfuß war, hob sie ein wenig den Rock und watete ins Wasser längs am Ufer entlang. Obwohl in Socken und Schuhen, folgte ich ihr schnell nach, so dass sie immer tiefer ins Wasser geriet und ihren Rock noch höher heben musste. Ich überlegte, ob sie ein Höschen darunter trug oder vielleicht gar nichts. Vor meinen inneren Augen zog ich sie aus, um ihren Körper zu erforschen. Den kräftigen Beinen nach zu urteilen, musste er durchtrainiert sein, wie auch die muskulösen nackten Arme zeigten.

Denn sie war ja Ruderin auf einem der Fischerboote. Und gewiss war sie es gewohnt, auch sonst überall, wo Hilfe nötig war, zuzupacken. Als sie in die bedrohlichste Lage geriet und ihr die Zuschauer am Ufer schon frivole Späße zuriefen, schrie plötzlich einer, dass das Boot in Sicht sei. Tatsächlich zeigte sich auf dem sturmbewegten Haff ein dunkler Punkt. Ich ging mit wassergefüllten, quatschenden Schuhen schnell an Land, denn jetzt erkannte man unter schlenkernden Segeln tatsächlich den Helden des Tages, den Bullen.

Er war ein mickriges Geschöpf, fast noch ein Kalb, und schwankte auf seinen Vieren, als man ihn über ausgelegte Bretter mittels Stangen aus dem schaukelnden Boot bugsierte. Als er Land unter den Füßen fühlte, blieb er stehen, senkte den Kopf und maß die Menge kritisch mit einem Blick. In diesem Augenblick applaudierte einer. Da schnaubte der junge Bulle, was jedoch überhaupt nicht gefährlich klang. Nun wurde er in einem früheren Schweinekoben untergebracht, wo man den Boden mit Schilf und Binsen ausgelegt hatte. Das arme Tier sank mit den Füßen darin ein, denn so wenig wog es nun auch nicht. Dabei fegte es mit dem Rücken die Spinnweben vom Gebälk. Nun war guter Rat teuer, was der Bulle fressen sollte. Am liebsten hätte man ihm Fischköpfe und Gräten vorgeworfen. Aber dann kam die Frau vom Krugwirt mit einem Arm voll Stroh und rettete die Situation.

Da sich der Tag dem Abend zuneigte, zogen Wellner und ich uns in den Gastraum zurück und spielten auf zwei Schnäpse eine Partie Sechsundsechzig. Dabei erzählte der Krugwirt Dahms von der abenteuerlichen Überfahrt mit dem Bullen. Bei dieser Gelegenheit fragten wir die übrigen Fischer in der Runde, ob sich einer von ihnen zum Modellstehen hergeben wolle. Sie murmelten etwas in ihre Bärte, das nicht gerade nach Einverständnis klang.

Schließlich erklärte sich doch der alte Daniel Baumgart bereit, von meinem Freund gemalt zu werden. „So, wie Sie sind, mit Fischermütze, blauem Halstuch und Pfeife im Mund", ermutigte ihn Wellner. Er musste dem Daniel direkt ins Ohr schreien, so schwerhörig war der. Gemeinsam verabredeten sie sich für den nächsten Tag an der alten Räucherbude.

Bevor ich mich, wie gewohnt, zu einem Mittagsschläfchen niederlegte, hatte Wellner seinen Malkasten und die Staffelei gepackt und schritt aus dem Zimmer. Ich war wohl schon eingenickt, als mich von draußen ein Angstruf weckte: „De Boll! De Boll!" Man hatte das Tier vorsichtig aus seinem Logis gezogen und ihm die für ihn ausgewählte Kuh vorgeführt. Anstatt sich ihr aber liebend zu nähern, riss sich der Bulle los und lief durch die enge Gasse des Dorfes. Alles stürzte in die Häuser und sah dem trabenden Rinde angstvoll nach.

Der einzige, der von diesem Vorfall nichts mitbekommen hatte, war der schwerhörige Baumgart. Er strebte, wie verabredet, der Räucherbude zu. Plötzlich streifte ihn jemand von hinten, jedoch nur leicht. Als er sich umdrehte und dann den Bullen wie ein wütendes Untier vorbeirasen sah, fiel er vor Schreck besinnungslos zu Boden. Hinter ihren Fenstern verfolgten die Zeugen ängstlich den Vorfall. Da sie nicht wissen konnten, ob der Bulle etwa umkehren würde, wagten sich zwei mutige Männer heraus und halfen dem Alten auf die Beine. Sie führten ihn in seine Kammer und legten ihn wohl verpackt ins Bett, nicht, ohne ihm vorsichtshalber einen Schnaps in die Kehle geträufelt zu haben. Der war erfahrungsgemäß noch immer das beste Heilmittel. Obwohl der gute Daniel bald wieder auf den Beinen war, hielt er sich doch an den Aberglauben: „Wer gemalt wird, stirbt." Versteht sich, dass auch sonst niemand gemalt werden wollte. Nur der alte Fischer Paul erklärte sich schließlich bereit, dass Wellner seinen würdigen Kopf zeichnen durfte.

Einige Tage später brachte die Ankunft eines jüngeren Akademikers aus Königsberg namens Weber eine willkommene Unterbrechung. Dieser wurde in der Stadt wegen seines piekfeinen Aussehens gern geuzt. Auch hier stieg er in Stehkragen und Manschetten umher. Dazu trug er Lackstiefel und einen Hut, was besonders den Mädchen imponierte. Sie warfen dem Jüngelchen Blicke zu und taten ihm schön. Das wiederum brachte mich auf die Palme, denn ich hatte mich sehr bemüht, wie ein Fischer zu sein und war eifersüchtig. Das betraf besonders die Flor.

Am nächsten Morgen überredeten wir Weber zu einem Bad. Das Wetter werde herrlich. Danach wollten wir mit ihm auf die Düne steigen, von der man das Haff und die offene Ostsee sah. Nun aber bewölkte es sich, wurde regnerisch und ein Sturm zog auf. Bald rollten die Wellen einigermaßen hoch an den Strand. Wellner und ich stießen uns erwartungsvoll an. Natürlich badeten wir nackt und streiften danach unsere Kleidungsstücke über den nassen Leib. Als wir sahen, wie der vor Kälte schlotternde Weber sich abmühte, in sein steif geplättetes Hemd hinein zu kommen, das sich im Wind widerspenstig aufblähte, grinsten wir schadenfroh. Seine Stiefel standen auf der Bank eines nach Teer riechenden Bootes, das im Wind hin- und herschwankte. Jeden Augenblick konnten sie auf den mit Wasser bedeckten Boden fallen. Und richtig! Da schwammen sie auch schon lustig darauf herum. Donnerschock, Lackstiefel! Wellner und ich lachten uns halb tot. Weber fischte sie zähneklappernd heraus.

Beim Aufstieg durch den Sand zur höchsten Düne der Frischen Nehrung wurde uns halbwegs wieder warm. Der Wind legte die blaugrünen Halme des Strandhafers waagrecht um. Über den Boden flog feiner Sand und drang uns in Ohr und Nase. Oben standen wir ganz außer Atem. Dabei befanden wir uns nur 45 Meter über dem Meer. Trotz des üblen Wetters hatte man von hier aus den schönsten Blick. Die Sandberge zogen sich als schmaler gelber Streifen 70 Kilometer lang von Norden nach Südwest. Hier und da tauchte in dieser Wüste ein kleines Waldstück mit Kiefern auf. Bis zum Horizont war die Ostsee mit weißen Schaumkämmen bedeckt. Sie sahen aus wie eine Herde von Millionen weißer Schafe, die ans Land streben. Auf der anderen Seite blickten wir über die weite Fläche des Haffs bis zum Festland. Dort, wo die Düne zum Haff abfällt, erkannten wir durch ein kleines Gehölz die Dächer unseres Dorfes.

Nach diesem beeindruckenden Naturerlebnis schlossen Wellner und ich mit Weber Freundschaft. Jetzt, da dieser nicht mehr aussah wie ein feiner Pinkel, war er netter als gedacht. Die letzten warmen Tage verbrachten wir mit Baden, Nichtstun und Herumlungern in der Kneipe. Mit den Fischern konnte man sich sowieso über nichts anderes unterhalten als Fischen, Segeln und das Wetter. Bier und Schnaps flossen in Strömen und hoben die Stimmung. Der Krugwirt malte mit Kreide fleißig einen Strich nach dem anderen auf die Tür. Da kam Wellner die Idee zu einer musikalischen Einlage, denn bei ihm begann der Schnaps schon zu wirken. „Meine Herren!", rief er und stellte sich in Positur. „Silentium für das Lied vom David und Goliath. Ihr dürft auch den Chor mitsingen." Dann hob er mit wohlklingender Baritonstimme an:

> „Na, nu schwiegt mi mal e betke stell
> Un hört, wat ek Ju vertelle well,
> Von dem Riesen Goliath.
> Wat de kleene Dawidke daht.
> De Goliath weer en grooter Mann,
> Vor dem, alle Lüd da weer sehr bang."

Dann winkte er den Männern, im Chor einzufallen:
„Tule, tule tuleta!

Obwohl sie von der biblischen Geschichte nicht viel wussten, fielen die Fischer begeistert ein. Sie fanden bei dem Refrain gar kein Ende und schlugen mit den Fäusten auf die Tische. Doch mit einem Mal herrschte Stille. Zwei wütende Frauen waren eingetreten und schwangen Besen in ihren Fäusten. Die meisten Männer duckten sich unter die Tischplatten.

„Wa Ju too Huus!" zeterten sie, packten ihre Ehegatten und warfen sie zuerst hinaus. Einige andere Trunkenbolde drückten sich lieber freiwillig. Dann pflanzte sich die Ältere vor den Gästen vom Festland auf: „Un de Malerkeerdels sulle ook leewer ligge gahn, als son Spektakel make!"

Da die Gesellschaft nun stark zusammengeschrumpft war, meinte ich: „Hört mal, so jung wie heute kommen wir ja nicht mehr zusammen. Das müssen wir feiern. Prost!", und stürzte wieder einen Schnaps herunter.

Da stöhnte Weber plötzlich: „Oh! Mein Vater, mein seliger Vater!" Er war zusammengesunken und stierte vor sich hin. Dabei erschütterte ein Schluckauf seinen Körper. „Oh, wenn das mein seliger Vater wüsste!" lallte er.

„Ach was! Lassen Sie doch Ihren Alten in Ruh! Der ist doch schon lange tot", versuchte ich, ihn aufzumuntern.

„Oh, mein seliger Vater", schluchzte Weber weiter. Da ihn offensichtlich das graue Elend gepackt hatte, führten wir ihn eingehängt nach oben in sein Zimmer. Dort legten wir ihn in voller Montur ins Bett und gingen selbst, unseren Rausch ausschlafen. Als wir am nächsten Morgen mit einem Brummschädel zum Frühstück kamen, fragten wir die Krugwirtin nach Weber. „Ach der", meinte sie, der wäre schon früh morgens mit dem Briefträger zusammen ans Festland gefahren.

Allmählich schien der Herbst einzukehren. Schöne Tage gab es nur noch selten. Durch den hohen Seegang konnten die Fischer nicht mehr zum Fang auf die See hinausfahren. Sie hockten missmutig auf ihren an Land gezogenen Booten und beschäftigten sich mit dem Flicken ihrer Netze. Den steifen Wind nicht eingerechnet, hätte das für einen Landschaftsmaler gewiss ein reizvolles Motiv abgegeben. Aber so, wie die See rauschte, wäre uns jedes Blatt um die Ohren geflogen. Deshalb setzten Wellner und ich uns zu den Leuten und fragten, was sie denn im Winter täten.

Von „Klock negen" (neun), wo es erst hell wird, „bet Klock dree", wo es wieder dunkel ist, stehen sie bis zur Brust in der Brandung der hochgehenden See. Von Kopf bis Fuß sind sie in wasserdichte Lederkleidung eingehüllt, um Nässe und Kälte von ihren Körpern abzuhalten. Ihr Ziel ist es, Stücke von Bernstein aufzufangen. Dafür fahren sie mit ihren Käschern längs am Boden entlang. Eine mühselige Arbeit, nur selten von Erfolg gekrönt.

Einer dieser Fischer war Benjamin Köhn, ein blondhaariger Riese. Er hatte bei der Garde gedient und sprach deshalb mit den Fremden hochdeutsch. „Ja, im Winter, da sollten Sie mal auf die Nehrung kommen. Da können Sie was malen!" Als reichster Fischer und obendrein noch Junggeselle, besaß er ein Haus und zwei Boote. Eine echte Partie! Besonders auf die Flor hatte er ein Auge geworfen. Denn sie fuhr mit ihm auf seinem Boot nebst drei Männern als weibliche Ruderin der Besatzung. Dass mein Freund und ich sie gern neckten, machte ihn zunehmend argwöhnisch. Deshalb sah er uns jeden Tag scheeler an. Am letzten Sonntag unseres Urlaubs spielten einige vagabundierende Musikanten im Krug zum Tanz auf. Als ich die Flor aufforderte, gab sie mir schnippisch einen Korb und tanzte nur noch mit Köhn. Es sah ganz so aus, als hätten sich die beiden gefunden. Mir war es nur recht, denn ich wollte wirklich kein Fischer werden. Immerhin erwies sich der Krösus des Dorfes nun uns gegenüber freundlicher und vertraute uns sogar sein Haffboot zu einer kleinen Vergnügungstour an.

Endlich war die Zeit unserer Abreise gekommen. Zu unserem Glück wollte der Fischer Paul lebendige und geräucherte Aale nach Königsberg bringen. Als er uns zur Mitreise einlud, sagten wir nicht Nein. Mit ihm und seinem Kompagnon Jakob wurde es eine spannende Heimreise von vielen Stunden. Denn nachdem der Wind abgeflaut hatte, hing das Segel schlaff herunter. Nun mussten die beiden rudern. Auch wir wurden aufgefordert, in die Hände zu spucken. Also wechselten wir uns im Rudern ab und legten uns in die Riemen, dass wir bald blutige Schwielen an den Händen bekamen. Immer am Strand der Nehrung entlang ging es nach Norden Richtung Pillau. Wir kamen an Dörfern vorbei und fuhren an Kähnen vorüber, die von unserem kleineren aus gesehen wie Riesen aus dem Wasser auftauchten.

Als es dämmerte, wurde es empfindlich kühler. Wellner und ich froren in unseren Sommeranzügen. Da sagte Paul, wir sollten uns ins „Roof" legen und ein bisschen ausruhen. Wir krochen durch die kleine Tür in die winzige Kajüte und streckten unsere Glieder. Drinnen war es ganz behaglich. Das Glucksen des Wassers an den Wänden des Bootes machte uns schläfrig. Bevor es dunkel wurde, hing Paul ordnungsgemäß eine brennende Laterne an den Mast.

Da kam endlich Wind auf. Die weite Fläche des Haffs kräuselte sich bald zu richtigen Wellen. Am Quermast füllte sich das Segel. Als Paul die Schoten straff anzog, drehte es sich ganz von selbst in die gewünschte Richtung. Nun nahmen wir richtig Fahrt auf.

Zwar machte Wellner, der nicht schwimmen konnte, aus seiner Sorge keinen Hehl. Doch alles ging gut. Es war schon Nacht, als wir, alle erleichtert, aber geschafft, an der Pier in Königsberg anlegten. Diese kurze Zeit auf der Nehrung blieb uns in schönster Erinnerung.

Mein Sprung nach München

Das Semester an der Königsberger Akademie hatte bereits wieder begonnen. Nachdem ich dort drei Jahre die Grundlagen der Malerei sowie die konservative Historienmalerei kennen gelernt hatte, überraschte uns Professor Günther mit der Neuigkeit, er werde Königsberg verlassen und zurück an die Weimarer Kunstschule gehen. Er hatte wohl die Semesterferien genutzt, um dort wieder in Ehren aufgenommen zu werden. Die Ursache für seine Entscheidung kannten wir genau. Mit den ständigen Intrigen und der Hetze gegen ihn hatte ihm das Königsberger Professorenteam seinen Posten gründlich verleidet. Günthers Abschied erfolgte jedoch mit einem Knalleffekt. Er veranlasste, dass auch seine talentiertesten Schüler die Akademie verließen. Wellner und Rentel folgten ihm nach Weimar. Kohnert versuchte sein Glück in Berlin. Und ich sollte nach München zu Defregger gehen. „Ich werde bei ihm ein besonderes Wort für Sie einlegen, Corinth." Damit hatte die kleine Königsberger Akademie beinahe die Hälfte ihrer Malklasse verloren.

Das war nun ein Paukenschlag! Niemand war froher als ich, in die Welt hinaus und gerade an die Akademie in München zu kommen. Die galt ja als die beste in Deutschland und stand mit der Kulturszene in Paris in engem Austausch. Ich war zweiundzwanzig Jahre alt und reif genug, mein eigenes Leben zu führen. Mein Vater trug diesen Schritt mit Fassung. Er war ja längst davon überzeugt, dass ich nun einmal Maler werden wollte, und darüber hinaus ein guter. Daher unterstützte er meine Entscheidung sogar mit einem großzügigen Monatswechsel.

„Ich hätte das gleiche getan, mein Sohn. Ich habe immer gewollt, dass du kein Bauer sondern ein gebildeter Mensch wirst. Von wem aus unserer Familie du die Malerei geerbt hast, weiß ich nicht. Aber wenn du in München weiter kommst, kann mich das nur freuen. Ich halte große Stücke auf dich, Luke. Du bist ja nun ein erwachsener junger Mann. Da lass dir man die Münchner Luft um die Nase wehen. Du weißt ja, wie sehr ich dir Glück wünsche." Dabei traten ihm Tränen in die Augen. Mit einem Mal sah ich, dass er über seine Jahre hinaus gealtert war, sein Gesicht blass und eingefallen. Er umarmte mich und wir hielten uns lange umschlungen.

Kaum in München angekommnen, suchte ich den berühmten Maler Franz Defregger in seinem vornehmen Anwesen, einer Villa im italienischen Renaissancestil am Englischen Garten auf. Er hatte mich persönlich zu sich eingeladen und begrüßte mich liebenswürdig. Er war ein ausnehmend schöner Mann mit braunem, leicht gelocktem Haar, sanften Augen und einer geraden Nase. Er musste etwa doppelt so alt sein wie ich und trug einen gepflegten Stutz- und Schnauzbart. Mir fiel gleich seine südtirolisch gefärbte Sprache auf. Auf den ersten Blick sah man ihm an, dass er ein freundlicher Mensch war.

„Nach dem, was ich über Sie erfahren habe, tun Sie sich schwer mit einer akademischen Auffassung von Bildern und haben Ihre ganz eigenen Vorstellungen. Im Gegensatz zur Weimarer Schule der Landschaftsmalerei neigen Sie wohl mehr zu figürlichen Darstellungen und haben sich bei Günther erste Erfahrungen in der Aktmalerei erarbeitet. Aber was rede ich da, Sie haben mir doch sicher etwas von Ihnen mitgebracht."

Vorsorglich hatte ich einige Aktzeichnungen und zwei Ölskizzen von Landschaften in eine Mappe gepackt und unter die Blätter sogar ein Aquarell aus dem Schlachthaus geschoben für den Fall, dass er sich dafür interessierte. Er studierte alles aufmerksam und sah mir lächelnd in die Augen.

„Schaugns, nach Ihren drei Jahren an der Akademie in Königsberg können Sie noch nicht die beste malerische Qualität besitzen. Dass Sie aber Talent haben, seh ich schon, Ehrgeiz sicher auch. Um ein Meister zu werden, braucht's natürlich seine Zeit. Ich kann Ihnen nur anbieten, ich schau mir erst einmal an, was Sie machen. Ich hab noch einen Platz in meiner Malschule in der Glückstraße. Da können`s Studienköpfe malen bis auf weiteres. Und wenn Sie dann soweit sind, empfehl ich Sie zu Löfftz."

Ich wusste ja, Defregger war Historienmaler und hatte die größten Erfolge mit seinen Bildern aus dem Tiroler Freiheitskampf. Zu seiner eigentlichen Berufung aber gehörte die Porträtkunst. Mir hüpfte das Herz im Leibe. Was ich nur zu hoffen gewagt hatte, sollte sich erfüllen: Ich konnte in München bleiben, durfte sogar gleich bei ihm anfangen und später bei Ludwig Löffzt weiter studieren. Dass dessen Malschule einen enormen Ruf genoss, war sogar bis Königsberg gedrungen..

„Ich bin Ihnen außerordentlich zu Dank verpflichtet, verehrter Herr Professor", beteuerte ich. „Ich werde alles tun, um bei Ihnen die Kunst des Porträtierens zu erlernen. Das Figurenfach interessiert mich besonders."

„Etwas Ähnliches hat mir Günther auch geschrieben. Er hält Sie für wirklich begabt. Das ist ja schon mal was. Aber zum Talent kommt der Fleiß. Selbst der beste Maler ist nicht vom Himmel gefallen. Nun werden Sie sich wohl zuerst einmal ein Zimmer besorgen müssen."

Nachdem er mir mit seinem Angebot einen Weg aufgezeigt hatte, wie ich in meinem Studium weiterkäme, empfahl er mir auch eine Adresse, wo ich nach einer Unterkunft fragen konnte. Dort hatte ich Glück, denn ich fand nicht weit von der Akademie ein möbliertes Zimmer.

In Defreggers Atelier saßen mehrere Modelle: ein alter Bauer mit Tirolerhut, eine ältliche Frau mit einer Haube auf dem Kopf und ein blasses Mädchen mit herab hängendem Zopf. Ich entschied mich für den Alten, was der Professor gut hieß, und begann gleich mit den ersten Skizzen. Neben mir saß noch ein Malschüler, der immer zu mir herüber schielte. Vier weitere Kommilitonen mühten sich mit den beiden anderen Modellen ab.

Nachdem ich einige Blätter vernichtet hatte, klappte es besser. Defregger stand hinter mir und meinte. „So ist es schon recht. Besonders müssen's auf die Augen achten. Die sind das Wichtigste im ganzen Gesicht. Da schaut der Betrachter zuerst hin. Die Nasenwurzel zwischen ihnen ist bei jedem Menschen individuell. Blick müssen's in die Augen mit ganz wenig Schatten geben. Die sollen ja umgekehrt den Betrachter ansehen, damit sich ein Kontakt herstellt.“

„Aber wie soll ich das nur mit einer Zeichnung, Herr Professor?“, hielt ich dagegen. „Ich würde den Herrn lieber gleich malen.“

„Na, dann versuchen's halt“, erlaubte er freundlich. Schnell holte ich aus einer Ecke Staffelei und Malzeug herbei. Der Bauer rutschte schon ungeduldig auf seinem Stuhl hin und her. Aber ich beruhigte ihn: „Gleich ist's vorbei.“

Dann begann ich, wie ich es am liebsten tat, gleich mit dem Pinsel, mischte hellen Fleischton mit Ocker und Rot und trug die Fläche des Gesichtes auf. Dann setzte ich die Augen mit einer schwarz-grün schattierten Pupille hinein, malte die dünnen Brauen darüber und kratzte mit einem Strich die Nase. Nun machte ich mich an Mund und Bart, setzte dem Alten in Dunkelgrün den Hut auf und umrahmte die Backen noch mit etwas grau gekräuseltem Haar. Ich war so mit meiner Arbeit beschäftigt, dass ich gar nicht bemerkte, wie Defregger mit den anderen Schülern hinter mich trat.

„Das ist mal eine ganz neue Art, ein Porträt zu skizzieren", hörte ich die heitere Stimme des Professors. „Da haben's einen fabelhaft wilden Kerl aus unserem Franzl gemalt, Corinth. Mutig drauf los. Aber originell ist's doch. Sie wollen sich nicht mit Kleinigkeiten aufhalten, weil die Mühe machen. Aber die sind ebenso wichtig wie die Augen. Den Blick haben's schon ganz gut hinein gegeben. Lassen wir's fürs erste lieber noch beim Zeichnen bewenden. Das bleibt immer Grundgerüst für ein Porträt."

Ich war getroffen, hatte gedacht, ich mach's, wie ich will, und gleich besser. Er fand das nicht, hatte aber den so genannten „Blick" in den Augen ein bisschen gelobt. Das richtete mich wieder auf. Unterkriegen lassen wollte ich mich nicht. Im Gegenteil – jetzt gerade wollte ich ihm zeigen, was in mir steckte!

Nach einem halben Jahr Studienköpfe zeichnen hatte ich mich in der Kunst soweit perfektioniert, dass Defregger mich lobte. „Nun haben's doch solche Fortschritte gemacht, dass Sie für den Kollegen Löfftz reif sind. Meine Anerkennung haben Sie. Ich wünsch Ihnen viel Glück für Ihren weiteren Weg als Künstler. Ich hör gern wieder von Ihnen."

Bei Löfftz, der zwei große voll besetzte Ateliers besaß, bekam ich gerade noch einen ganz kleinen Platz. Der schmächtige Mann mit einem dünnen Spitzbart im hageren Gesicht war ein hervorragender Zeichner und beherrschte die Aktmalerei wie kaum ein zweiter. Er war ein strenger Lehrer. Bei jedem Schüler achtete er genau auf die exakte Ausführung zumal bei den Aktzeichnungen. Sein größtes Lob bestand in den Worten: „Fein im Ton." Besonders liebte er grau-grünliche Stimmungen.

Nach dieser Maxime suchte er auch seine Modelle aus, alte Leute oder solche, die kein Rot mehr im Gesicht hatten. Wir Studenten nannten sie respektlos Ruinen der Menschheit. Wenn ein Schüler in seinem Sinne gearbeitet hatte, lobte er ihn: „Sehr gut im Ton. Noch zwei Jahre bei mir und Sie sind ein fertiger Künstler." Wenn jemand partout nicht nach seiner Pfeife tanzte, setzte er ihn auch durchaus an die Luft: „Es warten schon andere auf den Platz." Als er von der Akademie ein drittes Atelier erhalten hatte, verkündete er: „Ich werde ein Atelier für wenige und sehr begabte Schüler einrichten. Dazu werde ich auch Sie erwählen." Das hatte er nach zwei Jahren Studium bei ihm auch zu mir gesagt.

Student an der Akademie sein in München, ohne der „Allotria" anzugehören – „dös gibt es fein net." Nachdem ich die ersten vier Monate allein in meiner Bude gesessen hatte, schloss ich mich auf Einladung meines Kommilitonen Hans Olde der Allotria an. Präsident dieser Künstlervereinigung war Franz von Lenbach, Direktor der Münchner Akademie und unangefochtener Primus inter pares. Olde, Sohn eines holsteinischen Landwirts, war ein feiner Kumpel. Seine Art, Landschaften zu malen, lag mir sehr. Bei einer Kneipe kamen wir uns näher, und bald duzten wir uns. Durch ihn lernte ich viele interessante Künstlertypen kennen.

Eine Mordsgaudi versprach im Februar 1881 das große Faschingsfest in „Kils Kolosseum", dem weiträumigsten Lokal der Stadt in der Müllerstraße. Schon Monate zuvor hatten die Schüler der Münchner Akademie mit anderen Schulen das Maskenfest unter dem Titel „Kneipreise um die Welt" arrangiert und die Dekorationen dazu vorbereitet. Noch in den letzten Tagen wurde an Ort und Stelle gehämmert, gesägt, geleimt und genäht.

Pünktlich zur Eröffnung ragte auf der Bühne ein mächtiger Ozeandampfer empor. Sein Bugspriet mit der Takelage reichte weit in den Saal hinein und berührte fast die obere Galerie. Unter diesem Balkonumgang reihten sich in den Kolonnaden Fischkneipen, polnische Schnapsbuden und ein sächsisches „Bliemchencafé". Weiter hinten im Saal erhob sich eine spanische Burgruine, zu der eine Taverne gehörte. In einem Winkel am Ausgang hatten sich unter Eisbergen und Gletschern aus Papier Schüler der Widmannschen Bildhauerschule als Eskimos ihre Unterkunft eingerichtet. Sie steckten von Kopf bis Fuß in weißen Anzügen aus Werg. Auf der Galerie befand sich eine spezielle bayerische Landkegelbahn, wo lebende Ferkel und Gänse als Prämien ausgespielt werden sollten. Dort gab es neben anderen Kneipräumen noch ein Klosterstübel, eine amerikanische Blockhütte und eine chinesische Opiumhöhle. Auf der Galerie war auch die fünfköpfige Musikkapelle untergebracht. Für riesigen Spaß sorgte am Eingang eine Eisenbahn aus zusammen geschobenen Kinderwagen, welche die Festteilnehmer von der Garderobe aus durch einen finstern Tunnel bis zum Eingang des strahlend erleuchteten Festsaales brachte.

Das feuchtfröhlich lärmende Fest befand sich gerade auf dem Höhepunkt, als es ein schreckliches Unglück gab. Bei den Eskimos war plötzlich irgendwie Feuer ausgebrochen und die entsetzten Festgäste mussten mit ansehen, wie die jungen Leute, die sich gegenseitig helfen wollten, in Flammen aufgingen. Ihre Kostüme aus leicht brennbarem Werg konnten sie nicht mehr herunter reißen. Nur einer, der sich in die Toilette retten und dort in der Feuchtigkeit wälzen konnte, wurde gerettet.

Ich selbst stand oben auf der Galerie, als das Feuer ausbrach. So schnell, wie es gekommen war, wurde es auch gelöscht. Um weitere Panik unter den vielen hundert Menschen in dem großen Saal zu verhindern, wurde das Fest fortgesetzt. Die Musik spielte recht und schlecht aus dem „Bettelstudenten" das Lied „Ach, ich hab sie ja nur auf die Schulter geküsst..." Was mit den armen Eskimos geschehen war, ging im allgemeinen Trubel unter. Um diese Unglücklichen hatten sich eiligst herbeigerufene Ärzte und Sanitäter gekümmert und sie abtransportiert. In den nächsten Tagen erkundigten wir uns nach den Verunglückten und mussten erfahren, dass schon einige gestorben und begraben waren. Das war der traurigste Einstand in eine Studentenvereinigung, den man erleben konnte.

Doch, so wie das Leben weitergeht, traf ich mich bald wieder mit den mir nun vertrauten Studienkollegen in unseren einschlägigen Kneipen, am liebsten in der „Veltliner" in der Schillerstraße. Dort hingen stattliche Ölbilder an den Wänden als Bezahlung für genossenen Wein. Da saßen sie lachend und schwatzend zusammen, urkomische Typen wie der Schwabe Gustav Schwabenmaier, der sich selbst in seinem Dialekt „Guschtävle" nannte, und sein Freund, der schweizerische Landschaftsmaler Stäbli. Auch der Badener Emélè fand sich darunter, der seinen Namen mit den französischen Akzenten aufgehübscht hatte. Der Sachse Arthur Langhammer brachte stets seinen Hund Hipp mit, eine zottige Promenadenmischung, die ohne Schwanz auf die Welt gekommen war. Er trottete wie ein Bär umher. An seinem Mienenspiel konnte man all das ablesen, was bei seiner Art sonst mit Ohren und Schwanz ausgedrückt wurde.

„Sei du nur froh, dass dei Vater Gerbermeischter war, der meinige war Professor, drum han i a nix", sagte das Guschtävle zu mir.

Um an seine geliebte „Fläsch" – einen Humpen Bier – zu kommen, lud er Neuankömmlinge sofort ein, mit ihm „um eine Fläsch Mühle fahre". Er beherrschte das Mühlespiel wie kein zweiter und holte sich noch bei jedem seine Trophäe ab.

Seit der Prinzregent Luitpold den Landschaftsmaler Arnold Stäbli zum Professor ernannt hatte, trug dieser eine weiße Krawatte und weiße Weste, die er peinlich sauber hielt. Deswegen führte er auch stets ein kleines Salzfass bei sich, um eventuelle Rotweinflecken auf besagten Kleidungsstücken gleich abmildern zu können. Wenn er besonders gut aufgelegt war, sang er das Lied vom unglücklichen „Schwalangär" (Cheveauleger). Sonst beschränkte er sich auf die Phrase: „By Gott, der Wi isch guat." Er war wohl von allen derjenige, der dem Alkohol am fleißigsten zusprach. Das zwang ihn, immer wieder einmal das Krankenhaus aufzusuchen, um seinen Körper zu entgiften und sich von der „Reblaus" zu befreien. Offiziell ließ er verlauten, er habe die Influenza. Ich glaube, von den beiden Sauffreunden starb er zuerst.

So gingen meine beiden ersten Studienjahre dahin. Man möge nicht glauben, wir hätten uns nur in Gastwirtschaften herumgetrieben. In der Akademie wurde hart gearbeitet und streng geprüft. Und so kamen wir auch vorwärts mit dem Erlernen der Malerei. Allerdings musste ich mein Malstudium ab dem 1. Oktober 1882 unterbrechen, um beim Militär das freiwillige „Einjährige" abzudienen.

Mit vierundzwanzig stellte ich mich dann in der Türkenkaserne dem Arzt zur Musterung vor. Ich hinkte ein wenig und klagte so viel ich konnte von krankem Herzen, schlechten Augen und was ich alles gehabt haben mochte. Aber das scherte ihn wenig. Er kniff mir in den Oberschenkel und sagte: „Mit den Muskeln wollen Sie frei kommen?" Es half nichts. Mit schwerem Herzen musste ich in dieselbe Kaserne in das zweite Infanterie-Regiment „Kronprinz" eintreten. Unter den 30 Einjährigen kam ich mit fünf anderen in die sechste Kompanie, die ausgerechnet die strengste im ganzen Regiment sein sollte. Deren zuständiger Hauptmann Schuster war für seine Grausamkeit berüchtigt. Einem glücklichen Geschick konnte ich jedoch verdanken, dass ich mit einem Einjährigen aus der zehnten Kompanie ausgewechselt wurde und nun in die mildeste kam.

Der amtierende Hauptmann Schneider des zweiten Infanterie-Regiments schien liebenswürdig, dafür aber einfältig zu sein. Nach der Grundausbildung drehte uns sein Oberleutnant durch die Mangel. Zuerst tat der furchtbar streng, wurde bald aber immer nachlässiger, bis er zuletzt empfahl, uns nicht zuviel in den Cafés herumzutreiben. Schließlich sollte es nicht heißen, die Einjährigen des zweiten Infanterieregiments hätten nichts zu tun. Im Gegensatz zu einem zackigen Militär liebte er junge Rekruten, die noch bartlose Gesichter hatten. Die streichelte er und poussierte auf dem Kasernenhof herum wie einer, der gern die Kellnerinnen vom Café Luitpold knutscht. Er besaß sogar einen gewissen Humor und kritisierte seine Leute, wenn sie ihm beim Parademarsch zu sehr trödelten: „Sie kommen ja daher wie ,das letzte Aufgebot' von Defregger."

Wie sich jeder denken kann, war die Ausbildung vollkommen ungenügend. Im Großen blieb alles Wichtige auf der Strecke, im Kleinen herrschte überflüssige Pingeligkeit. Mich kümmerte das nicht weiter. Auf unserem Ausbildungsprogramm stand auch eine sechswöchige Übung auf dem Fort Saint Quentin in Metz und danach ein Manöver in Lothringen. Zuletzt nahm ich noch an einer zweiwöchigen Übung in Königsberg und Pillau teil und verließ das Militär als Unteroffizier. Obwohl ich heilfroh war, wieder ins

Privatleben zurückkehren zu können, hatte ich in diesem Jahr gelernt, dass der preußische Drill doch besser war als der bayerische. In der Gambrinushalle, die mir von meiner Prügelei vor sieben Jahren her noch stark in Erinnerung war, feierte ich mit einigen meiner Kameraden, die mir am liebsten waren, gehörig unseren Abschied.

In Königsberg wohnte ich natürlich bei meinem Vater. Da ich ja seit drei Jahren in München lebte, hatten wir uns lange nicht gesehen. Ich war erschrocken, als ich ihn so gealtert fand. Er ging leicht gebeugt und sagte, er könne nicht lange stehen. Im Gesicht trug er einen Ausdruck von Resignation. Als er mich fest umarmte, ging darin gewissermaßen die Sonne auf.

„Ein richtiger Mann bist du geworden, Luke, groß und stark. Mit dir sollte sich keiner anlegen. Hast sogar Karriere beim Militär gemacht."

„Nun, das nicht gerade", lachte ich. „Zum Unteroffizier hab ich's gebracht und bin höchst erleichtert, dass es mit dem Kommiss vorbei ist. Wenn ich wieder in München bin, beende ich mein drittes Jahr bei Löfftz. Und dann sehn wir weiter."

„Da du ja nun mal Maler geworden bist, hab ich eine Überraschung für dich, die dich freuen wird", verkündete mein Vater geheimnisvoll und holte aus einer Schublade seines großen Schreibtischs einen Packen von Prospekten hervor. „Ich hab nämlich für uns beide eine großartige Reise organisiert. Zum Lohn für deine Maleschen beim Militär fahren wir für vier Wochen nach Italien. So alt ich bin, war ich nur immer in Tapiau und Königsberg. Ich möchte einmal Venedig und die Alpen sehen. Außerdem glaube ich, dass du unterwegs eine Menge Motive finden wirst."

Ich war überwältigt. „Aber für zwei Personen kostet das doch viel. Einen Monat, den ganzen Oktober lang! Eine gute Reisezeit für Italien. Das willst du wirklich tun? Trotzdem – ich kann das gar nicht annehmen. Ich kann doch selbst noch nichts beisteuern."

„Das brauchst du auch nicht. Ich hab genug Geld. Außerdem kann ich nicht allein reisen. Mit dir, Luke, wäre es am schönsten. Du könntest mir ja ein bis zwei Bilder schenken."

Ich sprang auf, konnte nicht anders. Ich musste ihn noch einmal umarmen. „Das ist wirklich eine wunderbare Überraschung für mich. Zu Löfftz kann ich auch einen Monat später kommen. Der wartet sowieso nicht auf mich. Natürlich bekommst du Bilder. Zunächst aber möchte ich ein Porträt von dir malen", grinste ich. „Für die Nachwelt, damit sie weiß, was für einen generösen Vater ich habe. Wann soll's denn losgehen?"

„Wann du willst, von mir aus in drei Tagen, wenn du alles beisammen hast, was du brauchst. Dann kaufen wir die Reisebillets für den Zug bis München und über den Brenner bis Venedig."

Das war eine Neuigkeit für mich! Ich konnte es kaum fassen. Von einem Tag auf den anderen war mein Leben umgekrempelt. Italien! In meinen kühnsten Vorstellungen hätte ich nicht gedacht, es so bald erleben zu können. Ich war ganz aus dem Häuschen. Natürlich musste ich noch eine Menge Dinge erledigen, Malzeug besorgen, ein Wörterbuch für die italienische Sprache, Landkarten, schließlich ein paar Kleidungsstücke für mich und Wäsche.

Meine Aufregung teilte sich auch meinem Vater mit. Er hatte regelrecht Reisefieber und bekam rote Bäckchen. Grund für mich, gleich meine neuen Farben und Pinsel auszuprobieren. Ich postierte ihn auf einen Stuhl, den rechten Arm auf den Esstisch gestützt mit der rechten Hand an der Wange, in der linken Hand eine Zigarre. Auf der gelb gemusterten Tischdecke vor ihm ein zartgrünes leeres Römerglas. Vaters schwarzes Jackett zur grauen Hose wurde nur von seinem weißen Hemdausschnitt mit gelber Fliege farblich aufgehellt. Sein beleuchtetes Gesicht malte ich en face, wodurch seine Züge mit der breiten Stirn und den flächigen Wangen deutlich hervor traten. Er lächelte, als ich ihm mein Werk zeigte. Aber ich spürte, dass er damit nicht ganz einverstanden war, als er sagte: „Nun, das bin ja wohl ich. Wenn wir aber in den Süden reisen, wirst du bestimmt hellere Farben wählen. So ostpreußisch dunkel und melancholisch ist das Licht dort wohl nicht." Ich selbst fand das Altersporträt nicht mal so schlecht. Das behielt ich aber für mich.

Dann war der Tag unserer Abreise gekommen. Die Fahrt über Berlin nach München war mir ja bekannt. Von dort erreichten wir die Alpen mit ihrer eindrucksvollen Panoramakette. In Kufstein hieß es umsteigen. Dann ging's über den Brennerpass nach Bozen und von dort am Gardasee entlang über Verona nach Venedig. Zwei volle Tage mit einer Übernachtung im Schlafwagen – dann hatte sie uns, die Signoria, Traumziel unzähliger Nordländer und Hochzeiter. Wir stiegen im Hotel Marconi am Canal Grande ab und erkundeten von dort aus dieses wunderbare Fantasiegebilde von einer Stadt.

In den ersten Oktobertagen schien hier die Sonne noch warm vom wolkenlosen Himmel und beleuchtete eine Kulisse aus Palästen, Wasserstraßen, schlanken schwarzen Gondeln und draußen vor den Cafés sitzenden Menschen, wie sie schöner nicht hätte sein können. Mir drängte sich das Bild einer riesigen Theaterbühne auf. Dazu hatte ich die singende Sprache der Italiener im Ohr, die durcheinander schrieen, lachten oder schimpften.

Tagelang durchstreiften wir die Gassen entlang der Kanäle, bewunderten den filigranen Dogenpalast und die imposante Markuskirche und ruhten uns auf den Straßencafés am Markusplatz aus. Von dort sahen wir übers Wasser auf einer Insel den schlanken roten Turm der Kirche San Giorgio und gegenüber am Canal Giudecca die helle Kuppel der gewaltigen Kirche Santa Maria della Salute. Wir schlenderten über die elegant geschwungene Rialtobrücke mit ihren Souvenirläden. Aus einem der zwölf Bögen verfolgten wir von oben den lebhaften Bootsverkehr auf dem Canal Grande.

Auf dem Platz vor der Kirche San Bartolomeo entdeckte ich ein Bronzedenkmal des Komödiendichters Carlo Goldoni. Es musste noch ganz neu sein, denn es hatte noch keine Patina angesetzt und glänzte golden in der Sonne. Der forsche kleine Herr im Rokokokostüm mit Dreispitz blickte von seiner Höhe so lustig auf mich herab, dass ich mich gleich angesprochen fühlte. Wie er so mit seinem Gehstock munter ausschritt, hätte ich mich ihm sofort anschließen mögen. Den musste ich näher kennen lernen, beschloss ich und nahm mir vor, bei Gelegenheit in der Münchner Bibliothek über ihn mehr zu erfahren.

Per Schiff unternahmen wir auch einen Ausflug zur Insel Murano, wo wir eine Glasmanufaktur besichtigen wollten. Nicht weit von der Anlegestelle entfernt entdeckten wir eine Glasbläserei, die mit ihren bereits vor dem Eingang ausgestellten Produkten zum Hereinkommen einlud. Da fanden sich rot-weiß gestreifte, gelbe und grüne Tulpen, fein ziselierte Gläser und kleine Tiere aller Art als Souvenirstücke. In der großen Halle arbeiteten mehrere Männer, einige vor Öfen mit offen loderndem Feuer. Um sich vor der Hitze zu schützen, trugen sie dicke Handschuhe bis zu den Ellenbogen. Während einer sein Werkstück aus Glasmasse an einer langen Stange über das Feuer hielt, blies ein anderer so lange kräftig durch das Rohr, bis sich der glühende Glasklumpen mit Luft füllte und bauchig wölbte. Mit feinen Zangen zog er einzelne kleine

Stücke heraus und formte so höchst geschickt eine Blüte oder ein Pferdchen. Am meisten faszinierte mich das hellrot lodernde Feuer mit den dunkel davor huschenden Gestalten. Das war ein lebendiges Bild.

Während unserer Spaziergänge probierten wir in zahlreichen Restaurants und Trattorias die italienische Küche durch. Waren wir anfangs von ihr begeistert, hatten wir sie in den beiden letzten uns verbleibenden Tagen allerdings satt. Der Wein hingegen ließ sich überall immer bestens trinken. Nach einer Woche waren wir mit Eindrücken so voll gestopft, dass wir einfach nicht mehr fassen konnten. Mein Vater zeigte bereits sichtbare Züge der Erschöpfung. Daher beschlossen wir, über Verona die Heimreise anzutreten.

Mochte das kapriziöse Venedig ein noch so märchenhafter Eindruck sein, mein Auge hatte es nicht so gefesselt, dass ich es hätte malen müssen. Das taten schon früher die venezianischen Maler meisterlich. Ich hatte lediglich ein paar Skizzen gemacht, besonders von den Gondolieri mit ihren schnittigen Booten direkt am Markusplatz. Das Gesamtambiente erschien mir auf Dauer wie ein riesiger von Zuckerguss überzogener Tortenboden.

Das kam daher: Mein Vater und ich sind von bäuerlicher Herkunft, verwurzelt in der ostpreußischen Erde. Innerlich besitzen wir eine gewisse Schwere des Charakters, mein bisweilen chaotischer nicht eingerechnet. Daher fühlten wir uns in dieser lichten, heiteren Welt bald wie Fremde. Ich glaube, mein Vater dachte ebenso. Mich faszinierten nun stärker die Berge, diese schroffen Riesen, die einem wie gewaltige Mauern vor den Augen stehen, gesäumt von lieblichen Tälern. Nun zog es uns zu den Alpen.

Schon von Verona, unserer nächsten Station aus, konnten wir ihre Umrisse in der Entfernung erkennen. In dieser Stadt blieben wir nur drei Tage. Denn mein Vater sagte: „Vom vielen Pflastertreten tun mir schnell die Füße weh. Ich möchte mir gern die römische Arena und die Altstadt ansehen. Das Mittelalter aber kann mir gestohlen bleiben."

Um Vater zu schonen, machten wir eine Stadtrundfahrt mit der Kutsche, wodurch wir die Hauptsehenswürdigkeiten Veronas ohne körperliche Anstrengung bewundern konnten. Bei all den grandiosen Gebäuden musste mein Vater seine Ansicht über das Mittelalter denn doch revidieren. Was für eine Geschichte offenbarte diese Stadt! Vor zweitausend Jahren erbauten hier die Römer eine Arena, die bis heute noch gut erhalten geblieben ist. Dieser gewaltige Rundbau mit seinen zweigeschossigen Arkadenbögen befindet sich mitten in der Stadt und ist der Hauptanziehungspunkt für fremde Besucher. Wir baten den Kutscher, davor anzuhalten und gingen hinein.

Beim Anblick der zahlreichen Sitzreihen und tausenden von Plätzen war mir, als berührte mich die Geschichte. Ich stellte mir vor, wie dort unten auf der Bühne ehemals römische Schauspieler die antiken Tragödien vorgetragen hatten. Jetzt, wo auf dem Grund der Arena zwei Touristen mit einander sprachen, konnten wir ihr geflüstertes Englisch noch ganz oben hören. Auf unserer weiteren Fahrt erfuhren wir, dass auch die Stadttore Porta dei Borsari und Porta dei Leoni erhalten geblieben sind. Selbst das römische Theater am Fluss ist noch in einigermaßen gutem Zustand. Die mittelalterlichen Spuren der Herrschaftsfamilie der Scaliger sind noch allerorten zu sehen. Um die Mitte des 14. Jahrhunderts erbauten sie die wuchtige Festung Castelvecchio am Ufer der Etsch, die bei den Italienern Adige heißt. Zu der Burg führt eine in drei Bögen erbaute Brücke, der Ponte Scaligero.

Während an der Schmalseite der Piazza dei Signori der mit Zinnen bewehrte Gouverneurspalast steht, erhebt sich auf der Seite gegenüber der Palazzo del Comune mit seinem 83 Meter hohen Turm. Davor steht ein Denkmal des italienischen Dichters Dante. In ein langes Gewand gekleidet, trägt er auf dem Kopf eine dogenartige Kappe, darunter ein asketisch vornehmes Gesicht. Auch über diesen Herrn wollte ich mich in München näher informieren. Ansonsten wird der Platz von düsteren romanischen und gotischen Palästen flankiert. Erst die Venezianer verliehen ihm im 15. Jahrhundert mit einer schönen Renaissance-Loggia mehr Heiterkeit.

Einen besonders bunten Eindruck hatten wir von der Piazza delle Erbe mit ihren zahleichen von Stoffplanen überdachten Verkaufsständen. Auf diesem großen Marktplatz pulsierte das Leben. Hier drängte sich das Publikum, boten Händler die herrlichsten Früchte und Blumen an. Bei den Schlachtern hingen Enten, Kaninchen und Schweinshaxen heraus. An einer Gewürzecke wehte der Duft von Majoran und Rosmarin herüber zu den Paaren, die sich zu den Klängen einer Bläserkapelle unter den Arkaden im Tanz drehten.

Der Abschied von Verona fiel uns nicht schwer. Denn nun ging es zum Gardasee, diesem größten See Oberitaliens. Und da standen sie, die Alpen! Innerlich jauchzte ich und klappte meine Augen nur noch weiter auf. Wir machten Station in Malcesine und nahmen Quartier im gleichnamigen Hotel direkt am Ufer. Das Haus in habsburgischem Gelb machte einen vornehmen Eindruck. Für uns war ein Zimmer mit Balkon und Blick zum See reserviert. Ich konnte mich gar nicht trennen von der Aussicht, so schön war sie. Der kleine malerische Ort liegt von Verona aus zur Rechten an dem schmal zulaufenden Ende des Sees. Hier treten hohe Berge dicht an ihn heran – ein Alpenpanorama der Extraklasse. Auch mein Vater war glücklich über unsere Unterkunft.

„Jetzt werd ich mich erst einmal ausruhen. Da unten gibt es eine Terrasse mit Liegestühlen. Wirklich ein herrliches Fleckchen Erde. Schau du dich erst mal um, was es hier zu sehen gibt."

Ich machte mich unversehens auf den Weg, um das Städtchen zu ergründen. Zunächst zog es mich hinauf zur Skaligerburg, deren robuster Turm das Wahrzeichen von Malcesine ist. Am Fuß dieser Befestigung staunte ich nicht schlecht, auf einem Marmorsockel einen in Bronze gegossenen Kopf von Johann Wolfgang von Goethe vorzufinden. Eine in Stein gemeißelte Inschrift besagt, dass er 1786 auf dem Weg nach Italien hier vorbeikam und in einem Gasthaus die Nacht verbrachte. Ich muss sagen, der breitrandige Hut, frei nach Tischbeins Gemälde „Goethe in der römischen Campagna", stand unserem Dichterfürsten höchst vornehm zu Gesicht. Ich entschied mich sogar, auf den Turm zu klettern. Denn von hier hat man die schönste Aussicht über das Gewirr der Dächer und Straßen.

War diese schon geradezu fantastisch, wollte ich in den nächsten Tagen noch höher hinauf, nämlich bergan auf den fast 1800 Meter hohen Monte Baldo, der sich wie ein gewaltiges Dreieck über Malcesine erhebt. Mein Vater blieb lieber im Hotel, was mir auch recht war. Denn so konnte ich kräftig ausschreiten. In einem Souvenirladen hatte ich mir zuvor einen Rucksack für ein wenig Proviant, einen Tirolerhut und auch einen Stock besorgt, der sich nach einigen Stunden als recht nützlich erwies. Der Weg zum Gipfel war anfangs gut begehbar, wurde aber mit zunehmender Höhe schmaler und felsiger. Ich kam vorbei an Waldstücken und steil abfallenden Matten, durch die Bäche zu Tal sprangen. Einmal entdeckte ich sogar ein Murmeltier, wie es aufrecht vor seinem

Bau stand und sichernd Ausschau hielt. Fast gleich mit der Baumgrenze erreichte ich den Gipfel.

Zu Füßen des Kreuzes ruhte ich mich aus und genoss einen grandiosen Ausblick auf die gesamte Bergwelt und den See. Ich spürte in mir ein Gefühl von Erhabenheit, Triumph und Demut. Wie klein ist der Mensch vor solch einer Natur! Selbst, wenn ich gewollt hätte, ich konnte dieses Firmament nicht zeichnen. Es wäre nur ein erbärmlicher Versuch geworden. Aber die Berge – sie gaben mir Kraft, schienen zu mir zu sprechen. War das ein Hochgefühl!

Plötzlich spürte ich in mir den Drang, endlich wieder zu malen. Richtig große Bilder, voller Ausdruck, voller Kraft und schonungsloser Realität. Ich blickte an dem Gipfelkreuz empor und stellte mir vor, dort hinge nach der Bibel einer der Sünder neben dem gekreuzigten Christus. Ich würde der Gestalt eine solche Form geben, dass dabei die Brutalität seiner Henker zum Ausdruck kam. Dieser Gedanke faszinierte mich. Ich fühlte, wie ich innerlich wuchs, wie ich diese Herausforderung an meine Kunst annehmen musste. Das machte mich stolz. Mit dem Schächer am Kreuz wollte ich einen Akt malen, wie ihn Löfftz noch nicht gesehen hatte.

Ich blieb noch eine Weile so sitzen. Nur schauen und staunen. Als sich die Sonne schon langsam neigte, sprang ich auf und machte mich eilends an den Abstieg. Der See leuchtete mir golden zu. Unten im Hotel erwartete mich schon angstvoll mein Vater. Aber ich beruhigte ihn nur lachend: „Alles gut. Das war der beste Spaziergang meines Lebens."

In Malcesine blieben wir hängen. Die Tage eilten dahin. Schon färbte sich das Laub. Besonders am frühen Morgen lag über dem See ein zäher Nebel, der sich wenig später auflöste. Mein Vater und ich genossen unser Zusammensein. Wir hatten auch gute Gespräche. Bei einer Tasse Mokka nach dem Essen fragte er mich einmal, weshalb ich Maler geworden sei.

„Ich weiß nicht, von wem du das hast, Luke. Von mir oder der Mutter gewiss nicht. Aber Talent wird einem wohl vom Himmel geschenkt."

„Ich kann dir das nicht sagen, Vater. Es hat ja auch eine Weile gedauert, bis ich das wusste. Schon als Kind hab ich so vor mich hingekritzelt und mir Pferde aus Papier ausgeschnitten, weißt du noch? Das hat ja niemand ernst genommen. Mit zwölf wollte ich Soldat, Matrose oder Landwirt werden. Aber das mit dem Bildermalen wurde stärker. Du hast mir ja dann auch das Studium an der Akademie ermöglicht."

Vater legte mir die Hand auf den Arm. „Ich hab immer gewollt, dass du gebildeter wirst als ich, ein Studierter, was du ja in gewissem Sinn auch geworden bist. Ich selbst hätte vielleicht auch mehr zustande gebracht, als Gerbermeister zu werden. Aber das war die wirtschaftliche Notwendigkeit. Wenn es möglich gewesen wäre, hätte ich auch lieber das Gymnasium als nur die Dorfschule bis zur sechsten Klasse besucht. Das Zeug dazu hätte ich wohl gehabt. Mein Vater, dein Großvater, war Bauer und besaß einen größeren Hof. Aber in Löwenhagen am Pregel lag damals der Hund begraben. Da gab es keine höhere Schule. Fünf Söhne und eine Tochter, alle schöne Menschen. Ich war der Viertgeborene. Mein ältester Bruder Julius erhielt von unserem Vater den Hof. Im Gegensatz zu seinen intelligenten Geschwistern war er gutmütig, aber nicht sehr gescheit. Daher überredete ihn sein nächst jüngerer Bruder, ihm den Bauernhof zu überlassen, sagte, er wolle ihn entsprechend auszahlen. Der Handel wurde perfekt. Das erste, was der neue Besitzer aber tat: Er warf meine Eltern und Geschwister hinaus. Vater und Mutter gingen zu meiner verheirateten Schwester. Wir anderen mussten sehen, wo wir blieben. Ich wurde freiwillig Soldat, war in der Schreibstube beim Bürgermeister von Tapiau und half meinem älteren Bruder, der eine Witwe mit Bauernhof geheiratet hatte, gelegentlich in der Landwirtschaft. So ist das gekommen, dass auch ich eine Witwe geheiratet habe, mit einer kleinen Gerberei und fünf Kindern. Du bist ihr sechstes Kind und mein einziger Sohn. Nun soll einer raten, woher in dieser Familie ein Maler kommt." Mein Vater lachte kurz auf und zog an seiner Zigarre.

„Man sagt ja, dass Charakterzüge oder Talente vom Großvater auf die Enkel vererbt werden", wandte ich ein. „Vielleicht war dein Vater irgendwie malerisch begabt, hat es nur nie ausüben können."

„Davon weiß ich nichts. Zu solchen Spielereien war ja auch nie Zeit. Das einzige, was alle Corinths haben, sind blaue Augen."

„Um ein Talent zur Entfaltung zu bringen, gehört aber auch Fleiß. Das hat mir bisher noch jeder Professor eingehämmert. Ist gar nicht nötig, denn ich weiß, was ich will. Ich bin ja fleißig."

„Das bist du wohl und dafür bewundere ich Dich, mein Sohn. Ich seh ja, wie du an deine Bilder herangehst", schaute er mich ernst an. „Ich wüsste gern, was dich antreibt."

„Oh, manches", wich ich aus. „Motive, Frauen, Sinnlichkeit, Ehrgeiz und irgendwo tief in mir auch ein religiöses Gefühl."

Daraufhin schwieg mein Vater eine ganze Weile. Dann meinte er: „Das kann ich verstehen. Das geht mir auch so. Aber mit den Frauen ist es bisher wohl noch nichts Ernstes? Du bist jung, hast eine Karriere vor dir. Jetzt schon eine Familie zu gründen, würde dich nur behindern."

„Nein, Vater, Frauen spielen bei mir keine große Rolle. Ich sehe genügend von ihnen, viele auch ohne Kleider und nackt. Aber die sind nur Modelle. Um eine Frau zu finden, die zu mir passt, lass ich mir noch Zeit. Was an Beziehungen dazwischen liegt – nun ja, das ergibt und erledigt sich. Mein einziges Ziel ist die Kunst."

Täuschte ich mich, oder trat ein fast gläubiger Zug in Vaters Gesicht? „Das ist gut, Luke. Du weißt, so lang ich lebe, unterstütze ich dich und glaube an dich. Du bist der bessere Teil von mir. Ich vertraue fest auf deine Kunst, denn du hast beides, starken Charakter und starken Willen. Und wenn ich einmal nicht mehr da bin, kannst du mit meinem Erbe von drei Häusern sorgenfrei leben."

Ich war sehr gerührt und umarmte meinen Vater heftig. So hielten wir uns lange. Was war er doch für ein wunderbarer Mensch!

Mitte Oktober war unsere schöne Italienreise zu Ende. Wir mussten uns trennen. Er fuhr mit dem Zug weiter bis Berlin und Königsberg, ich blieb in München. In der Akademie ging ich nun wieder frisch ans Werk und haute Porträt um Porträt herunter. Dabei löste ich mich von der klassischen Historienmalerei und malte begeistert im Stil des Naturalismus, wie er jetzt Mode war. Erstaunlicherweise lobte mich Löfftz sehr: „Wie man sieht, haben Sie während Ihres Militärdienstes unbewusst ausgezeichnete Fortschritte gemacht, Corinth. Bei solchen Fortschritten wäre nur jedem zu wünschen, Soldat zu werden." Von da an hatte er ein besonderes Auge auf mich, das schmeichelte mir sehr.

Was mir auf dem Gipfel des Monte Baldo vorgeschwebt hatte, führte ich jetzt aus: Ich suchte mir ein entsprechendes Modell und machte mich an den lebensgroßen männlichen Akt des „Schächers am Kreuz". Das Lukas-Evangelium besagt, dass zur Rechten und Linken von Christus ebenfalls zwei Verbrecher hingen, die mit Stricken ans Kreuz gefesselt waren. Warum man auch sie zu dieser grausamen Todesstrafe verurteilt hatte, wusste ich nicht. Mich reizte vor allem die gesucht komplizierte Haltung des einen Mannes aus der verkürzten Sicht von unten. Er steht mit dem linken Bein auf einer Holzkonsole, das rechte bleibt durch eine Fessel angewinkelt und kann nicht aufgestellt werden. Der Oberkörper ist in einer starken Krümmung nach hinten gebeugt.

Löfftz lobte die Malerei von Fleisch und Muskeln: „Ein Bildhauer hätte das nicht besser machen können. Das Inkarnat ist fein im Ton." Er war auch einverstanden, den von Licht und Schatten modellierten Körper gegen einen fast schwarzen Hintergrund zu stellen. Nur der durch Striche angedeutete Kreuzstamm war ihm zu wenig ausgeführt. Auch fand er an den Diagonalen des vorgestreckten Kopfes und rechten angewinkelten Oberschenkels etwas auszusetzen. Möglicherweise erschien ihm das zwar bedeckte, aber vorgewölbte Geschlecht des Schächers obszön. Vielleicht schreckte ihn auch meine nahe Sicht der brutalen Gewalteinwirkung ab. Aber diese kraftvollen Gegenbewegungen des halb hängenden, halb stehenden und besonders athletischen Körpers waren mir gerade wichtig.

Ob er insgeheim eifersüchtig und daher missgünstig war, weiß ich nicht. Denn obwohl er mich lange Zeit favorisiert hatte, brachen jetzt plötzlich unsere Gefühle für einander ab. Das kam wie ein Wetterumschwung. Mir gegenüber wurde er zunehmend launisch und übelnehmerisch. Während der letzten Monate im dritten Ausbildungsjahr bei ihm wurde mir klar, dass ich seine Malschule verlassen und mich auf eigene Füße stellen musste. Ich wollte zunächst ein Privatatelier in der Augustastraße nehmen und sobald wie möglich aus München fort und nach Paris gehen. Denn dorthin strömten zu dieser Zeit alle Jünger der Kunst.

Meinem Entschluss stand nur eine Überlegung entgegen: Durch den deutsch-französischen Krieg von 1871 waren Deutsche, besonders junge, bei den Franzosen verhasst. Deshalb verleugneten viele deutsche Studenten in Paris auch ihre Staatsangehörigkeit und gaben sich als Schweizer oder Österreicher aus. Das missfiel mir. Zunächst einmal dachte ich, für drei Monate nach Antwerpen in Belgien zu gehen. Dort wollte ich Rembrandt und Frans Hals studieren. In München hatte man mir den Maler Paul Eugène Gorge empfohlen, der ein sehr angenehmer Mensch sein sollte. Durch ihn würde ich auch mit anderen Künstlern bekannt werden.

Ehe ich meine Zelte in München abbrach, malte ich noch ein Erstlingsbild, das ich „Der schwarze Plan" betitelte. Es zeigte einige Verbrecher, die in einem Bodenraum, der nur durch ein Fenster von Sonnenstreifen erhellt war, die Köpfe zusammensteckten. Ein großer Bernhardinerhund war auch dabei. Wegen des Titels musste ich von der Kritik beträchtlichen Hohn einstecken. Daher taufte ich das Bild um in „Ein Komplott." Bevor ich im Juli 1884 nach Belgien fuhr, schickte ich es nach London zu einer Ausstellung, zu der ich eine Einladung erhalten hatte.

Gerade noch vor meiner Abreise erreichte mich ein Brief von Vater, mein alter Lehrer Günther sei in Weimar gestorben. Das stimmte mich sehr traurig. Denn ich hatte ihm noch einen Studienkopf einer alten Frau geschickt, damit er sehen könnte, wie ich mich entwickelt hatte. Seine Angehörigen, die mir noch den Empfang des Bildes bestätigt hatten, behielten es in ihrer Trauer noch einstweilen. Dann hörte ich nie mehr von dieser Studie. Erst nach dreißig Jahren sollte ich erfahren, dass sie für mehrere tausend Mark verkauft worden war. Wenn ich damals als Student wenigstens fünfzig Mark dafür erhalten hätte, wäre ich vielleicht dem Größenwahn verfallen. Zu meinem Glück blieb ich jedoch von solch früher Anerkennung verschont, denn kein Mensch wollte nur einen Pfennig für meine Kunst ausgeben.

Als ich nach vorheriger Anmeldung das Atelier von Paul Eugène Gorge betrat, kam der Maler mit raschen Schritten auf mich zu. Mit seinem rotblonden, kurz geschnittenen Haar und offenen Gesicht schien er kaum älter als ich. Mir, dem Deutschen gegenüber, wirkte er sehr freundlich und aufgeschlossen. Ich staunte, dass er es in so jungen Jahren schon zum Professor an der Antwerpener Akademie gebracht hatte. Er streckte mir die Hand entgegen.

„Da sind Sie ja, cher collègue, isch freue mich sehr, Sie kennen zu lernen", begrüßte er mich in leicht gebrochenem Deutsch. „Isch abe schon viel von Ihnen gehört. Sie wollen bei mir noch ein wenig studieren. Eh bien, das wird uns beiden Spaß machen. Sie waren in München bei Professor Löfftz. Das ist immer eine Empfehlung. Aben Sie schon eine Unterkunft?"

„Leider nein, Monsieur. Ich bin fürs erste im Hôtel de la gare abgestiegen."

„Aber das wollen wir schnell ändern, n'est-ce pas? Isch kann Sie sehr gut bei mir unterbringen. Isch abe ein Zimmer für Gäste, am liebsten für Künstler."

Obwohl Gorge immer wieder versuchte, mich mit jungen belgischen Malern bekannt zu machen, hatte er damit nicht viel Erfolg. Die wenigen Künstler, mit denen ich zusammentraf, konnten nicht mein gesteigertes Interesse wecken. Ihre Bilder waren mir einfach zu ereignislos. Gorge selbst blieb immer der liebenswürdige, rührend besorgte, mir gegenüber offene Gastgeber. Zum Dank für seine Freundschaft porträtierte ich ihn zweimal und schenkte ihm ein Bild. Außerdem malte ich auch einen dunkelhäutigen Negermatrosen namens „Othello". Dessen rot-weiß quer gestreiftes, kurzärmeliges Hemd kontrastiert zu dem grau-braunen Hintergrund, vor dem sich das schwach beleuchtete Gesicht mit den aufgeworfenen Lippen und der breiten Nase dennoch abhebt.

Wie mir schien, hatte ich nun genügend Zeit für meine Studien der Malweise und Techniken von Rembrandt und Frans Hals aufgewendet. Im September besuchte mich mein Vater in Antwerpen. Fast gleichzeitig traf aus München die Nachricht ein, mein Bild „Das Komplott" sei in London mit einer Bronzemedaille bedacht worden. Das wäre ja fantastisch! Das stachelte meinen Ehrgeiz an und stärkte meinen Entschluss zur Abreise.

Da mich in dem langweiligen Nest ohnehin nichts mehr hielt, ging ich Anfang Oktober 1884 auf Gut Glück nach Paris. Jetzt oder nie, dachte ich. Eine Auszeichnung in London konnte ja bedeuten, dass das Bild auch im Pariser Salon ausgestellt würde. Sicherheitshalber schrieb ich an die Leitung der Londoner Ausstellung, dass mein Werk „Das Komplott" nach Schließung der Schau an die Spedition Michel & Veinchel in Paris geschickt werden sollte. Ich war aufgeregt wie der gallischste Hahn. Beim Abschied von Gorge versprachen wir einander, noch lange in brieflichem Kontakt zu bleiben.

Wie wird man Meister in Paris?

Vom ersten Tage an war Paris für mich ein Erlebnis. Zu Anfang Oktober lag eine ganz eigene Luft über der Stadt und hüllte Straßen und Menschen in einen vornehmen silbernen Ton. Jede Szene bot den Ausschnitt zu einem Bild, das ein Malerauge nur erfreuen konnte. Wie viel lebhafter ging es hier zu als in München oder Königsberg! Auf den Bürgersteigen spielten Kinder, ohne sich um einen Polizisten zu kümmern. Um sie herum eilten Männer geschäftig weiter. Junge Mädchen schritten einher wie die Bachstelzen, schwatzten und kicherten. Auf den breiten Boulevards wogten die Equipagen, Droschken und Pferdeomnibusse.

Als ich durch die Pariser Rue Faubourg Saint Denis schritt, fiel mir auf, dass entlang der Häuser Männer und Frauen Früchte und Gemüse feilboten. An den Türen und Fenstern der Metzgerläden hingen Fleischstücke. Davon stieg mir ein warmer, modriger Duft in die Nase. Endlich stand ich vor dem Haus, in dem sich die Académie Julian befand. Ich öffnete die Tür und stieg die Treppe hinauf. Zu meinem Entsetzen befand sich im ersten Stock eine Großhandlung von Vogelbälgern. Hier roch es noch unangenehmer nach Kampfer und Arsenik. Hatte ich mich in der Adresse geirrt? Doch ein kleines Schild verriet, dass ich im zweiten Stock fündig würde. Endlich stand ich vor der Tür, fasste mir ein Herz und trat ein. In dem großen Raum empfing mich eine schummerige Beleuchtung.

„Un nouveau, ein Neuer!", riefen einige Studenten des Ateliers von William Adolphe Bouguereau und drehten neugierig den Kopf nach dem großen, massigen Ankömmling mit dem struppigen rötlichen Bart. Ich blieb stehen und schaute mich um. Im

Halbdunkel erkannte ich an den Wänden des Saales eine gezeichnete Karikatur neben der anderen, gemalte Akte und ganze Flächen von abgestrichener, gebrauchter Ölfarbe. An der langen Querwand des Ateliers stand mit großen Lettern geschrieben: „Le nombril est l'oeuil du torse". Ich kramte soviel von meinem Schulfranzösisch zusammen, bis ich es wusste: Der Nabel ist das Auge des Bauches. Nicht schlecht.

„Das ist ein Ausspruch von Ingres", erklärte ein lang aufgeschossener, magerer Student namens Jourdan, der sich als Massié vorstellte, was soviel wie Obmann bedeutete. Nachdem die Klasse ihn gewählt hatte, bestand seine Aufgabe darin, zu Anfang der Woche die Modelle auszusuchen und bei Ungereimtheiten zwischen Studenten und Professoren zu vermitteln.

„Aus welchem Land stammen Sie, mein Herr?", fragte er höflich. Das war für mich nun ein Problem. Denn dass ich Deutscher und auch noch Preuße war, wollte ich ihm nicht sofort auf die Nase binden. „Woher kommen Sie?" fragte er nochmals.

„Aus Anvers", fiel mir ein.

„Sie sind also Belgier?" vermutete er. Ich verneinte. „Wie ist Ihr Name?"

„Corinth"

„Dann sind Sie wohl Amerikaner?" Als ich den Kopf schüttelte, versuchte er es anders herum.

„Wo haben Sie studiert?"

Endlich konnte ich die passende Antwort geben: „In München."

„Dann sind Sie also Bayer?"

„Oui, monsieur", bejahte ich, obwohl ich mich meines Verrates an Preußen schämte. Aber bei der allgemein vorherrschenden Feindschaft gegen Deutschland war das wohl vorsichtiger. Daraufhin erhob sich ein wüstes Geschrei.

„Un Compatriote de Bachmang! (Ein Landsmann von Bachmann.) Wo ist Bachmann?"

Einige zerrten ihn aus seiner Ecke zu mir, dem Neuem hin. Ich erkannte ihn als komische Berühmtheit aus München wieder, hatte dort aber nichts weiter mit ihm zu tun gehabt. Etwas geniert reichten wir uns die Hand. „Jetzt müssen Sie nur noch die übliche Taufe über sich ergehen lassen", weihte er mich ein. Und schon rückten Studenten einige Schemel zu einer Art Altar zusammen, auf dem eine Flasche Wasser stand, mit dem mich der Obmann feierlich als Mitglied der Klasse einsegnete. Zum Abschluss der Zeremonie begleiteten sie mich mit nassem Kopf in ein nahe gelegenes Café zu einem Frühschoppen.

Wieder zurück im Atelier, erklärte mir Bachmann allerlei Wissenswertes. Obwohl ich weiter nicht viel mit ihm im Sinn hatte, war ich froh, einen Eingeweihten und notfalls einen Dolmetscher zu haben.

„Wie lange sind Sie schon hier?" fragte ich ihn.

„Seit zwei Jahren. Unsere Klasse wird abwechselnd von zwei Professoren unterrichtet. Der eine heißt Bouguereau, der andere Fleury. Beide kommen von der Ecole des Beaux Arts. In diesem Monat ist Bouguereau dran. Der kann wirklich viel. Korrigiert wird nur zweimal pro Woche."

„Hatten Sie Schwierigkeiten, ein Zimmer zu finden?"

„Das war nicht so schwer", erklärte Bachmann. „Auf Anfrage vergibt die Académie Adressen. Es kommt darauf an, was man zahlen kann. Die Leitung muss sich schon deshalb um die Unterkünfte ihrer Schüler kümmern, weil die meisten unter ihnen Ausländer sind und kaum französisch sprechen. Wir haben hier viele Amerikaner und Engländer, auch Österreicher, Schweizer, Ungarn,

Polen und Russen. Die bezahlen ja auch ihr Studium, und das nicht schlecht.

„Mein Schulfranzösisch müsste ich aufpolieren", gab ich zu und fragte ihn, an wen ich mich wenden könne. „Ich bin hier erst einmal in einem Hotel in der Nähe abgestiegen. Aber das ist auf Dauer zu teuer."

Er gab mir den entsprechenden Tipp und ich beschloss, mich umgehend um eine einigermaßen gute dauerhafte Bleibe zu bemühen. Dann führte er mich in einen Nebenraum zu einem Farben- und Leinwandhändler, der in einer Ecke seinen fliegenden Laden eingerichtet hatte.

„Hier können Sie alles kaufen, was Sie zum Malen oder Zeichnen brauchen", fügte er hinzu. „Aber jetzt bitte ich Sie, mich zu entschuldigen, ich muss weiter an die Arbeit."

Außer Bachmann und mir gab es noch drei andere deutschsprachige Studenten. Das waren der Schweizer Beurmann, der sich hauptsächlich schroff gab, Lichtenthal, ein anderer Ostpreuße, von hinten einem dünnen Vogelstrauß ähnlich, und der Österreicher von Zumbusch, ein echter Gentleman der Wiener Gesellschaft. Wir vier hielten zusammen. Das ging so weit, dass einer vom anderen Geld borgte, aber seine Rechnung auch immer wieder glatt stellte.

Unter den Franzosen bewegte ich mich vorsichtig, denn als Preuße war ich der Erzfeind und wollte keinen Gallier provozieren. Tatsächlich hielten sie sich mit Wortattacken auch zurück. Das lag gewiss an meiner Größe und sichtbaren Stärke. Denn jedem war klar, dass ich mich massiv verteidigen und meinen Beleidiger auch durchhauen würde. Mein freundliches Verhalten schien Früchte zu tragen. Denn schon nach einer Woche fand ich mich als Karikatur „Le gros Allemand", der dicke Deutsche, an der

Wand. Dort grinste ich aus viereckigem Gesicht mit fast bis zu den Ohren gebleckten Zähnen den Betrachter an. Der Künstler hatte mich als bayerischen Soldaten auf rotem Hintergrund und den Abdrücken von blutigen Händen festgehalten. Darunter stand „Quand même" (trotzdem).

„Très bien!", lobte ich. Meine Studienkollegen waren ja auch alle Maler und wie ich gewohnt, genau auf Gesichter zu blicken. Ich hatte nun mal eine gewisse Visage. Unter den jungen Leuten war es üblich, derartige Dekorationen mit Witz oder derbem Humor zu gestalten.

Auch Professor William Adolphe Bouguereau, ein kleiner, breiter und kräftiger Herr mit schwarzen Augen, dichtem weißen Haar und Bart, schien Gefallen an mir zu finden. Wenn ich an der Staffelei malte und er hinter mir stand, eröffnete er stets das Gespräch: „Ce n'est pas mal, vous avez du talent." (Nicht schlecht, Sie haben Talent.) „Wenn Sie den Charakter der Natur aufspüren wollen, benutzen Sie kleine Pinsel." Er selbst arbeitete jedoch mit breiten. Einmal äußerte er sich zu einem meiner Bilder: „Ce n'est pas mal, mais ce n'est pas bien dessiné." (Nicht schlecht, aber nicht gut gezeichnet.) Das klang mir fortwährend in den Ohren. Leider hatte er Recht. Dass es bei mir mit dem Zeichnen haperte, hatten schon meine Königsberger Lehrer bemängelt. Fortan bemühte ich mich umso mehr, die Form der Modelle genau festzuhalten. Was die Farbe betraf, sollte jeder Fleck auf dem Bild streng studiert sein. Das bemerkte er wohl. Er behandelte mich stets sehr zuvorkommend. Wenn er dann meinen Münchner Lehrer Löfftz so lobte, hatte ich das Gefühl, er meine mich.

Tony Robert Fleury hingegen war ein großer, schöner Mann mit dunklem, gelockten Haar und Bart. Er war für das Breite und Große. Mit sonorer Stimme empfahl er, ich sollte die Gegensätze von Figur und Hintergrund herausarbeiten, indem ich die Farbtöne aneinander setzte. „Nehmen Sie dafür breite Pinsel und fügen Sie Ton an Ton." Dabei bevorzugte er selbst kleine und strichelte die Töne beinahe ängstlich auf die Leinwand. So hatte eben jeder seine Lehrmethode.

Was ich bei ihnen aber wirklich gelernt habe, war die präzise Aktmalerei. Wie sagte doch Bouguereau so schön: „Der Akt ist für die Malerei das, was für die Sprache das Latein ist." Wenn ich für mich Bilder malte, wurden jetzt meine Farben heller. In Paris spürte ich die Freiheit, die mir in München nicht gelassen worden war. Was mir jedoch fehlte: Bei aller akademischer Genauigkeit oder technischer Perfektion vermisste ich die menschliche Seite meiner Lehrer, wie sie für die innere künstlerische Entwicklung von Schülern so wichtig ist.

Der Winter 1884/85 versprach hart zu werden. Schon im November fegten Schnee und Wind um das große Atelierfenster der Académie Julian herum. Schwere Wolken verfinsterten den Himmel und drückten aufs Gemüt. Deswegen wollten die französischen Studenten etwas zu lachen haben.

„Neuer, Neuer", riefen sie. „Gehen Sie hinüber ins Atelier von Lefèvre und holen Sie den großen Denker!" Gemeint war der Professor der anderen Malklasse. Ich blickte unentschlossen in die grinsenden Gesichter. „Muss ich?"

„Aber sicher, mein Herr", bestärkte Jourdan. „Das müssen Sie." Meine Klasse wartete gespannt.

Ich ging also hinüber, öffnete die Tür, sah einen rothaarigen Riesen gleich mir im weißen Kittel und trug mein Anliegen vor. Brüllendes Gelächter ließ mich in den Erdboden versinken. Der Professor winkte nur müde ab, und eine Schar seiner Schüler begleitete mich hohnlachend zu meinen ebenfalls feixenden Kommilitonen zurück. Beschämt setzte ich mich an meine Staffelei. Ich mochte es ganz und gar nicht, Objekt eines schlechten Scherzes zu sein, bemühte mich aber, darüber hinweg zu grinsen. Vielleicht wurde ich wegen meiner Bereitschaft, kein Spielverderber zu sein, sogar beliebt.

Da die Finsternis im Atelier noch immer nicht weichen wollte, forderte der Obmann Jourdan das Modell auf, sich auszuruhen. Der Don Juan der Klasse schlich dem Mädchen in dessen Ecke nach, wohl in der Hoffnung, er könne mit ihr ein wenig poussieren. Als das Tageslicht endlich wieder durchbrach, rief Jourdan: „Es ist Zeit, Mademoiselle!" Sich verlegen die Haar ordnend, kehrte die Kleine aufs Podium zurück, worauf der Obmann sein Lied anstimmte: „La peinture à l'huile est très diffcile", und der Chor losbrüllte: „mais c'est bien plus beau que la peinture à l'eau." (Die Ölmalerei ist sehr schwer, aber viel schöner als die Aquarellmalerei.) Die Zeremonie meiner Einführung als Neuling nahm ihren Fortlauf. Als jeder wieder eifrig bei der Arbeit war, herrschte zunächst andächtige Stille. Plötzlich ertönte ein Pfiff wie von einer Rohrdommel, dann Lockrufe, Quaken von Fröschen und Grunzen von Schweinen, sogar Tigergebrüll – ein Konzert, als sollte der jüngste Tag anbrechen. Und wieder absolute Stille, dass man vom plötzlichen Übergang fast taub wurde.

Nach einigem Suchen fand ich am Boulevard d'Enfer im Pariser 14. Arrondissement ein kleines Atelier im fünften Stock eines etwas älteren Stadthauses. War man erst einmal nach oben geklettert, überraschten in dem nicht sehr großen Raum des Dachgeschosses zwei hohe Fenster, die genügend Licht herein ließen. Im eigentlichen Atelierraum befand sich auf einem Hängeboden, einer Art hölzernem Balkon, das Schlafzimmer mit einem breiten Bett, zu dem man auf einer schmalen Treppe hinauf stieg. Darunter teilten sich Küche und Waschraum einen Verschlag. In der Ecke stand ein Ofen, der mit Kohle zu feuern war. Drei Holzstühle, ein kleiner Tisch und ein Koffer, der als Kleiderschrank diente, waren das bescheidene Mobiliar. Das Stehklosett befand sich außerhalb auf dem Flur. Die Lage meiner Wohnung empfand ich als sehr angenehm, weil es nicht weit auf dem Boulevard Poisonnière die Brasserie Müller gab, in der original bayerisches Bier ausgeschenkt wurde.

Als ich einmal zwei meiner deutschsprachigen Kommilitonen, Beurmann und von Zumbusch, zu mir einlud, staunten sie über das Kohlengebirge mitten im Raum. „Erschrecken's net", meinte ich entschuldigend. „Den Haufen hab ich gleich am richtigen Platz gelagert, damit ich nicht jedes Mal einzelne Körbe mühsam heraufschleppen muss."

„Und hier malen Sie also, wenn Sie nicht in der Académie sind", staunte Beurmann und trat an meine Staffelei. „Woran arbeiten Sie gerade?"

„Wie Sie sehen, an einem Akt auf grüner Wiese. Ich stelle eine Nymphe dar, hab gerade damit angefangen."

„Schönes blondes Frauenzimmer", lobte er. „Zu dem Modell kann man Sie nur beglückwünschen. Solche haben wir ja nicht in der Académie."

Und Zumbusch feixte auf Wienerisch: „Da bleibt es wohl nicht nur bei der Malerei?"

Ich musste ihm darauf nicht antworten, denn das ging ihn nichts an. Natürlich war Gilberte nicht blond, sondern braunhaarig wie die meisten Französinnen. Sie war ein schönes, liebes Mädchen, das in der Brasserie bediente und das ich mal angesprochen hatte, ob sie sich etwas zuverdienen wolle, natürlich ganz ehrenhaft. Ich erzählte ihr, dass ich Maler sei und zeigte ihr einige kleine

Skizzen von mir. Umgerechnet fünf Mark wollte ich ihr für zwei Stunden Modellstehen geben. Zuerst zierte sie sich ein bisschen, wollte es sich noch überlegen. Schließlich sagte sie zu und kam zu mir herauf ins Atelier.

Ich gab ihr die entsprechenden Anweisungen und sah, dass sie wirklich sehr hübsch gewachsen war. Ich wollte sie lebensgroß als Nymphe inmitten einer Wiese malen. Dafür hatte ich einen Teppich auf dem Boden ausgebreitet, auf den sie sich hinlegen sollte. Dann begann ich mit dem Akt. Wenn das Bild fertig war, wollte ich es im nächsten Salon ausstellen. Bouguereau sollte Augen machen.

Gilberte kam dreimal die Woche zu mir. Wie sie mir erzählte, war sie Tochter eines Tischlers und einer Wäscherin. Da sie immer sehr geduldig posierte, bot ich ihr in der Pause ein Glas Wein und eine von meinen Demis-Londres an, Zigaretten, die sie gern rauchte. Sie interessierte sich zunehmend für meine Kunst, war sehr gelehrig, anhänglich und reizend kapriziös. Ich lud sie auch öfter zum Abendessen in mein Stammrestaurant ein. Damals lebte ich sehr zurückhaltend und ohne Frauen. Bald mochte ich ihre Besuche nicht mehr missen, was ihr nicht entging. Sie begann, mich mit kleinen Aufmerksamkeiten zu beschenken, als werbe sie geradezu um meine Gunst. Dann gab es einen Augenblick, dass sie sich mir in einer aufreizend erotischen Bewegung zuwandte: „Bin ich für dich wirklich nur ein Modell?"

Was hätte ich ihr antworten sollen? Sie hatte wohl Recht. Dennoch – sie war eine blühende junge Frau, dazu sehr hübsch. Ich hätte ein Stein sein müssen, um ihrer höchst weiblichen Aufforderung nicht zu folgen. Ich hob sie auf und nahm sie in die Arme. Was für Brüste und Schenkel! Was für eine wundervoll glatte Haut! Mir klopfte das Herz bis zum Hals. Ans Arbeiten war da nicht mehr zu denken. Sie war meine Nymphe, eine Göttin, wurde meine Geliebte und mein liebstes Modell. Ich malte viele Akte von ihr und wir verlebten zehn glückliche Monate. Aber sie war anscheinend nicht ganz allein. Als sie mich nach einem Liebesakt fragte: „Hast du schon einmal ans Heiraten gedacht?", schüttelte ich den Kopf.

„Wenn ich in der Académie mit dem Studium fertig bin, möchte ich als Maler Erfolg haben. Das ist mein einziger Ehrgeiz."

„Dann habe ich wohl keine Chance bei dir", fing sie an zu weinen, weil sie wusste, dass ich leicht zu rühren war. Um mir allerdings bald darauf entgegen zu schleudern: „Vielleicht aber bei einem anderen!" Wieder fiel mir keine rasche Antwort ein. Da entzog sie sich mir, fuhr zornig in ihre Kleider. „Du wirst schon sehen", erklärte sie, straffte sich mit Hut und Mantel vor dem Spiegel, ganz selbstbewusste Französin, und verließ das Atelier.

Zu mir kam sie nicht mehr, bediente auch nicht mehr in der Brasserie. Es hieß, sie habe sich mit einem Seifenhersteller verlobt. Einem Seifenhersteller! Ich hatte vierzehn Akte von ihr gemalt. Das war eigentlich genug für den Pariser Salon. Dennoch war ich traurig. Um mich von meinem Alleinsein abzulenken, arbeitete ich bis zum Abend in der Académie. Auch begab ich mich auf Bildersuche in die Galerien des Louvre oder des Musée du Luxembourg. Letzteres war der Tempel von Malern wie Bouguereau und Henner, der als Malgott des Aktes angesehen wurde.

Besonders interessierte mich eine Ausstellung zu Ehren des leider gerade jung verstorbenen Malers Jules Bastien-Lepage. Dessen Bilder hatten mich mit ihrer hellen Farbigkeit und ihrem natürlichen Ausdruck schon in München fasziniert. Von den zu dieser Zeit in Paris sehr berühmten, aber auch kritisierten Impressionisten Degas, Manet, Monet und Renoir war mir deshalb nichts bekannt, weil mich niemand auf sie aufmerksam gemacht hatte. Sehr beeindruckt war ich hingegen von einer Ausstellung im Pavillon de Paris, die dem Berliner Maler Adolf von Menzel gewidmet war und einer im Salon Georges Petit für meinen verehrten Münchner Maler Wilhelm Leibl. Sein „Wilderer" erschien mir wie ein Gruß aus München. Das Motiv, die Kostüme, die Malerei – es war, als ob der „Furor teutonicus" seine Hand geführt hätte. Der Deutsche in mir war begeistert.

Tief ergriffen war ich von dem großartigen Dom Notre Dame. In seinem mystischen Inneren überfiel mich mein religiöses Gefühl, sodass mir heimlich die Tränen kamen. Ich stieg sogar bis zur ersten Empore auf den Turm, wo ich die Wasser speienden Ungeheuer aus nächster Nähe betrachten konnte. Der Denker, „le penseur" genannt, gefiel mir gleich. Der streckte Paris die Zunge raus. Von hier oben hatte man den besten Blick über die große Stadt.

Nicht weit unter meinem Aussichtsplatz entdeckte ich die Dächer der finsteren Conciergerie, wo während der Schreckenstage der Revolution die französischen Adeligen darauf warten mussten, zur Guiollotine gekarrt zu werden. Im Norden grüßte der Mont Martre mit der weißen Kirche Sacré-Coeur herüber. Wie ich auf dem Place du Tertre einmal beobachten konnte, bemühten sich dort begabte Künstler, in wenigen Minuten Porträts von ihren Kunden zu zeichnen. Weit hinten im Westen erhob sich am Ende der Champs Elysées der gewaltige Arc de triomphe. Auf der linken Seite der Ile de la citée erkannte ich das Studentenviertel Quartier latin, das an den Jardin du Luxembourg grenzt, und beschloss, meine Schritte dorthin zu lenken.

Mit seinen Statuen, Terrassen und Rabatten gefiel mir dieser elegant angelegte Park besonders gut. Auf dem großen Bassin mit seiner Fontäne vor dem Luxembourg-Palais ließen Kinder ihre Modellschiffe segeln. In einem Bereich des Parks hatte eine Puppenspielbühne geöffnet. Davor hörte man schon von weitem die Kleinsten mit lautem Geschrei warnen, wenn das Krokodil den Kasper fressen wollte. Nicht weit davon drehte sich ein allerliebstes Karussell mit Reitpferden, einem Gespann mit Wagen, Hirsch und grimmig dreinschauenden roten Löwen. Sogar eine Giraffe war dabei und ein kleiner weißer Elefant. Auf seinem Körper stand sein Name Kim zu lesen. Ich war begeistert. Das erfreute sofort mein kindliches Gemüt. Schnell machte ich einige Skizzen von den Kindern auf ihren Reittieren. Am liebsten wäre ich mitgefahren. Damals wusste ich noch nicht, dass gut zehn Jahre später der Dichter Rainer Maria Rilke dem kleinen Kim in seinem Gedicht „Jardin du Luxembourg" ein unvergleichliches Denkmal setzen würde.

An einem regnerischen Herbsttag, dachte ich, wäre das rechte Wetter, um Napoleons Grab im Invalidendom zu besuchen. Als eingefleischter Preuße hatte ich mit ihm ja nichts im Sinn. Wie scheinheilig hatte er doch unser Land überfallen, wie selbstherrlich war er durch Königin Luises Schlafzimmer getrampelt! Und doch: Viel Feind, viel Ehr. Ich konnte mir seinen Grabtempel ja mal ansehen.

Der war nun doch außerordentlich majestätisch. Ich staunte über den gewaltigen Sarkophag aus kupferfarbenem Porphyr. Erst neunzehn Jahre nach seinem Tod auf der Insel Sankt Helena hatten die Engländer den Sarg mit dem Leichnam zur Überführung nach Frankreich freigegeben. Vor etwas über vierzig Jahren war die riesige barocke Kuppelkirche, die von Ludwig XIV. als seine eigene Grabstätte gedacht war, zu Napoleons Mausoleum umgebaut worden. In der Krypta reihen sich um den Sarkophag zwölf trauernde Siegesgöttinnen. Die klassischen Frauengestalten stehen für die großen militärischen Siege: Rivoli, die Pyramiden, Marengo, Austerlitz, Jena, Wagram, Friedland und Moskau. Enorm geschönt, dachte ich, Moskau, ein Sieg? An der Stirnseite der Krypta steht zu lesen: „Je voudrais que mes cendres soient enterrés au bord de la Seine parmi ce peuple, que j'ai tant aimé" (Ich wünsche, dass meine sterblichen Überreste am Ufer der Seine begraben werden inmitten des Volkes, das ich so geliebt habe.) Auch das bezweifelte ich. Trotzdem – ich war wieder einmal stark beeindruckt.

Als sich im Sommer 1885 die große alljährliche Malerausstellung im Pariser Salon ankündigte, bat ich meinen Lehrer Bouguereau, sich mit mir mein Erstlingsbild „Das Komplott" anzusehen, das in London eine Bronzemedaille erhalten hatte. Es war inzwischen schon ins Lager der Pariser Spedition Michel & Veinchel geschickt worden. Natürlich war ich äußerst begierig, was Bouguereau dazu sagen würde und wie er es finde. Noch ehe das Büro geöffnet wurde, wartete ich schon um sieben Uhr früh vor dem Haus der Spedition. Als ich das Bild gemeinsam mit meinem Professor auspackte, prangte uns bereits ein breites Schild entgegen mit der Aufschrift „Bronze Medal". Mir schwoll der Kamm vor Stolz. Dennoch fragte ich schüchtern: „Glauben Sie, Monsieur, dass es angenommen wird?"

Er hob ein wenig die Schultern und gab die unbestimmte Antwort: „Ich glaube schon, möglich wär's."

Das dämpfte schon wieder mein Hochgefühl. Was wäre, wenn es abgelehnt würde? Dann nützte mir ja auch die Auszeichnung nichts. Drei, vier Wochen vergingen, und ich wartete und wartete. Endlich das A für „Admis"! Ich erhielt den Bescheid, das Bild sei angenommen. Niemand war glücklicher als ich. Innerlich vollführte ich einen Freudentanz. Meine Stimmung stieg zu einem Punkt, dass ich mir sicher war, für meine Kunst werde sich in Zukunft alles zum Besten kehren. Dieser Eindruck begegnete mir bildlich: Denn als ich über die Brücke Pont Neuf ging – es hatte gerade kurz und heftig geregnet – kam mit einem Mal die Sonne hervor und überflutete den Himmel mit hellstem Licht. Ein wunderschöner großer Regenbogen spannte sich in den Spektralfarben über das schöne Panorama der Stadt. Er sah aus, als winke mir das Tor zu meinem Erfolg.

In meiner Siegerlaune ging ich herum wie ein Geck, kaufte mir sogar einen richtigen Pariser Anzug. So ausstaffiert, betrachtete ich mich im Spiegel der Schaufenster und fand meine schwere Gestalt viel vornehmer. So sieht also ein Mensch auf der ersten Sprosse seines Ruhmes aus, dachte ich bei mir. Es war Frühling. Aus den Knospen der Bäume und Blumen waren über Nacht Blätter und Blüten hervor geplatzt. Der lichte Himmel passte bestens zum Firnistag. Denn 24 Stunden vor der Ausstellungseröffnung legten viele Maler noch letzte Hand an ihre Bilder.

Auf der Suche nach dem meinigen schritt ich aufgeregt durch die Säle des Salons. Fieberhaft hielt ich Umschau. Da hingen Rahmen an Rahmen, manche von geradezu unheimlicher Größe. Auf himmelhohen Leitern standen Arbeiter, um in schwindelnder Höhe Bilder dicht unterhalb der Decke zu befestigen. Die armen Kerle, die so hoch oben hängen, dachte ich mitleidig. Sogar einiges Publikum gab es schon. Da standen Damen und Herren diskutierend vor diesem und jenem Bild. Wie ich bemerkte, war über Nacht auch der Cul de Paris bei den Toiletten der Damen verschwunden. Nun lagen die Kleider eng an ihren Figuren, so dass sich während ihres Gehens die Oberschenkel abzeichneten.

Ich lief weiter von Saal zu Saal. Auch einige meiner Kommilitonen sahen sich suchend um. Unser Obmann Jourdan trat mir entgegen: „As-tu vu ta machine?" (Hast du dein Ding gefunden?) Als ich den Kopf schüttelte, ging er komisch lächelnd fort. Nun war ich im letzten Saal angelangt. Und immer noch nichts!

Also kehrte ich um und machte die Tour von neuem. Da begegnete mir mein Schweizer Kommilitone Beurmann und meinte, dass die Säle nach dem Alphabet der Aussteller geordnet seien. Mein Bild müsse also am Ausgang hängen. Er begleitete mich noch ein Stück und blieb plötzlich mit einem Ruck stehen. Dann zeigte er wortlos mit weit hintenüber gebeugtem Kopf nach oben. Ich folgte seinem Arm und erkannte mein Bild hoch oben direkt unter der Decke, klein wie eine Briefmarke. Darunter hing ein Riesenschinken mit einem sechsstöckigen Haus in beinahe natürlicher Größe. Der Maler stand auf einem Gerüst und arbeitete noch daran.

„Ach, du liebe Zeit! So ein Mist!", entfuhr es mir. Dahin war mein Traum von einer Auszeichnung, geschmolzen wie Schnee in der Frühjahrssonne. Mir war zum Heulen zumute. Da half nur eine kräftige Besäufnis.

Zum Glück kam drei Monate später mein Münchner Freund Hans Olde nach Paris. Gleich mir wollte er sich an der Académie Julian weiterbilden. Ich freute mich riesig und bot ihm an, bei mir zu wohnen, bis er eine andere Unterkunft gefunden hatte. Er plante, nur drei bis vier Monate zu bleiben. Hauptsächlich interessierte ihn die Aktmalerei. Als Löfftz-Schüler nahm ihn Bougereau genau unter die Lupe. Als Olde ihm allerdings erklärte, er neige mehr zur Landschaftsmalerei, kümmerte sich der Professor nicht mehr viel um ihn. So ging die Zeit bis zum Frühjahr schnell dahin.

Im Mai 1886 wollten Olde und ich an die deutsche Ostseeküste reisen, um hier Landschaftsimpressionen und Porträts zu malen. Mein Freund entstammte einer holsteinischen Familie. Oldes Vater war Landwirt auf seinem Gut Seekamp bei Kiel. Zum Dank für meine Pariser Gastfreundschaft sollte ich dort einige Tage verbringen.

Auf der Suche nach Motiven streiften wir in der Gegend umher und fuhren vom nicht weit entfernten kleinen Hafen Friedrichsort mit dem Dampfer nach Ellerbeck bei Kiel. Dort zeichnete ich die Vorlage für ein Bild „Kieler Bucht". In einem Fischlokal malte ich eine Ölstudie, die ich „Im Fischerhaus" nannte. Das Bild zeigt zwei Frauen und ein Mädchen, die in der Küche um einen Tisch stehen und das gemeinsame Essen vorbereiten. Hier kam es mir auf den Lichteinfall von links an, der die Gesichter und angewinkelten linken Arme der beiden Frauen beleuchtet, wodurch ein Spannungsmoment zwischen den Personen entsteht. Olde fand das Motiv gut und riet mir, es dem Pariser Salon des Beaux-Arts anzubieten, was ich auch vorhatte. Zunächst musste ich es aber in der ihm zugedachten Größe ausführen.

Da ich bemerkte, dass zum jetzt kommenden Sommer alle verfügbaren Kräfte in der Landwirtschaft eingesetzt wurden, war mir klar, dass ich meinen Aufenthalt hier beenden sollte.

„Ich hab eine Idee, wo ich dich unterbringen könnte", schlug Olde vor. „Auf dem Gut Panker des hessischen Landgrafen. Dort gibt es einen alten Gasthof, die ‚Ole Liese', der von Gästen aus Hamburg und Künstlern sehr geschätzt wird. Man kocht dort gut. Dazu ist die Pension nicht zu teuer. Familie Behrens bemüht sich immer, ihre Gäste zufrieden zu stellen. Motive gibt es dort auch genug. Denn Panker liegt in der schönsten Landschaft Schleswig-Holsteins."

So begab ich mich denn mit meinem Malzeug nach Panker, einem prächtigen Herrschaftssitz, und ließ mich in der „Olen Liese" häuslich nieder. Der Gasthof lag auf einem Hügel von stolzen 128

Metern über dem Meer, wie ein Schild an der Hausmauer vermerkte. Von dort hatte man wirklich die beste Aussicht über eine der malerischsten Landschaften Norddeutschlands mit Blick auf die Ostsee, die Insel Fehmarn und bei klarem Wetter sogar bis zu den dänischen Inseln.

Da ich mich allerdings mehr für die Figurenmalerei interessierte, brauchte ich Modelle. Ich fand sie im benachbarten Stift, einem Altersheim für arbeitsunfähige alte Männer und Frauen. Gegen ein kleines Entgelt waren sie bereit, mir Modell zu stehen. Die Männer stellte ich in den Wald, teils antik anmutend, mit einem Betttuch bekleidet, als Waldgötter, zu ihrem Entsetzen auch einmal halb- oder ganz nackt als Pan, was ihnen natürlich unfassbar und äußerst genierlich war.

Später erzählten mir einige, dass sie öfter erbärmlich froren. Das tat mir sehr leid. In meinem Eifer hatte ich das gar nicht bemerkt. Ich freute mich immer wieder über die zuckenden Sonnenlichter auf den alten Körpern, weil ich ja damals sehr mit der Wiedergabe von Licht und Lichtreflexen rang. Im Stift malte ich auch ein großes Bild von den Alten – die Frauen spinnend und strickend, die Männer rauchend und lesend. Das Licht strömte golden von einem großen Weizenfeld herein, das vor den offenen Fenstern lag. Die Alten waren ganz entzückt und fühlten sich sehr geschmeichelt. Ich malte auch die zehnjährige Tochter Annie des Oberförsters Schaumburg. Als ihr das Modellsitzen zu langweilig wurde, bestand sie darauf, dass ich auch ihre Puppe Käthe malte. Außerdem verlangte sie von ihrer Mutter drei Mark Taschengeld fürs Ausharren. Ich glaube, das Kinderporträt war mir recht gut gelungen. So füllte sich die „Ole Liese", die ihren Namen von einem vormaligen Pferd hatte, mit vielen größeren und kleineren Bildern, Skizzen und Entwürfen.

Frau Schaumburg war stets sehr freundlich zu mir. Mit ihr und ihrem Mann hatte ich mich richtig angefreundet. So nahm ich ihr auch nicht übel, dass sie sich um meine äußere Erscheinung sorgte. In meiner fanatischen Hingabe an meine Kunst hatte ich gar nicht bemerkt, dass sich meine Kleidung, insbesondere meine Stiefel in einem desolaten Zustand befanden. Die waren so oft geflickt, dass einfach kein Stück Leder mehr darauf passte. Vorn klappte bei ihnen schon die Sohle wie ein offenes Maul. Ein junger Künstlerkollege von Olde, der in Panker mit Freundin Besuch machte, konnte sich nicht der Bemerkung enthalten: „Es ist ja arg, lieber Corinth, dass Sie sich angemessene Kleider nicht leisten können."

Wütend konterte ich: „Leisten könnte ich mir das alles schon, mein Geld geb' ich aber lieber für Modelle aus."

Dieser ärgerlichen Situation machte mein Vater ein Ende, als er plötzlich unangemeldet in der „Ole Liese" auftauchte. Insgeheim hatte ich die Frau des Oberförsters im Verdacht, dass sie ihm geschrieben hatte. Mein Vater erledigte die Angelegenheit souverän, so dass ich wenige Tage später komplett neu eingekleidet vor meinen Freunden posierte. Ich freute mich wie ein Kind, und sie sich mit mir. Nur dass die hübsche Wirtstochter meine alten Stiefel ungefragt verbrannt hatte, versetzte mich selbst ihr gegenüber in heftigen Zorn.

Gegen Ende meines dreimonatigen Aufenthaltes in Panker kam mich Olde mit einigen seiner Holsteiner Künstlerfreunde besuchen. Als sie die malerische Ernte meines dortigen Aufenthaltes sahen, guckten sie einander nur an und kicherten ganz unverhohlen. Ihre Kritik vor allem an den nackten Göttergestalten im Wald war niederschmetternd. Darüber geriet ich völlig in Verzweiflung. Mein guter Freund und seine Genossen hatten mir gerade deutlich gezeigt, dass ich ein schlechter Maler sei und sich noch über meine Motive lustig gemacht. Das verletzte meinen Stolz aufs Tiefste. Ich wollte niemanden mehr sehen und sprechen. Olde versuchte zwar noch, mich zu beruhigen. Ich schlug seinen Trostversuch aber aus und rannte, bis die Bagage abgereist war, noch Stunden im Park und Wald umher. Selbst mein Vater konnte mich nicht trösten.

Ich stürzte auch zu Schaumburgs und riss Annies Porträt von der Wand. Ihre Mutter war vor Angst ganz außer sich. Sie wusste gar nicht, was mit mir los war, vielleicht glaubte sie, ich sei verrückt geworden. „Wenn ich kein richtiger Maler werd, schieß ich mich tot", schrie ich. In der „Olen Liese" zerschnitt ich alle meine Bilder, die in Griffnähe lagen. Meinem entsetzten Vater gelang es gerade noch, das Bild von Annie und die Ölskizze „Im Fischerhaus" zu retten. Auch mein stimmungsvolles Aquarell der Feuerstelle in der „Olen Liese" überlebte meinen Wutanfall. Was an meinem Zorn noch viel schlimmer war: Er richtete sich gegen mich selbst. Für mich ging es um mein ganzes zukünftiges Leben. War ich ein Künstler oder nicht?

Als ich mich schließlich wieder einigermaßen beruhigt hatte, wollte ich der Familie Behrens doch noch meinen Dank abstatten. Schließlich hatte sie mich drei Monate lang bestens verpflegt. Auch war mir darum zu tun, mein schroffes Benehmen gegenüber ihrer Tochter wieder gut zu machen. Ich hatte sie ja angegrunzt, weil sie meine alten Stiefel verbrannt hatte. Ich schlug Maria also vor, sie zu porträtieren. Sie war damals sechzehn Jahre alt. Für mich kleidete sie sich in die Probsteier Tracht mit einer schwarzen Samtbluse und einem schwarzen durchsichtigen Chantilly-Schal. Ich malte sie in der Lindenlaube im Garten ihrer Eltern. Ob *sie* traurig war, dass ich fort ging oder *ich* – das herauszufinden, bleibt dem Betrachter überlassen. Jedenfalls war ich mit diesem Mädchenporträt wieder zufrieden. So nahm mein schöner Aufenthalt in Panker für mich doch noch ein tröstliches Ende.

Dennoch fuhr ich mit großen Zweifeln an meiner Kunst zurück nach Paris. Dort stürzte ich mich in Arbeit. Kaum ein Tag verging, an dem ich innerlich nicht bittere Kämpfe um meine Kunst als Maler ausfocht. Hatte ich etwa bei meiner Entscheidung, Maler zu werden, total aufs falsche Pferd gesetzt? Und das seit zehn Jahren? Nur die Arbeit am „Fischerhaus" rettete mich. Ich legte das Bild großformatig an und stellte es rechtzeitig der Prüfungskommission des Salons des Beaux-Arts vor. Wenn es nicht angenommen wird, schwor ich mir, ist das mein letztes.

Und siehe da – es wurde angenommen, allerdings ohne Auszeichnung. Meine Freude war nicht übermäßig. Immerhin erlebte ich eine Genugtuung und blieb noch bis zum Frühjahr 1887 in Paris. Doch bevor ich die Académie Julian endgültig verließ, wollte ich noch ein Selbstporträt malen. Innerlich stand etwas auf in mir. Ich war achtundzwanzig.

Meinen Backenbart hatte ich auf Kinnlänge zurechtstutzen lassen. Auf dem Kopf trug ich das Haar kurz, so dass meine Geheimratsecken deutlich hervortraten. Nur der Schnauzer endete in etwas längeren Spitzen. Meiner Stimmung entsprechend wählte ich die Farben sehr dunkel, fast schwarz. Im Spiegel zeigte ich mich im Dreiviertelprofil und blickte mich ebenso selbstkritisch wie trotzig an. Ich war doch schließlich jemand! So malte ich mein erstes Selbstporträt, beleuchtetes Gesicht mit weißem Kragen vor dunklem Hintergrund. Schön war es freilich nicht, dafür charaktervoll. Und dieses Bild signierte ich statt mit Louis mit Lovis Corinth und legte es zu meinem Gepäck.

Die Idee war mir gekommen, als ich ein Bild von mir einmal mit Druckbuchstaben signierte, so dass man das „Louis" als „Lovis" lesen konnte. Also Lovis Corinth! Ich staunte. Das Lateinische klang weit besser! So würde ich in Zukunft alle meine Bilder signieren. Die kleine Namensumstellung wirkte auf mich wie eine Mutspritze. Die Wirkung hielt auch noch an, als ich alle meine zwanzig Gemälde, hauptsächlich Akte, von der Académie zurückerhielt.

Nach Paris war ich gekommen, um mit einer Auszeichnung, möglichst einer „Mention honorable" heimzukehren. Daraus war nun nichts geworden. Dieses Unglück trieb mich nach Deutschland zurück. Im Gepäck aber trug ich bei mir, was ich gelernt hatte. Ich ließ die Bilder als Fracht per Bahn nach Königsberg verschicken und fuhr zu meinem Vater.

Einmal Königsberg – Berlin und zurück

Zuvor hatte er mir noch geschrieben, dass es ihm nicht gut gehe und er mich sehen wolle. Das bereitete mir Sorge, denn ich hing sehr an ihm. Tatsächlich fand ich sein Gesicht abgezehrter als noch im Sommer vergangenen Jahres, als er mich in Panker besucht hatte.

„Es ist wohl die Lunge", lächelte er beinahe entschuldigend. „Das kommt vom Rauchen, sagt der Arzt. Ich versuche, damit aufzuhören. Aber es fällt mir schwer."

Ich war bestürzt. „Du solltest in ein Sanatorium gehen, vielleicht in eines in der Schweiz. Wie ich gehört habe, soll Davos für Lungenleiden sehr gut sein." Aber mein Vater schüttelte den Kopf.

„Ich geh nicht fort. Ich bleibe in Königsberg. Ich muss mich hier ja um die drei Miethäuser kümmern. Außerdem sorge ich für meinen Bruder Julius. Du weißt, dass er in der Heilanstalt Allenberg ist. Ich bezahle dort seit Jahren seinen Aufenthalt."

„Für den könnten ja auch mal deine anderen Brüder aufkommen", warf ich ein.

„Ach die – die haben selbst nicht genug. Das war in meiner Familie schon immer so. Jeder raffte nur, was er bekommen konnte. Geblieben ist davon kaum etwas. Und das schöne Gut vom Großvater hat der Zweitälteste auch noch durchgebracht."

„Aber dann mach doch wenigstens eine Kur", versuchte ich ihn zu überreden.

Auch davon wollte er nichts wissen. „Das bringt ja nichts, das kostet nur."

„Auf jeden Fall bin ich nun mal hier und kann dich wenigstens in den Angelegenheiten mit den Mietern unterstützen."

Damit war mein Vater einverstanden. „Aber nur so lange, wie du es selbst möchtest. Du weißt ja, ich habe auf dich immer große Stücke gehalten, habe dich unterstützt, wie ich konnte. Du bist mein einziges Kind, mein einziger Sohn, dazu ein guter Maler und kannst einmal sehr berühmt werden. Dafür musst du deine Zeit nutzen."

„Ach Vater!", umarmte ich ihn. „Du bist der liebste Mensch, den ich habe." „Und darauf trinken wir einen schönen Cognac", erhob er sich und eilte zum Vertiko, um die Flasche und Gläser zu holen. Ich erzählte ihm ausführlich von meiner letzten Pariser Zeit. Er wollte alles wissen, besonders, warum weder mein großes Bild „Das Komplott" noch das Gemälde „Im Fischerhaus" eine Auszeichnung erhalten hatten. Wie wir beide vermuteten, lag es auch daran, dass ich ein Deutscher war. Selbst weit über zehn Jahre nach dem 70-er Krieg zwischen Deutschland und Frankreich war der Hass der Franzosen auf Deutsche noch beträchtlich. Hinzu kam gewiss auch Eifersucht auf alles, was nicht französisch und somit anders war.

„Du hast eben deine ganz eigene Art anders zu malen als die Franzosen", stellte mein Vater fest. „Da gibt es nichts Glattes und Possierliches." Womit ich im Stillen mit ihm übereinstimmte.

„Auf jeden Fall möchte ich ein paar Porträts von dir machen", entschied ich. „Dafür hast du den richtigen Charakterkopf." Vater lachte herzlich und stimmte zu.

Ich malte mehrere Bilder von ihm und reichte eines, das ihn am Tisch sitzend mit einem Brief in der Hand zeigt, zur Berliner Kunstausstellung am Lehrter Bahnhof ein. Es wurde angenommen, was ja schon mal positiv war. Leider fiel die Kritik dann nur mäßig aus. Einen finanziellen Erfolg hatte ich damit schon gar nicht. Dennoch reizte es mich, nach Paris einen Versuch mit der

Hauptstadt zu wagen. Wie sogar bis Königsberg gedrungen war, stand Berlin damals in höchster wirtschaftlicher und kultureller Blüte. Ich hatte noch während meiner Pariser Zeit Kontakt mit einigen Münchner Künstlerfreunden aufrechterhalten. Nun wandte ich mich an diejenigen, welche es von München nach Berlin gezogen hatte. Im Herbst 1887 brach ich von meinem Vater auf und fuhr in die Hauptstadt. Als ersten besuchte ich auf Empfehlung den Maler Carl Stauffer-Bern in seinem Atelier in der Klopstockstraße 48.

Im dritten Stock dieses großen Gebäudes im Stil der Neorenaissance befand sich eine schöne großzügige Sechs-Zimmer-Wohnung mit hohen Räumen. Hier betrieb er auch eine Zeichenschule. Als er mich durch sein Reich führte, staunte ich über die Eleganz der Einrichtung. Salon und Wohnraum waren durch eine hohe Schiebetür miteinander verbunden. Neben Küche und Haushaltsraum gab es ein Frühstücks- und ein Esszimmer.

Stauffer-Bern, ein Schweizer, in dessen jungenhaft bartlosem, nur von einem Schnauzer dekoriertem Gesicht zwei wache Augen standen, war nur ein Jahr älter als ich. Seine Bewegungen waren etwas fahrig. Mitunter zuckte er auch mit den Schultern. Schnell stellten wir fest, dass wir beide die Münchner Akademie der bildenden Künste besucht hatten. Da gab es natürlich manchen Gesprächsstoff. Hauptsächlich hingen Porträts an den Wänden. Sie waren mit äußerster Präzision gezeichnet und wirkten sehr naturalistisch.

„An Ihnen ist ja ein Kupferstecher verloren gegangen", sagte ich vor den Porträts von Gottfried Keller und Gustav Freytag.

„Sie haben Recht, ich bin drauf und dran, Kupferstiche und Radierungen zu machen. Außerdem interessiert mich die Bildhauerei. Aber alles auf einmal ist zu viel. An Porträts habe ich mich hier ein wenig ausgemalt."

„In Berlin sind Sie dafür ja berühmt", wandte ich ein. „Weshalb wollen Sie das aufgeben?"

„Nicht ganz aufgeben, aber Neuland möcht ich schon entdecken. Das wäre zum Beispiel die Bildhauerei. Um die zu erlernen, hab ich vor, nach Rom zu gehen", lächelte er geheimnisvoll.

Ich war verwundert. „Dann beginnen Sie mit dem Studium noch einmal von vorn. Und wo bleibt die Malerei?"

„Hauptsächlich bin ich Zeichner. Die Zeichnung ist ja die Vorstufe zur Bildhauerei", erklärte er ein wenig akademisch. „Malerei ist das, was man nicht fotografieren kann, Plastik das, was man nicht abformen kann. Talent und Fantasie braucht man für beides."

„Sie wollen also Ihre Arbeit in Berlin aufgeben. Und was wird aus Ihrem schönen Atelier?"

„Dafür hab ich schon einen Interessenten, den Maler Walter Leistikow, ein junger begabter Landschafter. Kennen Sie ihn?"

Ich schüttelte den Kopf. „Ich komme gerade von der Académie Julian in Paris und werde wahrscheinlich wieder nach München gehen."

„Und warum sind Sie jetzt nach Berlin gekommen?", fragte er. „Das ist ein hartes Pflaster für Künstler."

„Ich will mich hier mal umschauen", wich ich aus. „Nach Paris mal Berliner Atelierluft schnuppern. Künstlerisch tut sich hier ja viel Neues."

„Das mag schon sein. Mich langweilt es allmählich. Wen Sie hier aber kennen lernen sollten, ist der Maler und Bildhauer Max Klinger. Er gilt als der deutsche Rodin. Wir sind mit einander befreundet. Übrigens fahren wir im kommenden Februar gemeinsam nach Italien."

„Herzlichen Dank für den Tipp. Da bleibt mir ja noch etwas Zeit. Ich hab ohnehin vor, ein halbes Jahr in Berlin zu bleiben."

„Sie werden gewiss auch Max Liebermann kennen lernen. Er ist als Primus inter pares für Berlin das, was Lendorf für München ist – ein Spitzenmaler und -zeichner. Er hat unter den Künstlern viel zu sagen und zur Welt der Finanz die besten Verbindungen."

Ich verabschiedete mich von Stauffer-Bern. Noch einmal lobte ich sein Atelier. Damals konnte ich nicht ahnen, dass mir das merkwürdige Schicksal beschieden sein sollte, dieses Atelier selbst für die größte Zeit meines Berliner Aufenthaltes zu bewohnen und hier meine besten Arbeiten zu schaffen

Zu Max Klinger ging ich später. Wie ich von ehemaligen Münchner Kollegen erfahren hatte, galt er in Berlin als junges Genie und künstlerischer Überflieger. Ihm war es gelungen, mit nur neunzehn Jahren die Malerausbildung mit dem Prädikat „Außerordentlich" abzuschließen. Und das bei dem allmächtigen Akademiedirektor und Professor Anton von Werner, der sogar den Kronprinzen und künftigen Kaiser Wilhelm II. unterrichtet hatte! Ich erreichte Klinger gerade noch vor seiner Abreise nach Leipzig. In seinem Atelier entdeckte ich hauptsächlich grafische Werke, Federzeichnungen, Lithografien und Radierungen, auch einige Bilder in Aquatinta-Technik, die nicht so ganz mein Fall waren. An Gemälden gab es nur ein Bildnis seiner Mutter und ein Thema aus der griechischen Mythologie „Urteil des Paris", das mir, an den neuen Jugendstil angelehnt, reichlich steif erschien. Auch einige Gipsmodelle für künftige Skulpturen standen herum.

Klinger ließ mich spüren, dass er nur wenig Zeit hatte. „Wie Sie sehen, lieber Corinth, bin ich im Aufbruch. In Leipzig erwarten mich interessante Aufträge. Ich muss noch viele meiner grafischen Sachen einpacken. Im Februar geh ich nach Rom, danach folgt Paris. In Berlin muss ich auch noch einige Arbeiten abschließen."

„Ich möchte Sie keineswegs aufhalten, Herr Klinger. Ich komme gerade von Ihrem Freund Stauffer-Bern, der mir Ihre Bekanntschaft empfahl."

„Sind Sie Maler?", fragte er. „Welche Themen bevorzugen Sie?"

„Biblische und aus der griechischen und germanischen Mythologie." Ich berichtete ihm kurz von meinem bisherigen Werdegang.

„Dann empfehle ich Ihnen, mit Max Liebermann und dem Landschaftsmaler Walter Leistikow Kontakt aufzunehmen. Das sind zwei hervorragende Künstler, die Ihnen gewiss weiter helfen können. Sie brauchen nur in der Künstlerkneipe ‚Zum Schwarzen Ferkel' in der Neuen Wilhelmstraße vorbeizuschauen. Dort finden Sie die beiden meistens."

So ganz auf eigene Faust wollte ich mich aber nicht dorthin begeben. Deshalb meldete ich mich bei Max Liebermann an und besuchte ihn in seinem Atelier in der Auguste-Victoria-Straße.

„Sie wurden mir bereits von Stauffer-Bern empfohlen als einer, der auf Berlin neugierig ist", empfing er mich freundlich und lud mich mit einer eleganten Handbewegung zum Platznehmen ein. In seinem dunklen Samtjackett mit passender Weste, über der eine goldene Uhrkette hing, machte er den Eindruck eines vornehmen Herrn. Er mochte gut zehn Jahre älter sein als ich. Auffallend war sein schmales, von einer stark gebogenen Nase geprägtes Gesicht, unter der ihm ein kräftiger schwarzer Schnurrbart stand. Seine dunklen Augen blickten mit einem etwas müden Ausdruck. „Als Maler haben Sie ja schon so wichtige Stationen wie München und

Paris hinter sich. Wie mir von anderer Seite zugetragen wurde, besitzen Sie durchaus Ihren eigenen Stil."

„Darum bemühe ich mich, was mir meine bisherigen Lehrer noch nicht so ganz erlauben wollten. Es ist ja das Recht jeden Malers, im Bild seine eigene Handschrift deutlich zu zeigen", wagte ich zu sagen.

„Nicht nur das Recht, die Pflicht, lieber Corinth! Haben Sie sich schon mit Porträts versucht?"

„Hauptsächlich habe ich Akte gemalt. Bei meinen Porträts kommt es mir darauf an, Menschen zu zeigen, wie sie sind."

„Sie meinen wohl, wie *Sie* den jeweiligen Menschen sehen?", beugte sich Liebermann nun interessiert aus seinem Sessel vor. „Nehmen wir einmal Ihre Person. Wenn ich Sie mir so anschaue, machen Sie den Eindruck eines recht eigenwilligen Künstlers. Das gefällt mir. Wie gehen Sie zum Beispiel bei einer Bildkomposition vor?"

Das brachte mich nun in Verlegenheit. So genau hatte ich mir das selbst noch nicht vor Augen gehalten. „Das kommt auf das Motiv an. Wenn ich eine Idee habe, mache ich meistens zuerst eine Zeichnung. Auf der Leinwand umreiße ich dann die Konturen aus der Erinnerung, damit mir Freiheit für den Farbauftrag bleibt. Manchmal beginne ich einen Akt auch ohne vorherige Zeichnung mit kräftigen Pinselstrichen hinzuhauen."

Daraufhin zog Liebermann erstaunt die rechte Augenbraue hoch, was seiner markanten Physiognomie etwas Diabolisches gab. Über sein langes, schmales Gesicht mit der hohen Stirn huschte ein Lächeln. „Und kommen Sie dann immer mit dem Format aus?", wollte er wissen.

Ich wurde kühner. „Wenn die Leinwand nicht reicht, kann es schon vorkommen, dass ich ein Stück Leinen anflicke."

Liebermann lachte. „Das wäre an der Berliner Akademie bestimmt nicht möglich. Sie scheinen mir ja ein Rebell zu sein. Hat man Sie das in Paris gelehrt? Aber Sie haben mir gewiss etwas Eigenes mitgebracht." Er erhob sich und holte aus einem Schrank eine Flasche Whisky mit zwei Gläsern hervor. Inzwischen blickte ich mich in dem weitläufigen Atelier um, dessen Wände mit gerahmten Bildern vollständig bedeckt waren. Dabei fiel mir besonders ein großes, breitformatiges Gemälde, auf, das zahlreiche Personen, sitzende Männer und stehende Frauen in holländischer Tracht mit Haube und Holzschuhen bei einer handwerklichen Arbeit zeigte.

„Ach, das interessiert Sie", freute sich Liebermann. „Das sind die Flachsspinnerinnen im holländischen Laren. Ich malte sie bei der Arbeit in der Fabrik. Das Bild habe ich in diesem Frühjahr gemacht und im Mai im Pariser Salon ausgestellt. Dort fand es nur mäßigen Beifall. Auch in München hatte ich keinen nennenswerten Erfolg damit. Immerhin hat mich Adolf von Menzel unterstützt. Er bezeichnete mich als den einzigen Maler, der Menschen macht und keine Modelle."

„Ihre Darstellung der Personen ist faszinierend, Besonders bewundere ich die Komposition und Ihre Farben", begeisterte ich mich. „Bei Ihrem Bild stimmt alles, sogar der Fußboden." Er fühlte sich sichtlich geschmeichelt.

Um nun auch etwas von mir vorzustellen, hatte ich vorsichtshalber aus Paris noch eine Aktskizze von Gilberte eingepackt, die ich zu einem Gemälde „Susanna im Bade" ausarbeiten wollte. Er betrachtete sie genau und meinte dann anerkennend: „Dass Sie bei Bouguereau die Aktmalerei gelernt haben, ist unverkennbar. Ihre Auffassung des Hintergrundes, aus dem hinter einem Vorhang nur ein Voyeur hervorblickt, ist interessant. In der Malerei wurde das

Thema ja schon oft behandelt. Meistens schauen zwei Alte der jungen Frau zu. So, wie Sie die Szene anlegen, erscheint Ihre Komposition viel versprechend. Haben Sie sich schon einmal selbst porträtiert?"

„Ja, gerade zum Abschied von Paris", sagte ich etwas verlegen.

„Das klingt ja nach einem Resümee. Ich schätze, Sie sind Ende zwanzig."

„Ganz recht, im Juli wurde ich neunundzwanzig."

„Dann sind Sie elf Jahre jünger. Ich malte mein erstes Selbstporträt 1872 mit fünfundzwanzig. Da war ich noch Student an der Weimarer Kunstschule. Wenn man sich selbst malt, lernt man sich am besten kennen. Man wird selbstkritischer und streift immer mehr Eitelkeiten ab. Später habe ich lieber andere Sujets gewählt. Aber Sie möchte ich auch noch malen."

„Sie bringen mich in Verlegenheit, Herr Liebermann. Was ist schon an einem unansehnlichen Kerl wie mir dran?"

„Mehr, als Sie glauben", schmunzelte Liebermann. „Sie haben ein sehr interessantes Gesicht."

„Das dachten meine Kommilitonen von der Académie Julian auch und haben meine Visage als bis zu den Ohren grinsende Karikatur an die Wand gemalt. Das war keine Kunst."

„Kunst, lieber Corinth, kommt von Können. Können besteht in einer Technik, die so klar und so schön wie möglich das zum Ausdruck bringt, was der Künstler damit aussagen will. Niemand kann wissen, wo das Handwerk aufhört und die Kunst beginnt. Beides ist unlöslich mit einander verbunden." Zum Schluss gab er mir noch mit: „Außer handwerklicher Technik und Fantasie ist die Farbe das Umfassendste, die Hauptsache. Viel Glück, mein Freund, ich bin gespannt, mehr von Ihnen zu sehen."

Ehe ich mich bald darauf mit dem Wunsch verabschiedete, ihn ebenfalls porträtieren zu wollen, wechselten wir noch einige Ansichten, die sich häufig trafen. Danach hatte ich den Eindruck, er schätze mich und wolle mir bei meinem Start in Berlin behilflich sein. Als das Gespräch auf das „Schwarze Ferkel" kam, bot er mir an, mich wenige Tage später, an einem Freitag um 18 Uhr, in diese Kneipe zu begleiten.

„Zum Wochenende ist da meistens das junge Künstlervölkchen mit Leuten, die sich von ihrer Arbeit ausruhen und Mut für die kommende Mühe antrinken", lächelte er liebenswürdig. „Da werden Sie wohl mithalten." Eine bessere Einführung hätte ich mir nicht wünschen können.

Als Liebermann und ich die schwere Eichentür der Künstlerkneipe hinter uns zuzogen, quoll uns Bierdunst und der Rauch von Tabak entgegen. Im schummrigen Halbdunkel des Gastraumes reihten sich an den mit altersgeschwärzten Holzpaneelen verkleideten Wänden massive Eichentische und Stühle, auf denen sich die ausschließlich männlichen Gäste drängten. Ihr lebhaftes Palavern erfüllte die stickige Luft mit einem tief brummenden Ton. Über den Tischen hingen von der Decke herab Öllampen mit rotem Schirm. Hinter der breiten Theke hantierte an einem Zapfhahn der stoppelbärtige Wirt mit feistem Gesicht und einer Lederschürze über dem stark gewölbten Bauch. Er schob die gefüllten Bierkrüge auf ein Tablett, das die ebenfalls höchst rundliche Kellnerin zu den Gästen balancierte. Hinter ihm reihten sich auf Regalen vor einer verspiegelten Wand alkoholische Getränke aller Herren Länder in bunten Flaschen. In der Mitte des Raumes baumelte von der angerauchten Decke herab ein aus schwarzem Wachstuch genähtes ausgestopftes Ferkel mit einem kecken Ringelschwänzchen, das sich in der alkoholschwangeren Luft leise drehte und der urigen Kneipe ihren Namen gegeben hatte.

Als die Biergesellschaft in dem hoch gewachsenen, schlanken Herrn Liebermann erkannte, sprangen zwei junge Leute auf und boten uns ihre Stühle an. „Vielen Dank, liebe Leute", setzte er sich und zog mich neben sich. „Ich habe Ihnen heute einen jungen Kunstadepten aus München mitgebracht, der drei Jahre an der Académie Julian studiert und sich gerade im Pariser Salon die ersten Sporen verdient hat. Er ist wie er sagt, in erster Linie Figurenmaler." Zur Begrüßung trommelten die Anwesenden auf die Tischplatten. „Nun stellen Sie sich mal selbst vor", stieß mich Liebermann an und rief der herbeieilenden Kellnerin zu: „Helene, zwei Bier!"

Ich erhob mich etwas unsicher. In dieser Runde wollte ich gleich meinen neu gewählten Vornamen anbringen. Dann begann ich einfach: „Mein Name ist Lovis Corinth. Wie Herr Liebermann schon sagte, habe ich einige Akademien durchlaufen, Königsberg, München und Paris. Hauptsächlich male ich Akte, auch Porträts und Motive aus der Bibel und der griechischen Mythologie."

„Oh, hört, hört, er malt Akte! Mit prallen Brüsten?", rief einer, der schon schwer angetrunken schien.

„Natürlich, das gehört zum Handwerk", sprang mir Liebermann bei. „Er malt sogar sehr gute."

Da löste sich aus einer Gruppe von Stehenden ein dünner, recht großer Mensch und trat auf mich zu. „Willkommen in unserer Runde, Herr Corinth.

Mein Name ist Leistikow, Walter Leistikow. Wir freuen uns, einen so weit gereisten Kollegen begrüßen zu können. Von uns hier", umschrieb er die Gesellschaft mit einer Handbewegung, „sind zwei Professoren an der Königlichen Akademie, die Herren

Franz Skarbina und Ludwig Vogel", wies er auf die Genannten, die sich leicht verbeugten, „ die meisten aber Maler...."

„... und zwar hoffnungsvolle", krähte ein anderer dazwischen.

„Ruhe!", zischte sein Nachbar.

„Wir treffen uns im ‚Schwarzen Ferkel', weil wir hier frei reden können, was wir denken und welche Ziele wir haben", fuhr Leistikow fort. „Wir sind so eine Art Gegenbewegung zu der sehr konservativen Auffassung der Berliner Akademie..."

„... besonders gegen Seine durchlauchtigste Gnaden, Herrn Direktor Professor Anton von Werner", grölte ein anderer wieder dazwischen. Protestgemurmel wurde laut.

„Kurz und gut, es ist uns um die moderne Kunst zu tun", fuhr Leistikow fort. „Wir leben nun einmal in einer Zeit, in der der offizielle Kunstgeschmack zu einem guten Teil von Kaiser Wilhelm II. geprägt wird. Dadurch sind neuen Strömungen, wie sie die Impressionisten in Paris schaffen, in jeglicher Weise die Türen versperrt. Es gehört geradezu zum Politikum, alles, was aus Frankreich kommt, zu negieren. Daher planen wir, uns auf eigene Füße zu stellen und als eigene Gruppe unsere Bilder zu präsentieren."

„Er hat ganz Recht. Ich würde unseren Standpunkt noch genauer präzisieren", erhob sich ein blasser blonder Mensch mit Namen Ludwig von Hofmann. „Berlin, die kaiserliche Hauptstadt, bewegt sich künstlerisch auf totem Gleis. München hat uns längst den Rang abgelaufen. Es wird Zeit, dass man uns in ganz Deutschland wahrnimmt." Klopfen auf die Tische und Trampeln auf den Fußboden belohnten diese Erklärung.

Liebermann strich sich übers Kinn: „Das ist die ewige Geschichte: Jung gegen Alt, Alt gegen Jung. Ich bin dabei, wenn talentierte junge Leute gegen ein erstarrtes Establishment der Kunst aufbegehren. Ich nehme mich altersmäßig zwar nicht davon aus. Aber ich habe auch etwas zu sagen, das den Stiefelleckern nicht passt." Donnernder Applaus dankte ihm.

Ich staunte. Hier war wirklich was los. Leistikow setzte sich zu mir und fragte mich, woran ich gerade arbeite. Ich erzählte ihm ein wenig von Panker und dass ich ein Bild „Susanna im Bade" plane. Das schien ihn jedoch nicht so sehr zu interessieren.

„Ich fühle mich am meisten in meinem Element, wenn ich Landschaften male, am liebsten die Seen im Grunewald. So hat eben jeder sein eigenes Feld", sagte er und erhob sich. „Entschuldigen Sie mich, ich habe mit Liebermann noch etwas zu besprechen."

Ich hatte den Eindruck, dass ich ihm gleichgültig war. Vielleicht gefiel ihm auch mein beleibtes Äußere nicht. Ich fand seine hagere Figur ebenfalls nicht besonders attraktiv. Und Grunewaldlandschaften interessierten mich auch nicht. Ich bestellte mir bei Helene zwei Würste und ließ mich langsam mit Bier voll laufen.

In den folgenden Wochen sah ich mir Berlin an, spazierte die „Linden" herauf und herunter durch das Brandenburger Tor mit Schadows fabelhafter Quadriga oben drauf. Ich durchstreifte den Tiergarten und besuchte sämtliche Museen. Ganz wunderbar war das von Schinkel erbaute Alte Museum im Lustgarten voller herrlicher Kunstwerke gegenüber dem Schloss. Mit seinen achtzehn hohen ionischen Säulen wirkte es von außen wie ein klassischer Tempel. Auf dem Platz davor beeindruckte mich die riesige glänzende Granitschale, in der sich die Wolken und vorübergehenden Menschen spiegelten. Vor der Neuen Wache bewunderte ich die große Friedrichstatue zu Pferd des Bildhauers Christian Daniel Rauch. Berlin, spürte ich, war nicht nur ein Ort bedeutender preußischer Geschichte, sondern auch eine Stadt im kulturellen und wirtschaftlichen Aufbruch. Das machte sich leider auch bei meinem Budget bemerkbar. Denn die Hauptstadt schien mir zu jener Zeit unerschwinglich teuer.

Das Weihnachtsfest verbrachte ich mit meinen ehemaligen Münchner und einigen neuen Berliner Malerkollegen, unter ihnen Stauffer-Bern, mit Weihnachtsbaum, Bowle und Gänsebraten. Wir feierten in der Pension „Anna" in der Lessingstraße, ganz in der Nähe von dessen Atelier. Ich weiß nicht, wie es dazu kam. Aber das fröhliche Zusammensein endete mit der ärgsten Verstimmung, was geradezu einer feindlichen Dissonanz gleichkam. Stauffer-Bern giftete sich mit mir, weil ich seine Arbeiten kritisiert und ihn damit zutiefst beleidigt hatte. Er schrie mich an und verließ grußlos das Lokal. Auch ich war in Rage geraten. Dennoch hatte ich vor, mich mit einem Besuch bei ihm zu entschuldigen, traf ihn aber zu Hause nicht an. Zwar schrieb er mir daraufhin, von ihm aus sei die Angelegenheit erledigt und er wolle mir nichts nachtragen. Ich habe ihn dann aber nicht wieder gesehen und erst später vom tragischen Schicksal seines Freitodes in Florenz erfahren.

Da mein Vater mir geschrieben hatte, er könne meinen Berliner Aufenthalt nicht weiter unterstützen, ging ich zu Ostern 1888 zurück nach Königsberg. Das war auch nötig, denn ihm ging es gesundheitlich gar nicht gut. Zudem dachte ich mir, in meiner Heimatstadt als Maler Fuß zu fassen, sei für mich als Absolvent der Münchner Akademie leichter als für einen einheimischen Künstler. In unserer großen Wohnung hatte mir mein Vater zusätzlich zu meinem Zimmer einen Raum als Atelier zugebilligt.

„Du kannst ja erst einmal in Königsberg versuchen, mit deinen Bildern Erfolg zu haben. Wenn das nicht klappen sollte, gehst du eben wieder nach München zurück. Die Lebensart dort liegt dir ja sowieso mehr", sagte er. Für meinen Verbleib bei ihm sprach auch, dass mein Studienfreund Wilhelm Wellner nach Königsberg zurückgekehrt war, da er bei den Berliner „Lustigen Blättern" noch keinen festen Arbeitsvertrag als Karikaturist erhalten hatte. Sein Bruder Otto hingegen hatte es besser getroffen. Er war bei der Königsberger Zeitung als Redakteur fest angestellt. Auch zu Emil Maier, einem ehemaligen Mitschüler bei Professor Günther, knüpfte ich wieder Kontakt an. Zu viert unternahmen wir Ausflüge und Fahrten in die Umgebung und an die Ostsee. Im September wurde ich wieder zu einer Landwehrübung eingezogen. Als ich von ihr zurückkehrte, fand ich meinen Vater sehr krank vor. Seine junge Wirtschafterin, das „Johannche", machte sich die größten Sorgen. „Ihr Herr Vater will nicht mehr aufstehen, liegt nur noch im Bett und wird täglich schwächer", klagte sie. „Auch Appetit hat er kaum noch. Der Arzt sagt, es wird nicht mehr lange dauern mit ihm." Ich bat sie, sich noch stärker um ihn zu kümmern. Daraufhin saß sie oft stundenlang am Bett des Kranken bei einer Strickerei und unterhielt sich mit ihm, wenn er nicht schlief.

Als ich diese Szene einmal beobachtete, kam mir gleich der Gedanke, sie zu einem Bild zu gestalten. Ich ahnte wohl, dass es das letzte von meinem Vater sein konnte. Ich fertigte einige Skizzen an, bis ich wusste, wie ich das Ganze malen wollte. Vater lächelte nur schwach, als ich ihm davon erzählte. „Du wirst sehen, du machst dich prächtig darauf", versuchte ich zu scherzen. Aber er sagte nur: „Sieh zu, dass du mich nicht zu elend triffst. Du sollst mich ja in besserer Verfassung in Erinnerung behalten." Ob er mehr ahnte, als er zugab? Ich machte mich fieberhaft ans Werk. Besondere Sorgfalt verwendete ich auf Vaters Gesicht, Profil und Körper der beleuchteten Pflegerin am Bettrand und einen als Nachttisch dienenden Stuhl, auf dem Arzneien, eine Flasche mit Getränk und eine Blumenschale standen. Vom Aufbau her verriet die Szene vertraute Intimität. Die Farben setzte ich vorsichtig ge-

geneinander ab. Zum Schluss war ich mit dem Gelingen zufrieden.

Drei Monate später starb er mit sechzig Jahren. Es war der 10. Januar 1889, ein grauer Wintertag. Er war ganz friedlich eingeschlafen. Das Johannche weinte sich die Augen aus. Über ihren Kummer hinaus machte sie sich wohl auch Sorgen, ob ihre Anstellung in unserem Haus nun vorbei sei. Ich beruhigte sie, dass ich sie fürs erste als Wirtschafterin behalten würde. „Wo ich jetzt wieder hier lebe, können Sie auch mich bekochen", tröstete ich sie. Ich schaute sie mir daraufhin genauer an. Sie mochte Anfang zwanzig sein, hatte ein anmutiges Gesicht mit großen Augen und einem sinnlichen Mund, dazu eine schlanke Gestalt. Sofort dachte ich, sie könnte mir als Modell dienen.

Vaters Beerdigung stimmte mich sehr traurig. Als ich in die offene Grube blicke und sah, wie der Sarg herabgelassen wurde, kam mir spontan eine Kindheitserinnerung. Auf unserem Hof in Tapiau gab es fünf nahe beieinander liegende Lohgruben, zwei Kalkgruben und eine große Sumpfgrube. Meistens stand vor jeder von ihnen ein Geselle mit Lederschurz und bis zur Hüfte reichenden Transtiefeln und fischte Lederstücke heraus, um zu prüfen, wie weit der Vorgang des Gerbens gediehen war. Noch heute habe ich den beißenden Geruch der Lohe in der Nase.

Neugierig, wie ich als Fünfjähriger war, verabredete ich mich mit meinem Spielkameraden Otte, um mit einem Stock die Tiefe der Gruben auszuloten. Dabei beugte ich mich weit über den Rand der größten Grube und – plumps – fiel ich in die Brühe. „Au Otte", schrie ich erschrocken. „Au Otte!" Aber der hockte nur am Rand und sah mir schadenfroh zu, wie ich zappelte. Endlich lief er zur Küche und rief um Hilfe. Da kamen die Marjellen aus dem Haus gestürzt und fischten mich im letzten Augenblick heraus. Das war gerade noch mal gut gegangen.

Ich wurde am ganzen Körper mit warmem Wasser abgewaschen, bis auch das letzte Borkenstück entfernt war. Die Mädchen balsamierten mich mit fetter Milch ein und steckten mich von oben bis unten eingehüllt ins Bett. Als meine Eltern von meinem Abenteuer hörten, konnten sie sich gar nicht fassen vor Erleichterung, dass es mir so bald wieder gut ging. So viel Zärtlichkeit hatte ich kaum jemals von ihnen empfangen. Besonders mein Vater drückte mich lange fest an seine Brust. Diese Erinnerung tröstete mich an seinem Grab ein wenig über den schmerzlichen Verlust.

In den nächsten Wochen hatte ich viel mit Vaters Nachlass zu tun. Genauer gesagt, musste ich mich um mein Erbe kümmern. Er hatte mir testamentarisch die drei Königsberger Miethäuser vermacht. Auch über erfreuliche Barmittel konnte ich verfügen. Außer mir gab es keine weiteren Erben. Um alles korrekt zu regeln, hatte ich einige Lauferei. Dazu beschloss ich, die große Sechs-Zimmer-Wohnung zu vermieten, denn soviel Platz brauchte ich nicht.

Über all diesen zeitraubenden Dingen durfte ich aber meine Malerei nicht vergessen. Ich mietete ein kleines Atelier und richtete mich dort auch häuslich ein. Johannche, die wieder bei ihrer Mutter lebte, bot ich Geld für eine Tätigkeit als Modell an. Außerdem besorgte ich ihr eine Stellung als Haushilfe in einer Beamtenfamilie.

Da ich nun allein und ohne jeden familiären Anhang war, warf ich mich mit aller Kraft auf meine Malerei. Das lenkte mich ab und tröstete mich über Vaters Verlust. Seit meinem Fortgang aus Paris spukte in meinem Kopf ein Motiv, das mich heftig verlangte, ausgeführt zu werden: Ein Leichnam Christi auf rotem Ziegelfußboden. Ich beschaffte mir alles Material, das ich dafür brauchte. Diese „Pietà" sollte ein großformatiges Gemälde werden. Der Tote liegt nach der Kreuzabnahme diagonal im Bild in verkürzter Haltung auf einem über dem Steinboden ausgebreiteten Tuch. Zur Linken dachte ich, eine kauernde Magdalena von hinten mit nackter rechter Schulter zu platzieren. In ihrer tiefen Trauer hält sie die rechte Hand des Gekreuzigten. Ein männliches Modell konnte ich mir aus der Akademie besorgen. Die Magdalena sollte Johannche sein.

Außerdem wollte ich endlich meine „Susanna im Bade" anfangen. Meine Skizze von Gilberte konnte mir nicht genügen. Ich brauchte ein neues, weibliches Modell von schönem Wuchs, möglichst eine junge dunkelhaarige Frau. Auch sie, eine Polanger Jüdin, wurde mir von der Akademie vermittelt.

Sie hieß Lea, hatte ein markantes Gesicht und einen vollendeten Körper, genau richtig für die „Susanna". Wellner kam immer wieder, um den Fortschritt des Bildes zu begutachten. Im Buch Daniel in der Bibel heißt es ja, dass zwei Alte der schönen verheirateten Frau heimlich zuschauen. Zunächst hielt ich an dieser Version fest und malte hinter einem Vorhang angedeutet mein Gesicht und ein zweites, dem ich Wellners Züge gab. Dann übermalte ich meinen Kopf und begnügte mich mit nur einem Voyeur. Während Wellner sich nach Lea die Augen ausguckte, war Johannche eifersüchtig. Sie sollte mir als „Lesendes Mädchen" vor einem Paravent Modell sitzen. Außerdem plante ich das Porträt eines jungen Mannes. Der Kopf quoll mir über. Ich befand mich in einem wahren Schaffensrausch.

Sommer und Herbst 1889 gingen darüber hin. In einem halben Jahr hatte ich schließlich sechs Gemälde geschaffen. Mein Freund besuchte mich auch häufig im Atelier, um Zeuge zu werden, wie ich an der Pietà arbeitete. Ursprünglich hatte ich das Bild so angelegt, dass ich im Hintergrund eine dritte Person, den Jünger Johannes, verkürzt anbringen wollte. Wellner redete ihn mir aus, weil sonst die Figur mit dem Kopf an den Rahmen gekommen wäre, was leicht komisch wirken kann. Da sich mein Freund sehr interessiert an der neuen Technik der Fotografie zeigte, nützte das auch mir. Denn ich bat ihn, meine Bilder auf den teuren Platten festzuhalten und bezahlte sie ihm. Damit besaß ich endlich eine Möglichkeit, Kopien meiner Bilder an Galerien zu versenden. Im März 1890 schickte ich die „Pietà" in den Pariser Salon des Beaux Arts und erhielt dort endlich die heiß ersehnte Mention honorable. So hatte ich mein Ziel, freilich einige Jahre später, doch glücklich erreicht. Ich bedauerte nur, dass mein Vater diesen schönen Erfolg nicht mehr erleben durfte.

Im April besuchte mich überraschend der Maler Walter Leistikow aus Berlin. Ich hatte ihn dort ja im „Schwarzen Ferkel" kurz kennen gelernt, ihn dann aber aus den Augen verloren und nicht mehr an ihn gedacht. Nun stand er plötzlich vor mir, strahlte mich an und erzählte, er habe von der Stadt Königsberg den Auftrag, ein Panorama von ihr zu zeichnen.

„Wenn ich nun schon mal hier bin, wollte ich Sie unbedingt besuchen. Mich interessiert, woran Sie arbeiten. Ich habe ja noch nichts von Ihnen gesehen, nur gehört, dass Sie gerade im Pariser Salon einen bemerkenswerten Erfolg hatten", lächelte er. „Meinen herzlichen Glückwunsch dazu." Das brachte er so treuherzig hervor, dass ich, ganz anders als in Berlin, sofort von ihm eingenommen war.

„Vielen Dank, darüber bin ich natürlich sehr froh. Ich freue mich, dass Sie den Weg zu mir gefunden haben. Nach dem Tod meines Vaters vor über einem Jahr bin ich zunächst einmal hier geblieben, um zu sehen, welche Chancen ich in Königsberg habe. Das ließe sich vielleicht ändern. Auch München wäre möglich. Bitte kommen Sie doch weiter ins Atelier", lud ich ihn ein. „Meine große ‚Pietà' ist ja noch in Paris. Ich kann Ihnen nur einige Vorstudien zeigen. Außerdem ein Aktgemälde der ‚Susanna im Bade' und verschiedene Mädchenporträts."

So natürlich und offen, wie er sich zeigte, gefiel er mir viel besser als bei unserer ersten Begegnung. Er betrachtete alle meine Arbeiten sehr genau und beurteilte sie überraschend scharfsichtig.

„Eines muss ich Ihnen lassen, Ihre Aktmalerei ist ausgezeichnet. Sie bringen darin eine ganz neue Auffassung von Realität und erzählender Fantasie, fast möchte ich sagen, von Impression und greifbarem Ausdruck. Ich könnte das gar nicht. Ich male Landschaften, die ich auch immer ein bisschen nach meinem persönlichen Dafürhalten forme. Wenn Sie wieder mal in Berlin sind, besuchen Sie mich gern in meinem Atelier."

Ich war überrascht von seinem Kunstsinn. Wir verbrachten einige Stunden miteinander in anregendem Gespräch. Ich hatte den Eindruck, im Widerspruch zu unserer ersten Begegnung im „Schwarzen Ferkel" fänden wir nun ein gewisses Gefallen an einander. Ich schenkte ihm auch die kleine Studie eines kranken blassen Mädchens, das in seine Kissen zurück gelehnt war. Davon war er ganz begeistert. Als er sich verabschiedete, tat mir die Trennung richtig leid. Spontan schlug ich ihm vor. „Wir sollten einmal zusammen auf Maltour verreisen."

„Das ist eine ausgezeichnete Idee", krähte er in jungenhafter Begeisterung. „Nur kann ich jetzt noch nicht. Was die Kunst und Ausstellungen betrifft, gärt es nämlich eben in Berlin mächtig. Da liegt was in der Luft. Ich muss unbedingt dabei sein. Aber was halten Sie vom Grunewald?"

„Das ist wohl eher Ihr Revier. So stille Landschaften liegen mir nicht", musste ich lachen. „Ich bin nun mal Figurenmaler und trage mich außerdem mit dem Gedanken, in einigen Monaten nach München zurückzugehen."

Leistikow nickte verständnisvoll. „Und wenn Sie sogar als Preuße Ihr Glück lieber in Bayern machen wollen, kann ich Sie auch in München besuchen."

Als ich ihn zwei Tage später zum Zug begleitete, hatten wir beide das Gefühl, Freunde geworden zu sein.

Meine nächste Zeit in Königsberg widmete ich nicht nur der Malerei. In den langen Sitzungen hatte sich zwischen Johannche und mir eine Beziehung entwickelt, die schließlich in ein stürmisches erotisches Verhältnis einmündete. Sie war mir eine zärtliche Geliebte und ich ihr ebenfalls sehr zugetan. Ich malte von ihr einige Porträtstudien, die ich später zu einem Gemälde ausfeilen wollte. Dennoch hielt mich eine innere Stimme davon ab, ihr Hoffnungen auf eine gemeinsame Zukunft zu machen. Ich war einfach noch nicht so weit. Auch brauchte ich eine stärkere Frau. Jetzt, wo mir endlich Erfolg und Anerkennung als Künstler winkten, konnte ich mich noch nicht dauerhaft binden. Mehr und mehr wuchs in mir die Absicht, meine Zelte in Königsberg endgültig abzubrechen und sie wieder neu in München aufzuschlagen.

Als ich Johannche davon berichtete, brach sie in Tränen aus. „Und was soll ich hier so allein, wenn du fort gehst? Das tust du ja, weil du mich nicht wirklich liebst. Wahrscheinlich ist dir Königsberg auch nicht fein genug. Warum hab ich mich nur mit dir eingelassen? Ach, es ist ja solch ein Unglück!"

Was sollte ich ihr darauf antworten. Im Kern hatte sie ja Recht. Zum Glück war unsere Beziehung ohne Folgen geblieben. Das einzige, was ich für sie tun konnte, war, ihr eine Abfindung anzubieten. Außerdem schenkte ich ihr ein Porträt von meinem Vater. Ich schützte vor, dass ich mich in München noch weiterbilden müsste und deshalb noch keine Familie gründen könnte. Darauf reagierte sie anfangs sehr verletzt, war aber schließlich bereit, die nicht geringe Summe anzunehmen. So trennten wir uns mit vielen gegenseitigen guten Wünschen.

Nach dreieinhalb Jahren in Königsberg traf ich im Herbst 1891 in München ein.

München, ein unruhiges Pflaster

Sieben Jahre lang war ich nicht in dieser großen, dabei beschaulichen und mir lieben Residenzstadt gewesen. Jetzt, im Oktober, fand ich die Metropole sehr lebhaft. Die Künstler schienen mir ziemlich unruhig und neuerungssüchtig zu sein. Sie schwärmten herum wie ein Bienenschwarm und teilten sich in zwei Lager. Da gab es solche, die sich an eine bewährte akademische Richtung hielten und solche, die sich von den aus Frankreich überschwappenden neuen Strömungen beeinflussen ließen. Zu den „Alten" , gehörten Franz von Lenbach, August von Kaulbach und Franz von Stuck, obwohl dessen Sympathien auch den jungen Künstlern galt. Denn mit Ende zwanzig zählt er selbst eher zu deren Generation. Diese drei so genannten Malerfürsten hatten das Sagen bei den Ausstellungen im Münchener Glaspalast. Dagegen wehrte sich die gesamte talentvolle Künstlerjugend. Nur ein Jahr später sollten sie Anfang April 1892 die „Münchner Sezession" mit dem schwerkranken Piglhein an der Spitze gründen. Über diesen urteilte ein Kunstkritiker in den Münchner Neuesten Nachrichten: „Seine schönsten Bilder sind die, welche er nicht gemalt hat."

Bevor ich mich wieder bei meinen alten Bekannten meldete, musste ich mich um eine geeignete Unterkunft kümmern. In der Giselastraße 7 fand ich im dritten Stock ein großzügiges Atelier mit drei kleinen Wohnzimmern. Aus meinem Atelierfenster führte der Blick hinaus auf die Wiesen zwischen Giselastraße und Klein-Schwabing. Genau in der Mitte stand das kleine barocke Nikolai-Kirchlein. In einiger Entfernung dahinter erhoben sich bereits Industrieschornsteine. Dieser Ausblick gefiel mir auf Anhieb. Ich hielt ihn noch im gleichen Jahr in mehreren Gemälden fest. Nachdem ich mich in meinem neuen Zuhause eingerichtet hatte, nahm ich wieder Kontakt zu den verbliebenen Künstlern auf, besonders zu Hans Olde und Otto Eckmann.

Olde, der als Sohn eines Landwirts auf einem schleswig-holsteinischen Gut aufgewachsen war, kannte ich ja noch von der Académie Julian und von Panker her. Jetzt war die mir damals widerfahrene Kränkung, als er mich wegen meiner Aktbilder von alten Männern im Wald ausgelacht hatte, natürlich längst vergessen. Ich freute mich, ihn als gereiften jungen Mann wieder zu finden. Wie stets war er elegant gekleidet und glatt rasiert. „Es hat dich also wieder nach München verschlagen", meinte er gut gelaunt. „Das ist zwar nicht Paris oder Berlin. Aber hier leben mehr Maler als in den Kaiserstädten Wien und Berlin zusammen."

Otto Eckmann hatte sich als Jugendstilkünstler in München bereits einen Namen gemacht. Der gebürtige Hamburger kam von den Kunstgewerbeschulen Hamburg und Nürnberg her, ehe er in München eine Ausbildung an der Kunstakademie erhielt. In meiner zweiten Münchner Zeit lernte ich ihn hauptsächlich als Maler kennen. Später arbeitete er überwiegend als Designer und Grafiker. Er war ein hoch gewachsener, magerer Typ, lief, wenn er malte, in einem weißen Kittel über Anzug, Schlips und Kragen herum und trug ein leicht manieriertes Wesen zur Schau. Wir trafen uns öfter auf ein Bier mit Haxenbraten in der Wirtschaft „Zum goldenen Lamm" in der Barerstraße, wo jetzt die Künstlervereinigung Allotria tagte. Darüber ging für mich ein halbes Jahr voller Arbeit und Umschauen hin. Anfang April 1892 gab es dann in der Künstlergemeinschaft einen Eklat.

„Es war doch wohl klar, dass du zu uns in die Sezession gekommen bist", tönte Eckmann an unserem Stammtisch und steckte dabei seine lange Nase in den Humpen. „Wir haben die konservative Haltung des staatlichen Kunstbetriebes mit seiner dominanten Historienmalerei satt. Der Glaspalast mit seinem Malerfürsten Lenbach ist der Inbegriff für diese Kunst. Er vertritt nun mal die akademische Richtung. Dagegen wenden sich viele junge Künstler. Daher hat sich eine Gruppe von 96 Malern aus der Münchner Künstlergenossenschaft abgespaltet und die Münchner Sezession gebildet. Wir haben uns die naturalistische Schule und die Freilichtmalerei auf die Fahne geschrieben. Auf unseren Ausstellungen wollen wir jedem Talent, ob jung oder alt und gleich welcher neuen Richtung, die Gelegenheit geben, sich künstlerisch darzustellen. Ich, zum Beispiel, propagiere den Jugendstil."

„Und ich den Impressionismus", fiel Olde ein.

„Und ich mich selbst", ergänzte ich, was bei den beiden für Heiterkeit sorgte.

Olde warf ein: „Natürlich, jedem Tierchen sein Pläsierchen."

„Wie sieht es nun hier mit Ausstellungen aus?", wollte ich wissen.

„Ein eigenes Gebäude haben wir natürlich nicht. So bleibt uns nur der Glaspalast und Lenbachs jeweilige gnädige Laune, wo er uns platzieren will." Eckmann zerteilte sorgfältig ein sehniges Stück seiner Haxe. „Aber ich habe da schon etwas am Laufen", verriet er, wobei er geheimnisvoll die Stimme senkte. „Da wir vom Vorstand der Künstlergesellschaft nicht unseren Wünschen entsprechend behandelt werden, habe ich nämlich bei diesem meinen Vertrag gekündigt. Ich rechne mit euch, dass ihr das gleiche macht. Dann schließen wir mit der Genossenschaft Münchner Künstler einen Vertrag, dass wir im Glaspalast einen Extraraum zur Verfügung bekommen, damit wir nach Absprache unter einander eine Ausstellung unserer Bilder arrangieren können. Und die Sache ist geritzt."

„Damit fallen wir aber den Sezessionisten in den Rücken", warf ich ein.

„Die machen sowieso, was sie wollen", fegte Eckmann den Einwand vom Tisch. „Ich habe mit dem Vorstand der Genossenschaftler bereits verhandelt. Da sie einen Rochus auf die Sezession haben und ihr eins auswischen wollen, bekommen wir einen schönen Raum im Glaspalast und können unsere Bilder nach Belieben hängen."

„Wir planen sogar noch weitere Schritte", ließ Olde verlauten. „Innerhalb der Sezession gibt es seit einiger Zeit Abweichler, zu denen auch ich gehöre. Wir sind vierundzwanzig Maler, unter ihnen sogar die beiden Berliner Koryphäen Max Liebermann und Walter Leistikow. Mit unseren ausgezeichneten Münchner Kollegen Hans Thoma, Max Slevogt, Wilhelm Trübner, Ernst Oppler, Hermann Obrist und anderen gründen wir eine neue Gemeinschaft und schließen uns zur „Freien Vereinigung der XXIV" zusammen. Damit sind wir die Avantgarde der Sezession."

„Wenn das mal gut geht", zweifelte ich. Dennoch war ich einverstanden mitzumachen, zumal ich das instinktive Gefühl hatte, dass ich in dieser Clique weiterkommen konnte. Leider erwies sich die Realität dann jedoch nicht als so positiv. Die Mehrzahl der Sezessionisten war eifersüchtig.

„Was! Die Stärkeren sollen durch ihre Gemeinheit vorzügliche Plätze bekommen und wir ehrlichen Künstler sollten gar refüsiert werden oder uns mit miserablen Plätzen begnügen?!" In ihrer Erbitterung stürzten sie den Vorstand der Münchner Künstlergenossenschaft samt ihrem Präsidenten Stieler. Der Vertrag, den Extraraum betreffend, wurde für nichtig erklärt. Unsere Freie Vereinigung flog auf. Und was weit schlimmer war: Wir wurden geächtet! Boykottiert und exkommuniziert!

Wenn ich jetzt in die „Allotria" kam und mich zu Malern, mit denen ich doch eigentlich befreundet war, an einen der vollen Tische setzte, war es wenige Minuten später um mich herum öd und leer. Wie weggeblasen waren die Leute! Und das ging auch so auf der Straße oder wo man sonst einen Bekannten zu treffen pflegte. Kein Gruß, kein freundliches Zuwinken. Man behandelte mich, übrigens auch Eckmann und Olde, wie Luft. Darauf wechselten viele der „Abtrünningen" zurück in ihre vormaligen Reihen und wurden gnädig wieder aufgenommen.

Da kam ich schon ins Grübeln. Wir hatten etwas vom Zaun gebrochen, was unseren Malerkollegen gegenüber nicht fair war. Wir waren beliebt gewesen, hatten reizende Menschen gefunden, auf die man sich sogar in der Not verlassen konnte. Und sie gemein vor den Kopf gestoßen! Als Kontaktmensch mit Gemüt, der ich bin, kam mich dieses Ausgestoßensein schon hart an. Dazu wurden von uns in München kaum noch Bilder ausgestellt. Da sprang Walter Leistikow in die Bresche. Er organisierte für uns restlichen Vier in der Berliner Galerie Schulte eine Ausstellungsmöglichkeit, die einmal sogar von Erfolg gekrönt war.

Wir hielten die „Freie Vereinigung" zwar einige Zeit krampfhaft aufrecht. Aber so, wie wir uns gedacht hatten, gestaltete sich unser Ziel einer besseren Ausstellungsmöglichkeit nicht. Offiziell waren wir nun mal im Unrecht, mussten das aber ertragen. Ich, für mein Teil, mochte nicht der Partei der „Wohlgesonnenen" beitreten und damit als Herdenvieh mitgehen. Immer schlug ich mich auf die Seite der Minorität und habe es nie bereut.

Einen Vorteil hatte unsere Paria aber doch: Wir arbeiteten hart, manchmal bis zum Umfallen. Ich versuchte mich in der Freilichtmalerei und malte ein Bild „Waldinneres bei Bernried". Dann fesselte mich ein größeres Figurenthema besonders. Ich wollte den alten Philosophen Diogenes darstellen. Am helllichten Tag halb nackt über den Athener Marktplatz laufend, hält er eine Laterne in der Hand, um mit Kerzenlicht nach einem guten Menschen zu suchen. Eine Horde von nackten Knaben nebst einigen bekleideten Weibern verhöhnt ihn deshalb. Einem kleinen Rachegedanken folgend, hatte ich ganz links im Hintergrund einen „Griechen" in oberbayerischer Tracht mit Filzhut gesetzt. Bei der Figurengruppe reizte mich der krasse Gegensatz zwischen dem Alten und den jungen Körpern. Dieses großformatige Gemälde, auf denen zwölf Personen dargestellt sind, beschäftigte mich über Monate. 1895 wurde es zwar im Glaspalast gezeigt, erhielt aber nicht die erhoffte Beurteilung. Die Kritik fiel sogar so massiv aus, dass ich für einige Wochen sogar an meiner Malerei zweifelte.

In einer Zeitung stand zu lesen: „...Das Ärgste leistet L. Corinth mit seinem größeren Machwerke, in welchem der halb nackte, fast lebensgroße Diogenes mit der Laterne nach Menschen sucht und von diesen in der drastischsten Weise verspottet wird... dabei sind die gewandlosen Körperstellen bläulich angelaufen, so dass es aussieht, als wären sie alle schon halb erfroren. Ist das die neueste deutsche Kunst? Soweit wären wir bereits gekommen, und wenn das so fortgeht, dann müssen wir mit (dem Maler) Walter wirklich ausrufen: ‚Die deutsche Kunst ist tot!'"

Nun war es wieder Eckmann, der mich tröstete. „Schick das Bild doch an den Pariser Salon. Mal sehen, was die darüber befinden." Etwas später bereitete mir eine Kritik in der französischen Zeitung „Radical" etwas Genugtuung. Da stand in Übersetzung zu lesen: „Ein Maler, der alles weiß, was man über das Handwerk wissen muss, ist Herr Lewis Corinth, dessen (Gemälde) ‚Diogenes, Menschen suchend' ein ausgezeichnetes Werk ist."

Außerdem brachte mir Eckmann die Kunst des Radierens bei. Begeistert stürzte ich mich auf diese für mich neue Technik und veröffentlichte 1894 gleich einen ganzen Zyklus „Tragikomödien". Aus Lust an der Provokation unternahm ich auch wieder Ausflüge in ein Schlachthaus. Dort malte ich fünf Männer bei der Arbeit, wie sie den soeben getöteten Ochsen aufbrechen und das blutrote frische Fleisch in Stücke zerteilen. Dieses Bild gefiel den Oberen im Glaspalast erstaunlicherweise besser.

Biblische Geschichten waren für mich stets inhaltsreiche Vorlagen gewesen. 1895 stand für mich ein weiteres großes Thema im Vordergrund. Jetzt wollte ich eine Kreuzabnahme Christi malen. Rund um den Gekreuzigten befinden sich fünf Menschen. Magdalena mit langen roten Haaren und nacktem Oberkörper umarmt den vom Kreuz genommenen Leichnam, während zwei Männer ihn in einem weißen Tuch auffangen. Im Hintergrund trauert mit versteinertem Gesicht seine Mutter, halb verdeckt neben ihr eine andere. Auch dieses Bild, an dem ich wieder einige Monate gearbeitet hatte, stellte ich im Glaspalast aus und erhielt dafür eine Goldmedaille. Zudem war es das erste, das ich für 1350 Mark tatsächlich verkaufen konnte. Mit 37 Jahren ein etwas verspäteter Erfolg! Gleichzeitig mit mir wurde auch Otto Eckmann für sein Bild „Lebensalter" mit einer Goldmedaille ausgezeichnet. So hat unser Ausgeschlossensein durch intensives Arbeiten doch noch reiche Früchte getragen.

Dieser schöne Erfolg trug dazu bei, uns wieder einmal bei der „Allotria" zu zeigen. Durch die Vergrößerung des Lokals „Zum goldenen Lamm" in der Barerstraße wurden nun hier die Feste aufwändiger gestaltet. Aber auch alltags war hier einiges los. Und so ging es dort her:

Während das Vorzimmer mit seinem altdeutschen Ofen fast leer ist, spielt sich das geräuschvolle Kneipenleben der Allotrianer im großen Saal ab. Dort hängt als Beleuchtung von der Decke ein Lüsterweibel herab. Im Hintergrund stützen romanische Säulen eine Galerie, an die sich eine Kanzel anschließt. Von ihr herab muss jeder Neuankömmling eine Rede halten. Überall hängen an den weiß getünchten Wänden dunkle Bilder. Es gibt auch eine Bühne, die bei Festlichkeiten genutzt wird.

Da sitzen die Allotrianer voll gesteckt und schwatzend an langen Tischen aus braunem Holz. Um sie herum tollen einige Hunde jeglicher Couleur. Da spielt Lenbach mit drei Kumpanen seinen Tarock, neben ihm hockt auf eigenem Stuhl sein schwarzer Spitz mit weißer Vorderpfote. Der berühmte Porträtist findet sich hier jeden Abend ein, isst zunächst meistens abgebräunten Kalbskopf und liest dabei die Zeitung. Weil er auf dem linken Auge fast blind ist, schiebt er das Blatt ganz dicht vor das rechte und die Brille auf den Kopf. Dann hält er Cercle, lobt in breitestem niederbayerischen Dialekt den einen, tadelt den anderen. Manchmal versucht er auch noch zu fluchen und zu wettern. Als kluger Präsident, der er jedoch ist, biegt er meistens sanft bei. Denn seit er die Allotria gegründet und durchgesetzt hat, möchte er seine persönliche Macht nicht verlieren. Auch witzige Bemerkungen fliegen hin und her.

Alljährlich wird natürlich das Stiftungsfest feierlich begangen. Dann waltet der wegen seiner weichen Stimme „die Tante" genannte Maler Laeverenz, seines Amtes und liest die Bierzeitung vor. Auf ein Klingelzeichen verstummt die lärmende Unterhaltung im Saal. Auf der Bühne hebt sich der Vorhang. Und nun ist ein wunderbares Bild zu sehen, zeigt sich ein Park mit Marmorfassaden und Zypressen. Die Musiker tragen wallende antike Gewänder. Schöne nackte Kinder halten ihnen die Noten. Wie jedes Jahr singt der gealterte Tenor Nachbaur mit noch schönem Gesicht und Diamanten an den Fingern unverdrossen seine Arie des „Positillon von Longjumeau". Darauf schließt sich eine Revue anderer berühmter Opernhelden an: Masaniello, der Troubadour, Walter Storzing, Tannhäuser und viele mehr- Alle singen „Oho" Oho! So schön, so froh! Du Postillon von Longjumeau!"

Wenn Lenbach befreundete Fremde empfängt, vorzugsweise auch noch aus der obersten Liga Preußens, wird auf die Feste noch eins drauf gesetzt.

So erscheint im Spätsommer 1892 der Malerfürst Franz von Lenbach mit dem Fürsten Herbert von Bismarck bei der Allotria, gefolgt von einem beflissenen Stuhlträger, damit sich der Ehrengast überall setzen könne. Mit schnarrender Stimme verkündet die preußische Exzellenz: „Wo ihr sitzt, sitze ich auch." Nachbaur singt natürlich den Postillon, Gura die Ballade von Loewe. Bei allen Sängern bedankt sich der Gast: „Sie haben mir einen jroßen Jenuss bereitet." Daraufhin hält er eine salbungsvolle Rede über seinen „väterlichen Freund und Erzeuger", wie er seinen vor zwei Jahren von Kaiser Wilhelm II. entlassenen Vater nennt. Lenbach erwidert mit tränenerstickter Stimme das Lob des Alten. Ein Schandmaul wird diese Tränen hinter der Hand mit Danziger Goldwasser vergleichen.

(Hier mag vermerkt sein, dass Lenbach von Otto von Bismarck rund 80 Gemälde und zahllose Skizzen anfertigte. 1879 hielt er sich acht Tage lang in dessen Haus in Friedrichsruh im Sachsenwald auf. Während sich der Reichskanzler in den ersten Jahren der seit 1874 bestehenden Bekanntschaft von dem Maler in ziviler Kleidung, Gehrock, Weste oder Mantel porträtieren ließ, zeigen ihn Lenbachs Darstellungen seit der Entlassung aus dem Staatsdienst 1890 häufig in Uniform. Noch auf dem Totenbett fertigte er von dem großen Politiker eine Pastellzeichnung an.)

Aber zurück zur Künstlergesellschaft Allotria: Der größte Ehrentag bricht an, als der große Bismarck selbst – von der Zeitung Bayrisches Vaterland „Der alte Säbelschleifer" genannt – seinen Fuß in den Festsaal setzt. Auf den Anschlagsäulen Münchens steht zu lesen: „Der Zug bewegt sich nach dem Palais des Kunstmalers von Lenbach, wo seine Durchlaucht auch wohnen wird." Der geschasste Reichskanzler befindet sich auf der Durchreise nach Wien, wo sein Sohn Herbert die Gräfin Marguerite Hoyos heiraten wird.

Und abends nicht mehr der kleinste Platz bei der Allotria! Zum ersten Mal sind Frauen zugelassen, zumeist die ehelich angetrauten. Vorsichtshalber hat man sie auf die Galerie verbannt. Dann öffnet sich die Tür: Unter brausendem Hoch wird Er empfangen. Alle Augen hängen an der riesigen Gestalt, die mit schlurfenden Schritten, von Lenbach liebedienernd begleitet, auf einen bereitgestellten Armsessel zuschreitet. Die „Tante" schleppt einen historischen Bierkrug heran, mittelalterliches Meisterstück einer Schusterinnung, in dem fast schon ein Fässchen des Gebräus Platz hat. Bismarck zeigt Stärke, hebt den Krug federleicht mit nur einem Arm und führt ihn zum Mund. „Hiermit trinke ich auf das Wohl und Gedeihen der berühmten Allotria." Zum Dank dafür wird sie ihm später den Krug schenken.

Kaum hat sich der hohe Gast verabschiedet, drängt sich alles im Saal zu dem bewussten Bierkrug. Man möchte ihn an die Lippen setzen, von der Stelle, wo der große Mann getrunken hat, womöglich noch ein Tröpfchen erhaschen. Von der Galerie herab eilen die Frauen. Hatten sie zuvor noch respektvoll in ihrer haremsartigen Abgeschiedenheit ausgeharrt, so sind sie jetzt die Rasendsten. Wie

Furien drängen sie alles beiseite und greifen nach dem abge-
schleckten Bierkrug, der von unzähligen Händen wie eine Reliquie
weitergereicht wird. Vom Erhabenen zum Lächerlichen ist es nur
ein Schritt.

Im Jahr 1896 traten einige Herren reiferen und mittleren Alters
an mich heran, denen ich wohl als Maler biblischer Themen besonders aufgefallen war. Es waren erfolgreiche Juristen, Professoren, Unternehmer und Bankiers. Sie wussten, dass ich vor sechs
Jahren noch in Königsberg Bruder der Immanuel-Loge geworden
war. Nun erzählten sie mir ihren Plan, in München eine Johannes-
Loge unter dem Motto „In Treue fest" zu gründen. Ob ich Grün-
dungsmitglied werden könne? Ich wollte mich ihrem Anliegen
nicht verweigern, gab aber zu verstehen, dass ich mir den Fall
noch überlegen müsse. Dann dachte ich, das würde mich wieder
mit Gleichgesinnten zusammen bringen. Ich besaß ohnehin nur
sehr wenige Freunde in München. Die künftigen Logenbrüder
hatten sogar schon ein Haus in der Gabelsberger Straße mit geeig-
neten Räumen, in denen sie ihre Treffen abhalten konnten. Um
mir meine Mitgliedschaft noch schmackhafter zu machen, boten
sie mir im Hinterhaus nicht zu teure separate, gute Wohnräume
mit Atelier an. Vielleicht hofften sie, ich könnte die Männerrunde
von elf Brüdern rund um den Meister vom Stuhl in einem Gemälde festhalten. Nach einigen Tagen stimmte ich ihrem Vorschlag
zu. Die Gründungszeremonie gestaltete sich dann sehr feierlich.
Anschließend erhielt ich sogar die Meister-Weihe.

Da ich mich wieder einmal mit den Riten und Symbolen der
Freimaurerei vertraut gemacht hatte, malte ich am 21. Juli 1897
mit vollendetem 39. Lebensjahr mein erstes Geburtstags-Selbst-
porträt. In Zukunft sollten viele weitere folgen. Da in den frei-

maurerischen Vereinigungen Skelette als Symbole des Todes eine wichtige Rolle spielen, warf ich nach der Forderung der Loge „Erkenne dich selbst" einen kritischen Blick auf meine eigene Person. Ich malte mich in ungeschminkt naturalistischer Darstellung von vorn neben dem an einem Ständer aufgehängten anatomischen Lehrmodell eines Skelettes. Dabei kam es mir darauf an, meinen breiten Kopf mit feistem Gesicht und einem Tartarenschnurrbart über dem Mund, dazu meinen breiten Oberkörper halb abgeschnitten, so lebensnah und vital zu zeigen, wie ich mich fühlte. Meine Körperlichkeit neben dem fleischlosen Totenkopf diente mir als selbstsichere Pose und sollte meiner vitalen Kunst- und Lebensauffassung entsprechen. Ich wollte zum Ausdruck bringen, dass mich die Missgunst meiner Malerkollegen nicht scherte, dass ich – verdammt noch mal! – ein ganzer Kerl war und dem Schicksal trotzte, sogar dem Klappermann neben mir. Als Referenz an meine neuen Logenbrüder datierte ich das Bild auf das Gründungsjahr 1896 von „In Treue fest".

Wenn ich mich ein wenig von meiner Arbeit erholen wollte, ging ich in den Englischen Garten, wo es immer etwas zu sehen gab. Dort war eine kleine Reitschule für Kinder in Betrieb. Als ich am Gatter lehnte und einem Jungen auf einem schmalen Pferdchen zusah, das an einer Longe immer nur im Kreis geführt wurde, kam mir blitzartig eine Szene aus meiner Kindheit in Erinnerung. Auf unserem Hof in Tapiau hatten wir ein altes Pferd, das mir sehr Leid tat, weil es immer die gleiche Arbeit verrichten musste. Deshalb schob ich ihm ab und zu Möhren ins Maul, die ich aus Mutters Gemüsegarten stibitzt hatte. Es trug die Augen verbunden und arbeitete im Untergeschoss des großen Speichergebäudes, in dem sich die Lohmühle befand. In diesem Raum, in den kaum Licht fiel, befand sich ein hölzernes Ungetüm, ein horizontal liegendes Zahnrad mit dicken Holzzähnen. Diese passten genau in die entsprechenden Löcher eines anderen aufrecht stehenden Rades. Dadurch wurden vier schwere Eichenbalken bewegt, an deren unteren Enden scharfe eiserne Messer angebracht waren.

Während nun der Gaul immer im Kreis herum ging und sich dadurch das große waagrechte Holzrad drehte, konnten die vier Stampfbalken von oben in einen Trog fallen. In dem waren große Rindenabschnitte aufgeschichtet und mit Wasser bedeckt. Durch den Druck der Gewichte wurden sie in kleinste Stücke zerstampft. Dieser immer während Vorgang erzeugte ein knatterndes Geräusch. Das Pferd hieß „Der Jud", weil es vor undenklichen Zeiten von einem alten Juden an meinen Vater verschachert worden war. Von all unseren Pferden war es das phlegmatischste. So immer im Kreis gehend, schlief es vor Langeweile oder Müdigkeit oft ein. Dann warf ihm ein Knecht mit „Hü, Jud!" ein Stück Rinde an den Kopf, damit es weiter lief. War dann in einem längeren Arbeitsgang die Rinde bis zu Pulver zerstampft, durfte der Gaul eine Pause machen. Einmal sah ich, wie ihm die Binde erneuert wurde und bemerkte, dass seine Augen ganz weiß leuchteten. Der war nicht nur jämmerlich allein, der war ja blind!

Zum Glück konnte ich sehen und nahm alles um mich herum intensiv auf. Weil wir dennoch sehr auf uns allein gestellt waren, hatten Otto Eckmann und ich uns freundschaftlich zusammengeschlossen. Obwohl nun schon einige Jahre vergangen waren, seit man uns ausgestoßen hatte, besuchten wir hin und wieder die Allotria. Wir hatten gehofft, dass sich die Künstlerkollegen mit uns versöhnen würden. Aber die Leute blieben nachtragender, als wir vermuteten. Besonders ich wurde geschnitten. Kaum einer unterhielt sich mit mir. Ich hätte manches darum gegeben, wenn ich das Vergangene hätte auslöschen können. Aber so musste ich mich auf die eigene Kraft verlassen. Und die fühlte ich durch ein mächtiges Erstarken und Vorwärtskommen meiner künstlerischen Produktion.

Zunächst einmal schuf ich ein Porträt von Eckmann, um das er mich gebeten hatte, weil er einen Ruf an die Berliner Kunstgewerbeschule für dass Fach Ornamentale Malerei erhalten hatte und München in Kürze verlassen musste. Er selbst wollte sich in einem schmalen Hochformat stehend in Dreiviertelgröße dargestellt sehen. Wie meistens, wenn er künstlerisch arbeitete, trug er einen weißen Kittel über Anzug, Hemd und Krawatte. Da er figürlich ganz dicht in das Bildformat eingeengt war und die leicht geblümte Tapete im Hintergrund direkt an ihn heranrückte, erschienen auch Mimik und Gebärden wie jede äußerliche Bewegung gehemmt und steif. Er betonte die gezierte Haltung der Hände, indem er in der rechten eine aufrecht stehende Lilie hielt und die linke beinahe spiegelbildlich gespreizt nach unten streckte. Ich hielt ihn im Dreiviertelprofil mit seinem distanzierten Blick, der langen spitzen Nase und dem dichten Schnauzbart so fest als das, was er war, ein überzeugter Jünger des Jugendstils. Obwohl ich seinen Habitus für zu geziert und künstlich hielt, freute er sich über das schöne Bild. Persönlich lag mir solch musterhafte Schönheit gar nicht. Ich bevorzugte vielmehr Freiheit, Natürlichkeit und lebensbejahendes Temperament. Um Eckmann ein bisschen zu frotzeln, hatte ich ihm einen aus der Manteltasche schlampig heraushängenden Lappen gemalt.

Bald nahm in meinen Gedanken auch schon wieder ein neues Motiv aus der Bibel Gestalt an. Ich wollte eine Salome malen, ein sinnliches Weib, das Johannes dem Täufer aus Rache dafür, dass er sie als Tempeltänzerin verachtet hatte, den Kopf abschlagen ließ.

Zeichnungen und eine Ölskizze hatte ich schon 1899 gemacht. Um dieses Bild zu malen, brauchte ich ein entsprechendes Modell. Ich fand durch Vermittlung der Akademie eine sehr hübsche Frau, der ich Thema und Aufbau des Bildes klar machte. Sie besaß für die Salome nicht nur die richtige Figur, sondern auch ein erotisches Gesicht mit sinnlich aufgeworfenen Lippen und einem müden Blick der großen Augen. Ich stellte sie mir mit entblößtem Oberkörper vor, über dem mit Lotosblüten geschmückten Kopf und den zarten Schultern ein Schleier aus fließendem, durchsichtigen Stoff.

An diesem Bild malte ich wie ein Getriebener. Totes Fleisch und Blut hatte ich genügend mit dem Pinsel festgehalten. Ich gestaltete die Szene so, dass links ein nur mit Lendenschurz bekleideter Henker mit blutigem Schwert steht. Vor ihm kniet ein Sklave und präsentiert auf seinem Kopf eine blaue Glasschale, in welcher der Kopf des Johannes liegt. Salome beugt sich über ihn und spreizt mit den beringten Fingern der rechten Hand sein linkes Augenlid auf. Rechts im Bild räumt ein anderer Sklave die blutigen Beine der Leiche fort. Trotz des barbarischen Charakters der Szene ist der Betrachter fasziniert von Salomes Schönheit. Sein erster Blick fällt auf ihre vollendet geformten Brüste. Ich wusste gleich: Mit diesem Bild würde ich den Durchbruch schaffen. In seiner sinnlichen Ausstrahlung war es ansprechend genug. Mich freute auch die Lust an der Attacke gegen Prüderie und spießige Moralvorstellungen.

Aber da war ich in München an die Falschen gekommen. Die Jury der Münchner Sezession refüsierte das Gemälde für eine Ausstellung im Glaspalast. Es war ihr wohl zu gewagt. Ich war zunächst am Boden zerstört, wollte das Bild sogar vernichten. Aber etwas hielt mich davon ab. Also schob ich es in den letzten Winkel meines Ateliers.

Anfang Februar 1900 erhielt ich einen Brief von Max Liebermann aus Berlin, in dem er sich herzlich für mein Porträt von ihm bedankte, das ich ihm geschenkt hatte. „Ihr generöses Anerbieten, es mir zu dedizieren, nehme ich natürlich mit großem Vergnügen an; nur mache ich mir einigermaßen Skrupel, ob ich auch ein so großes Geschenk annehmen darf, besonders da Sie jetzt zu den ‚best bezahlten‘ Portraitmalern Deutschlands gehören. Nun, da Sie ja im April wiederkommen, um die reichen Berliner unter Öl zu setzen – Ihre Lorbeeren scheinen sogar schon einige Münchner Kollegen nicht schlafen zu lassen – sprechen wir über die Sache.“ Weiter teilte er mir mit: „Leistikow wird ja bald (nach München) rüberreisen und sich nach den Novitäten umsehen. Falls Sie einige neue Genies entdeckt haben sollten, so engagieren Sie's bitte für uns. Die hiesige Secession zahlt die höchsten Preise für Genies, aber sie müssen noch unentdeckt sein.“

Mitte April kam Leistikow tatsächlich und mit ihm seine Frau Anna, eine entzückende Dänin, die mich durch ihr scharfsichtiges Urteil sehr beeindruckte. Er fragte sogleich, was ich Neues hätte. Da holte ich die „Salome“ hervor. Ich war gespannt, was er von dem Bild hielt.

„Anfangs glaubte ich fest, ich hätte alles richtig gemacht. Aber als mir das Bild von der Münchner Sezession zurückgereicht wurde, es stimme nicht in den Proportionen und die Salome gucke ja gar nicht in das Auge des Johannes, bin ich mir nicht mehr so sicher.“

„Aber ganz im Gegenteil! Da ist Ihnen ein großartiges Sujet gelungen, lieber Corinth. Wahrhaftig, ich bin fasziniert! Dieses interessante Bild müssen Sie uns unbedingt geben, damit wir es noch in der kommenden Ausstellung der Berliner Secession vorstellen. Ich verspreche Ihnen, nein, ich gebe Ihnen mein Wort, dass es beim Berliner Publikum eine große Wirkung hervorrufen wird."

Da ich einigermaßen skeptisch die Schultern hochzog, sprang Frau Anna ihrem Mann bei. „In Berlin ist man der modernen Malerei gegenüber sicher offener als in München. Ihre ‚Salome' ist, was das Thema, vor allem aber Ihre Malerei betrifft, wirklich hervorragend getroffen. Gerade, dass die Tänzerin, obwohl sie das linke Lid anhebt, dem toten Johannes *nicht* ins Auge blickt, ist ja das Besondere. Entweder ist sie gleichgültig oder selbst über ihre Tat erschrocken. Für mich bleibt die Frage, ob sie wirklich das eiskalte Weib ist, wie sie scheint. Das ist das Spannende an dem Gemälde."

Ich starrte sie an. „Meinen Sie? Daran hab ich noch gar nicht gedacht. Aber Sie haben Recht, die Salome schaut wirklich über den Rand der Schale hinweg."

„Ja, und vielleicht überlegt sie sich, was sie da eigentlich angerichtet hat", ergänzte Leistikow heiter. „Solch reizvollen Frauen kann man alles zutrauen."

Nachdem ich mit diesem sympathischen Ehepaar essen gegangen war und wir die Einzelheiten und sogar einen gemeinsamen Dänemarkbesuch im Sommer besprochen hatten, willigte ich ein, die „Salome" zur Frühjahrsausstellung nach Berlin zu geben. Dabei wickelte mich Leistikow freundschaftlich um den Finger.

„Am besten nehmen wir das Bild gleich bestens verpackt mit. Ich werde es hüten wie meinen Augapfel. Meine Frau wird schon aufpassen, dass ich mich nicht in das schlimme Weib vergucke. Und vergessen Sie nicht, Mitte Juli treffen wir uns zu unserer verabredeten Maltour in Dänemark. Diesen Plan sollten wir unbedingt festhalten. Ich werde Ihnen rechtzeitig telegrafieren, wo wir uns treffen. Ich habe da ein bestimmtes Dörfchen an Jütlands Nordseeküste im Auge, das sehr malerisch ist."

Das Frühjahr 1900 verging wie im Fluge. Bei der zweiten Ausstellung der Berliner Secession in der Kantstraße 12 erregte mein Bild „Salome" größte Aufmerksamkeit. Ich war zur Eröffnung kurz in die Hauptstadt gereist und mit einem Schlage sozusagen in aller Munde. In der Presse wurde kolossal Werbung für meine „Salome" gemacht. Besonders das weibliche Publikum fühlte sich angesprochen. Ich erhielt auch einige Anfragen wegen Porträts. Über Leistikow lernte ich bei einem Empfang die Familie Israel kennen. Dr. Richard Israel war Arzt am jüdischen Krankenhaus und seit je her ein großer Förderer der Kunst. Mitte Mai erhielt ich von ihnen eine Einladung auf ihr Gut Schulzendorf bei Berlin. Ich sagte erfreut zu und stellte nur scherzhaft die Bedingung, dass ich dort auch malen dürfe. Und darum ging es natürlich in der Hauptsache. Ich malte nicht nur die Dame des Hauses in einem grauen Spitzenkleid aus Paris sondern auch ihre vier Kinder. Ehe ich's mich versah, waren fünf Wochen herum.

Ende Juni fuhr ich nach langer Zeit mal wieder nach Königsberg, um dort nach dem Rechten zu sehen. Von dort nahm ich einen Dampfer, der mich sanft und ohne größeren Wellengang sicher nach Kopenhagen brachte. Dort holte mich Leistikow ab und brachte mich im Hause seiner Schwiegereltern unter, wo ich den alten Herrn Mohr malte. Dann ging's endlich mit sämtlichen Malutensilien nach Agger auf Jütland an die Nordseeküste.

Wenn zwei Maler am Nordseestrand entlang wandern, gibt es viel zu sehen und zu erzählen. Auch das künstlerische Resultat bleibt nicht aus. Leistikow hatte außer seinem Malzeug einen kleinen zusammenklappbaren Holzschemel mitgebracht. Auf dem nahm er immer wieder Platz und hielt die Landschaft mit raschen

Strichen fest. Im saloppen grauen Anzug mit weißer Schirmkappe, vor sich einen Skizzenblock auf den Knien haltend, bot er an einem besonnten Fleet auf grüner Wiese sitzend ein ideales Motiv. Ich malte ihn spontan in Öl, was ihm sehr gefiel. „Wunderbar, wie Sie das hinkriegen, einfach nur mit Farbe und Pinselstrichen. Von hinten bin ich noch hübscher als von vorn", lachte er.

Ich zog meine Schnapsflasche aus dem Wams und bot ihm einen Schluck an, was er mit einer Handbewegung ablehnte. „Ohne Spiritus verdurstet der Geist", sagte ich entschuldigend. „Was Sie da zeichnen, können Sie sofort ausstellen. Sie haben einen seltenen Blick für die Landschaft. Die ist unbedingt reizvoll. Aber immer hier leben, würde ich nicht wollen."

„Das müssen Sie ja auch nicht, lieber Corinth. Ich schlage vor, wir kehren in einer kleinen Wirtschaft ein und stärken uns bei Bier und frisch geräucherten Heringen. Die gehören ganz einfach zu dieser Landschaft."

Als wir in einer stillen Ecke des Lokals saßen, wollte Leistikow wissen, wie es mir in München ergehe. Ich erzählte ihm von dem Missgeschick meines Ausgeschlossenseins.

„Warum kommen Sie nicht einfach nach Berlin? Jetzt, wo wir die Berliner Secession gegründet haben, könnten Sie Mitglied werden und bei uns ausstellen, was Ihnen bestimmt Vorteile bringen würde. Das haben Sie ja schon am Erfolg Ihrer ‚Salome' gesehen. Außerdem habe ich eine schöne Wohnung mit einem geräumigen Atelier und einem kleineren mit Oberlicht für Sie. Was sagen Sie dazu?"

„Aber die brauchen Sie doch selbst?"

Leistikow erzählte, weil er nun Frau und Tochter habe, denke er daran, sich zu verändern. „Im kommenden Sommer werde ich in eine größere Wohnung in Charlottenburg aus der umziehen, die mir Stauffer-Bern angeboten hat.

„Welche Wohnung? Etwa die in der Klopstockstraße?!", entfuhr es mir. „Die kenne ich, als ich ihn vor Jahren besucht habe. Die ist allerdings einen Umzug wert. Sie, Liebermann und Gerhart Hauptmann in der Nähe zu haben, wäre schon sehr verlockend. Ich muss mir das wirklich durch den Kopf gehen lassen."

„Da Sie sich mit Liebermann ja so gut stehen, könnte er für Sie eventuell sogar etwas an der Akademie erreichen. Er hat überall seine Beziehungen", versuchte Leistikow, mich zu ermutigen. Dennoch bat ich mir Bedenkzeit aus.

„Wie auch immer, Berlin läuft mir nicht weg. Obwohl ich in München einsam auf weiter Flur lebe, fürchte ich, mich dort zunächst noch weiter umsehen zu müssen."

Als wir langsam zu Fuß in unser Hotel zurückkehrten, druckste Leistikow etwas herum und nutzte schließlich die Gelegenheit, sich mir anzuvertrauen. „Ich muss Ihnen etwas von mir erzählen, das Sie als wahrer Freund erfahren sollten, mein Lieber. Es fällt mir nicht leicht, zumal nur mein Arzt, meine Frau und Theodor Wolff etwas davon wissen. Ich bin leider nicht gesund, sondern sogar ziemlich krank." Als er bedrückt schwieg, packte ich ihn an den Schultern.

„Aber das müssen Sie mir sagen. Ich habe ein Recht dazu!"

„Es ist ganz und gar nicht erfreulich. Es ist eben eine Gemeinheit des Schicksals: Vor Jahren habe ich mich einmal angesteckt. Da streifte mich ein Mädchen. Es hatte Syphilis."

„Ach Gott!", entfuhr es mir. „Wie ist das möglich? Das kann ich gar nicht glauben. Wenn man Sie so sieht, stets heiter, ein Scherzwort auf den Lippen, drahtig, geistreich und agil, daneben mich als wortkargen massigen Hünen – und Sie in Wahrheit so gestraft.

Es ist zu ungerecht!" Unwillkürlich legte ich meinen Arm um seine Schultern. „Wie äußern sich denn die Beschwerden?"

„Durch Schmerzen in den Gelenken, Sensibilitätsstörungen und Entzündungen der Mundhöhle. Die Quecksilberanwendungen nützen nicht mehr viel. Ich muss immer noch gehörig mit Höllenstein beizen."

Ich konnte es nicht fassen. „Das hört sich ja schrecklich an. Sie haben mein tiefstes Mitgefühl. Weil Sie mir Ihr schweres Schicksal anvertraut haben, komme ich unbedingt nach Berlin. Ich kann Sie doch nicht sich selbst überlassen."

„Darüber würde ich mich sehr freuen. Aber bitte behalten Sie dies Wissen für sich", bat Leistikow. „Sobald ich weiß, was in Berlin so anfällt, melde ich mich. Sie könnten sich zum Beispiel schon den Winter über die Hauptstadt erschnuppern. Im Atelierhaus in der Lützowstraße 82, wo ich schon gewohnt habe, wird immer wieder ein kleineres Atelier frei."

„Das wäre fantastisch. Was Ihre Krankheit betrifft, von mir wird niemand nur das Geringste erfahren", versicherte ich ihm. Unwillkürlich waren mir die Tränen gekommen. Ich musste immer wieder den Kopf schütteln, weil ich so gar nicht helfen konnte. Nach dieser schönen Begegnung besaß ich einen echten Freund mehr.

Es kam dann so, wie wir es besprochen hatten. Von Dezember bis Ostern mietete ich mich provisorisch in einem Atelier in der Berliner Lützowstraße ein, behielt aber vorsichtshalber meine Wohnung in München bis auf weiteres. Ich wollte sicher gehen, dass ich mich in die Hauptstadt würde einleben können. Dabei kamen mir meine freundschaftlichen Kontakte zu Liebermann und Leistikow sehr entgegen. Dieser war sehr umtriebig, um junge Talente aus anderen Städten für seine Secession anzuwerben. Obwohl er als Maler des Grunewalds beim Kaufpublikum sehr gefragt war, sicherte ihm seine Malschule die Existenz darüber hinaus. Um als Künstler bekannt zu werden, hatte er mir vorgeschlagen, ebenfalls eine solche zu eröffnen. Nach einem halben Jahr stellte ich fest, dass mir das Wesen der Großstadt zusagte. Auch fühlte ich mich als Ostpreuße Berlin zugehörig. Hier gewann ich Freunde und lernte viele interessante Menschen kennen. Als ich im April 1901 noch einmal nach München zurückkehrte, hinterließ ich dort keine Freunde, nur böse Erinnerungen.

Anfang Oktober bezog ich das schöne große Atelier in der Klopstockstraße 52, vormals 48, und eröffnete dort zwei Wochen später meine Malschule. Ich setzte eine Anzeige in den Katalog der Berliner Secession : „Lovis Corinth. Malschule für Akt und Portrait vom 15. Oktober an: Berlin NW, Klopstockstraße 52/III. Auskunft wird erteilt im Büro der Secession."

Petermannchen

Nachdem mein geliebter Lehrer und bald darauf mein Ehemann Luke, (wie sein Kindername in Ostpreußen lautete) bisher von seinen Jugend- und Aufbaujahren berichtete, setze ich heute meine Erinnerungen an ihn und unsere wunderbaren, gemeinsam verbrachten Jahre fort.

Wenn ich nicht schon als Kind immer wieder Tiere, Häuser oder mir vertraute Menschen gemalt und gezeichnet hätte, wäre der Wunsch in mir, Malerin zu werden, wohl kaum entstanden. Dann hätte ich meinen lieben Papa auch nicht durch ständiges Quengeln und Schmusen dazu überredet, mich an der Staatlichen Kunstschule in der Klosterstraße ein Jahr lang studieren zu lassen und anschließend die Kunstgewerbeschule Berlin zu besuchen. Schließlich hätte ich nicht den Weg in die Klopstockstraße 52, drei Treppen hoch, in die private Malschule des berühmten Malers Lovis Corinth gefunden. Meine Studienfreundin Lisa Winchenbach hatte mich auf eine Anzeige im Katalog der Berliner Secession aufmerksam gemacht. „Lovis Corinth kommt nach Berlin. Es wäre großartig, wenn er uns unterrichten wollte." Auch meine Lehrerin Eva Stort sprach voller Bewunderung von ihm.

Also packte ich einige Zeichnungen zusammen und wanderte am 20. Oktober 1901, meine Mappe unter dem Arm, in die Klopstockstraße. Wie ich so vor der hohen gelackten Mahagonitür stand, war ich einigermaßen verlegen, wagte es dann aber doch zu klingeln. Als ich eintrat, stand da im Vestibül ein großer, etwas befremdlich aussehender Mann mit leicht gerötetem Kopf und einem enormen Hals. Aus dem halb geöffneten Flanellhemd ragte ein Stück behaarter Brust heraus. Da sein Haar deutlich verstrubbelt war, machte er mir den Eindruck, als hätte ich ihn gerade aus einem Schläfchen auf dem Kanapee geweckt. Er nahm mich gewissermaßen ins Visier, betrachtete mich eindringlich on oben bis unten, so dass ich ganz unsicher wurde.

„Womit kann ich Ihnen dienen, gnädiges Fräulein?"

„Ich komme auf Ihre Anzeige im Katalog der Secession", brachte ich hervor. „Da inserieren Sie, dass Sie Malschülerinnen nehmen. Deswegen bin ich heute hier."

„Oh, das ist sehr erfreulich. Bitte treten Sie doch ein. Wenn es Ihnen gefällt, sind Sie meine erste Schülerin. Sie haben mir doch sicher etwas von sich mitgebracht."

Er führte mich an einen größeren leeren Tisch, auf dem ich meine Mappe auspackte. Er betrachtete aufmerksam Blatt für Blatt und meinte schließlich: „Sie haben Talent. Es ist richtig, dass Sie erst zeichnen und nicht gleich malen lernen wollen. Wer zeichnen kann, lernt auch das Malen schnell. Ich selbst habe jahrelang nur gezeichnet."

Dann zeigte er mir das Atelier, in dem seine Schüler malen sollten. Es hatte eine Verglasung an der Decke, was wegen der Schatten und unterschiedlichen Lichtverhältnisse sehr gut war. Durch einen Wohnraum führte er mich in sein eigenes Atelier und deutete auf einen gemalten fast lebensgroßen weiblichen Akt. „Das ist Andromeda aus der griechischen Mythologie. Die können Sie für zwanzig Mark kaufen. Das Bild kauft doch sowieso kein Mensch." Dabei betrachtete er mich unverhohlen von der Seite. „Wissen Sie, die hab ich noch in München gemalt. Das Bild war ursprünglich dreimal so breit mit rechts dem Seeungeheuer, dem Andromeda geopfert werden sollte, im Hintergrund einigen Frauen, die aus einer Höhle kamen und links dem Ritter Perseus mit seinem Pferd. Obwohl ich lange daran gearbeitet hatte, gefiel es mir nicht. Da habe ich es an den Seiten und oben zurechtgestutzt, also einfach abgeschnitten, und so ist es besser."

Ich staunte. Dann entdeckte ich das Gemälde eines Mädchens mit lila Hut, das lachend und sinnlich in einen Strumpf beißt. Gleich daneben ein Mädchen auf dem Bettrand sitzend. Und zwei Schritte weiter ein üppiges Weib mit entblößter Brust. „Die hab ich ‚Dämon' genannt", grinste Corinth.

Andere Bilder habe ich so rasch nicht sehen können. Die ganze Atmosphäre war mir ein bisschen unheimlich. Denn ich hatte noch nie ein Atelier besichtigt. Außerdem noch nie einen so nachlässig gekleideten Mann gesehen. War ich etwa in eine Räuberhöhle geraten?

„Sie müssen sich nicht genieren, Fräulein Berend", meinte er gut gelaunt. „Akte, besonders reizvolle weibliche, sind nun mal das Rüstzeug für jeden Maler. Wenn Sie so weit sind, werden Sie auch an Modellen arbeiten."

Er fragte mich, was ich bisher für meine Ausbildung getan hätte. Dann schlug er mir vor, dreimal wöchentlich für zwei Stunden zu kommen und nannte mir seinen Preis. Wir einigten uns auf den übermorgigen Tag.

„Ich würde gern meine Studienfreundin Lisa Winchenbach mitbringen. Sie war es, die Ihre Anzeige entdeckt hat."

„Aber gern. Ich hoffe, Sie werden nicht meine einzige Schülerin sein. Ich nehme bis zu neun junge Damen an. In der Gruppe lernt es sich besser." Dann verabschiedete er mich mit einem Händedruck, der mir beinahe die Hand zerquetschte.

Als ich draußen stand, war mir ganz sonderbar zumute. Dieser Mann hatte etwas. Er war alles andere als ein Gentleman. Aber das hatte ich ja auch nicht erwartet. Äußerlich besehen, war er ein Bär. Aber wie er von seinen Bildern sprach, erschien er mir wie ein Mensch mit zartem Feingefühl und herzlichem Humor.

Mit mir und Lisa waren wir zu zweit. Nach und nach kamen mehr Schülerinnen hinzu. Am Ende waren wir neun. Ich konnte die Zeit gar nicht abwarten, dass wir uns wieder bei Corinth einfanden. Er gab uns Aufgaben für zu Hause auf und prüfte sie wie ein Oberlehrer. Allmählich spürte ich, wie ich weiter kam. „Hübsch, machen's nur so weiter", lobte er, wenn ihm eine Zeichnung gefiel. Wir saßen und standen dicht bei dicht an den Staffeleien und waren furchtbar fleißig. Hatte er Besuch in seinem Atelier, lauschten wir an der Tür, wenn wir das dröhnende Lachen hörten. Sonst aber ging es bei uns mit dem größten Respekt und Ehrgeiz sehr ernst und diszipliniert zu.

War er einmal nicht zufrieden mit meiner Arbeit, fühlte ich mich ganz krank. Wenn er mich dann wieder freundlich, aber bestimmt korrigierte, war mir so, als stellte mich jemand auf den Weg, den ich ohnehin gehen wollte. Unzufrieden mit mir selbst, wollte ich bei meiner Arbeit immer besser werden, um ihm zu gefallen. Daher schlug meine Stimmung häufig um von tänzerisch fliegend zu trübe gedrückt. Bei all dem spürte ich jedoch, dass ich Boden unter den Füßen bekam.

Nach einem Vierteljahr sagte er zu mir: „Ich möchte mal eine Schülerausstellung machen. Suchen Sie recht viele Arbeiten von sich heraus. Dann könnten Sie das alles mit mir ein bisschen nett aufstellen und vielleicht auch den Besuch empfangen. Ich bin dann nämlich nicht da. Aber ich komm später und dann erzählen Sie mir alles."

Ich war perplex, überwältigt. Er hatte mir schon vorher das Amt übertragen, die Modelle zu bestellen und nach dem tückischen

Ofen zu sehen. Aber eine Ausstellung zu arrangieren mit den Bildern von uns Schülerinnen, dabei den meisten von mir, das war schon eine große Auszeichnung. Endlich waren alle Bilder gut aufgestellt. Der Besuch konnte kommen.

Du liebe Zeit! Was sollte ich anziehen? Ich war arm wie eine Kirchenmaus. Das Beste, was ich hatte, war kümmerlich im Vergleich zu dem, was ich an Mode bei den Besucherinnen entdeckte. Sie erschienen in Pelze gehüllt, die darunter allerlei Chiffonartiges in Pastelltönen hervorschauen ließen. Ein elegantes Hütchen auf dem Kopf, parfümierte große Muffen, aus denen ab und zu eine feine Hand wie ein Spielzeug hervorschaute, so gingen diese Damen von Bild zu Bild. Häufig blickten sie durch ein vergoldetes Lorgnon und trugen dabei ein ironisches, halb kokettes Lächeln auf ihren gepflegten Gesichtern zur Schau. Bei soviel Eleganz standen unsere bescheidenen Männer- und Mädchenakte, in Kohle gezeichnet und sorgfältig auf Ingrespapier mit Reißzwecken angeheftet, geradezu treuherzig vor den kalten Blicken der Besucherinnen. Dann schon mal die Frage: „Bitte, von wem ist das?"

Ich fühlte genau, dass man besonders mich aufs Korn nahm, sogar mein Gesicht ganz unverblümt betrachtete. Da wusste ich plötzlich, dass Corinth in feiner Gesellschaft von mir erzählt hatte. Woher sonst diese Neugier? Das machte mich stolz und selbstbewusst. Endlich verdufteten die eleganten Damen in ganz wörtlichem Sinn. Ich fühlte mich ihnen nicht unterlegen. Denn nun wusste ich, dass ich bei Corinth eine gewisse Stellung besaß. Als meine Mitschülerinnen gegangen waren und unser Atelier nicht mehr nach Parfüms aus Paris sondern wieder nach Terpentin duftete, erschien der Meister, nahm mich beiseite und offerierte mir ein reizendes kleines Tischchen à deux, auf dem er eine Flasche

Champagner, zwei Gläser, zwei Teller, zwei Gabeln und einen Topf Caviar aufbaute.

„Wo ich heute mit Ihnen zusammensitze, gibt es alles zweimal. Als meine talentierteste Schülerin haben Sie Ihre Arbeit sehr gut gemacht. Ich bin richtig stolz auf Sie." Ich traute meinen Ohren nicht und bekam einen ganz roten Kopf. So saßen wir beide, der Herr Lehrer und das Fräulein Berend, und futterten und schwatzten. Corinth blickte mich aus blauen Augen lachend an. Da entstand etwas zwischen uns, ein Funke, eine Initialzündung, ein plötzliches Erkennen. Es durchfuhr mich siedend heiß. Und alle Bilder im Atelier sahen uns dabei staunend zu.

Einige Tage später erwischte er mich noch in Hut und Mantel und fragte, ob ich bereit sei, bei seinem Selbstporträt, das er malen wolle, als Modell an seiner Seite zu sitzen.

„Keine Angst, mit hochgeschlossener Bluse, nur eben so, dass ich später, wenn Sie einmal berühmt sind, eine Erinnerung an Sie habe. Das wäre dann ein Doppelporträt."

Vor Überraschung biss ich mir beinahe auf die Zunge. „Selbstverständlich, verehrter Meister. Es ist mir eine hohe Ehre."

Er selbst malte sich mit ganz dunklem Hut, die Augen stark verschattet, was ihn viel älter aussehen ließ. Ich sollte mich ein wenig an seine linke Schulter lehnen. Mein Gesicht malte er dagegen hell angeleuchtet mit einem lächelnden Zug um den Mund. Wir hielten das Entstehen dieses schönen Gemäldes geheim, damit sich die anderen Schülerinnen nicht mokierten. Er signierte es mit „Selbstbildnis mit Modell, 1901". Was wollte Corinth wirklich? Mich für sich gewinnen?

Bei einer der Frühstückspausen in seiner Malschule saßen Lisa und ich mit zwei weiteren Schülerinnen auf der kleinen Treppe, die zum Erkerfenster führte. Andere spazierten im grün tapezierten Esszimmer auf und ab. Die Tür zu unserem Schüleratelier war geöffnet, die zu Corinths Atelier mit unserem Doppelporträt geschlossen. Ich hatte das Gefühl, alle Augen seien auf mich gerichtet. Mein heimliches Glück schien aus jedem Knopfloch hervorzuleuchten.

Denn mit mir war etwas passiert. Ich flatterhaftes Geschöpf, das wie ein Schmetterling von einer Verliebtheit zur anderen flog, ich hatte mich richtig verliebt, und das anscheinend bis über beide Ohren – und dazu noch in meinen Lehrer. Dass auch ich ihm nicht gleichgültig war, zeigte er mir immer wieder in kleinen Gesten, aufblitzenden oder fragenden Blicken. Natürlich war er mehr als doppelt so alt wie ich. Aber in seiner unglaublichen Vitalität, die mir aus allen seinen Bildern geradezu entgegen sprang, lag für mich etwas zutiefst Beunruhigendes. Er selbst hatte mir dazu auch ein wenig Anlass gegeben, als er mich fragte, ob ich ihm richtig Modell stehen könne.

Zuerst war ich schockiert. Meinte er mich als Modell für einen Akt? Doch er wehrte ab: „Nein, ich möchte Sie am liebsten in einem weißen Kleid malen. Wenn Sie keines haben, beschaffe ich es." Ich war einverstanden und wir machten Termine für die nächsten Tage aus. Dabei stand wieder unausgesprochen im Raum, dass wir diese gemeinsame Arbeit außerhalb des offiziellen Malunterrichtes vornehmen wollten, so zu sagen als private Vereinbarung. Auch Corinth schien daran gelegen zu sein, dass keine Klatschereien aufkamen.

Natürlich kamen wir uns bei seiner Arbeit an meinem Porträt näher. Jedes Mal, wenn er mich malte, betrachtete er zuerst aufmerksam mein Gesicht. Wenn dann seine Augen langsam über meine in Weiß gekleidete Figur glitten, hatte ich das Gefühl, er ziehe mich mit Blicken aus und streichele mich. Dabei schien er meine Bereitschaft zu prüfen. Dieses Vibrieren zwischen uns! Ich konnte es körperlich spüren. Mich überlief es heiß und kalt.

„Seien Sie ganz ruhig. Nichts geschieht. Gleich haben wir das", setzte er vorsichtig Schatten um Schatten. „Sie müssen sich nicht genieren. Es ist doch ganz normal, dass Künstler neugierig sein müssen."

Als das Bild halb fertig war, gestand ich ihm, dass ich nach all den Porträt- und Aktstudien auch mal Pferde zeichnen wollte. „Kein Problem", lachte er. „Ich kenne da jemand, der hier in Berlin in der Bellevuestraße Reit- und Wagenpferde im Stall stehen hat. Nächste Woche bin ich zusammen mit dem Galeristen Paul Cassirer bei Dr. Israel mittags zu Tisch eingeladen. Halten Sie sich mit Malzeug am Dienstag um zwei Uhr im Cafe Josty am Potsdamer Platz bereit. Das ist ganz in der Nähe. Ich hol Sie dort ab."

Es klappte, genau wie er gesagt hatte. Corinth bat den Herrn des Hauses um einen Gefallen. Er habe da eine Schülerin, die gern Pferde zeichnen würde. Ob sie wohl einmal seine Tiere im Stall besichtigen könne?

„Natürlich!", willigte der Arzt ein. Und schon sprang Corinth auf, wie er mir erzählte, ließ seinen halb gefüllten Teller einfach stehen und kam eine halbe Stunde später mit mir zurück. Zunächst war ich sehr verlegen, dass er meinetwegen die Tischrunde unterbrochen hatte. Dr. Israel und seine Frau nahmen das aber von der heiteren Seite und sagten, jetzt hätten sie einmal Gelegenheit gehabt, seine Lieblingsschülerin kennen zu lernen.

Was sollte ich mir dabei denken? Im Atelier lief alles weiter wie bisher. Im April war er mit den Vorbereitungen zur Frühjahrsausstellung der Secession vollauf beschäftigt. Mitte Mai reiste er nach Paris und kam erst einen Monat später zurück. Am 13. Juni 1902 bat er mich in einem Brief, wegen meines Porträts im weißen

Kleid zu ihm zu kommen, „so es Ihre kostbare Zeit erlaubt. Vielleicht Montag zwischen 11 und 12 oder andern Vormittag."

Endlich war er wieder da. Ich flog nur so zu ihm. Er empfing mich ernst, als sei er sich der Würde des Augenblicks bewusst. „Mein liebes Fräulein Berend", sagte er, „mein liebes Fräulein Berend, das Bild ist fast fertig. Schau'n Sie sich's an, ob's Ihnen gefällt. Ich würd meinen, es ist recht so." Dann führte er mich vor die Staffelei und legte ganz natürlich seinen Arm um meine Schultern. Dann neigte er seinen Kopf etwas schief, so dass er meine linke Wange berührte. Ich hielt kurz den Atem an, entzog mich ihm aber nicht.

„Es ist wunderschön, lieber Meister", flüsterte ich. Da nahm er meinen Kopf in beide Hände und küsste mich auf den Mund. Es war nur eine flüchtige Berührung, aber ich spürte die Vitalität dahinter, seine mühsam gedrosselte Erregung. Ich trat einen kleinen Schritt von ihm fort.

„Und was tun wir jetzt?", fragte ich.

„Jetzt gehen wir ins Reisebüro und besorgen für mich eine Ferienwohnung in Horst an der pommerschen Ostseeküste und für dich ein Zimmer. Ich hab mächtig Lust, wieder einmal das Meer und den Horizont zu sehen. Magst mitkommen?"

Ich war wie benommen. Bot er mir eine Liaison an? Aber das wollte ich nicht. Wenn überhaupt – dann wollte ich mehr.

„Ich bin mir nicht so sicher. Kommt Ihr Angebot nicht ein bisschen schnell?"

„Ach, du traust dich nicht, Dummchen. Ich tu dir ja nichts. Ich hab eben nur so gedacht, wie schön das wäre, so mit dir am Strand. Ich würd dich malen, wir würden spazieren gehen im Wald oder im Wasser. Ich würd wieder spüren, wie das ist, wenn man so jung ist wie du." Plötzlich verzog sich sein Gesicht in

Trauer. „Dann eben nicht. Du kannst dir's ja überlegen." Und nach einer kleinen Weile sagte er noch etwas, das mir beinahe den Boden unter den Füßen fortzog. „Seit du meine Schülerin bist, hat sich mein Leben verändert. Ich würde gern mit dir zusammenleben, wenn du es auch willst. Ich hab mich jedenfalls mächtig in dich verliebt."

Da hielt es mich nicht länger. Ich schlang stürmisch meine Arme um ihn und küsste ihn so wild, dass er lachte. „Ich lieb dich noch viel mehr", rief ich. Er lachte tief und zärtlich aus voller Brust und zog mich an sich, dass mir fast die Luft weg blieb. So wurden wir ein Liebespaar, mein Lehrer und ich. Ich wehrte mich nicht mehr. Ich gab mich ihm ganz hin, so klein und schmächtig wie ich gegen ihn war, gegen diesen körperlichen und geistigen Riesen von einem Mann mit dem ganz weichen und kindlichen Herzen. Ich hatte ja noch überhaupt keine Erfahrungen. Ich wusste nur, dass ich ihm ganz ergeben war voll kindlichem Vertrauen, dass ich ihn liebte, so wie er war, ihn immer stärker lieben würde, wenn er mich nur ließe. Ich flüsterte ihm die unsinnigsten Dinge ins Ohr, was mir nur so einfiel. Als er mich so umfangen hielt, fühlte ich mich ganz geborgen. „Ja, liebster Lovis, ich möchte mit dir nach Horst fahren, am liebsten aber bis ans Ende der Welt."

„Siehst du, das ist doch ganz einfach, Lottchen. So hab ich mir das gedacht. Wir plantschen ein bisschen in der Ostsee und lernen uns erst mal richtig kennen."

Und dann fuhren wir nach Horst. In dem kleinen Seebad, das erst vor fünf Jahren aus zwei Dörfern zusammengelegt worden war, hatte Lovis eine Ferienwohnung genommen, mich zunächst aber in einem getrennten Logis untergebracht. Hauptanziehungspunkt von Horst war der schlanke weiße Leuchtturm, der sich oberhalb der Steilküste erhob und von dem aus man 35 Kilometer weit rundum schauen konnte. Vor uns das herrliche Meer. Fast endlos erschien der feine Sandstrand mit seinen Buhnen, die ihn vor der anbrandenden Ostsee schützen sollten. Direkt hinter dem Ort liegt der Eiersberger See. Im Westen und Osten dehnen sich weite Kiefernwälder.

Arm in Arm wanderten wir an der See entlang und erzählten uns unseren Lebenslauf. Von mir gab es ja noch nicht viel zu berichten. Ich war gerade einmal 22 Jahre alt. Von Lovis trennten mich noch einmal so viele. Wie ich hatte er seinen Vater innig geliebt. Dieser empfindungsvolle, kluge Mann hatte das Talent seines Sohnes erkannt. Denn schon mit fünf Jahren konnte Lovis lesen und schreiben, beinahe ein Wunderkind in einer Umgebung von plumpen und düsteren Bauern. Es war der Vater, der für seinen Sohn durchsetzte, ihn aufs Gymnasium in Königsberg zu schicken. Wie der dort untergebracht war, interessierte ihn herzlich wenig. Hauptsache, der Junge erhielt Wissen und Bildung. Als der sich einmal eine Flöte wünschte, weil sein Lehrer so klangvoll auf der seinen spielte, ließ ihm der Vater die schönste Silberflöte aus Königsberg kommen. Wie viele Väter hätten das wohl getan? Für seinen einzigen leiblichen Sohn hatte er stets das größte Verständnis und setzte alles daran, ihn zu fördern. Sein Andenken blieb im Herzen seines Sohnes bis zuletzt voller Liebe und Hochachtung erhalten.

Meine Kindheit hatte ich wohlbehütet in einem gutbürgerlichen jüdischen Elternhaus verbracht. Wir bewohnten eine Sechs-Zimmer-Wohnung nahe dem Tiergarten. Später musste meine Mutter mit meiner Schwester Alice und mir in eine Dreizimmer-Wohnung in die Ringbahnstraße in Berlin-Halensee umziehen. Denn als mein Vater mit seinem Importgeschäft für Baumwolle

Pleite machte und sich an der Börse komplett verspekuliert hatte, beging er Selbstmord. Ich war gerade 20 Jahre.

Wie alle Tage wanderte er an einem Mittwochmorgen auf dem Gang von seinem Schlafzimmer zum Frühstückszimmer. Diesmal schaute er bei meiner Schwester und mir herein und nickte uns zu: „Lasst es euch nur gut gehen." Einige Augenblicke später kam unser Dienstmädchen schreiend durch den Korridor gelaufen. Ich eilte, so schnell ich konnte, in Vaters Arbeitszimmer. Da lag er stöhnend auf dem Boden, ein Revolver auf dem Sofa daneben. Er hatte sich in den Kopf geschossen, lebte aber noch. Meine Mutter war fortgeführt worden. Denn ihre Nerven hatten vollkommen versagt. Ich hockte mich neben Vater nieder und strich ihm über das weiche Haar. Ich hielt auch seine schöne Hand und wischte mit meiner den Todesschweiß von seiner Stirn.

„Weißt du, da ist etwas ganz und gar Erstaunliches passiert", erzählte ich Lovis. „Mit einem Mal sah ich, dass die verstorbene Mutter meines Vaters zu seinem Haupt niederkniete, seinen Kopf in ihrem Schoß bettete und über ihn ein Tuch breitete. Die blasse Erscheinung hielt den Kopf gesenkt. Als mein Vater noch einmal den Kopf leicht hob, drückte er meine Hand. Dann sank er zurück und die Erscheinung war verschwunden."

„Ach, mein liebes Kerlchen, das ist eine traurige Geschichte. Aber nun hast du ja mich, der auf dich aufpasst." In seinen Worten lag soviel zärtliche Liebe, dass ich weinen musste.

„Ich muss dir noch eine Geschichte erzählen, die ist lustiger", fuhr ich fort. „Du nennst mich Kerlchen, Lovis. So nannte mich oft mein Vater, oder auch Pudelchen. Einmal neckte er mich, ich sei ein vertauschtes Zigeunerkind – ja, ich wäre als Baby hinter dem Zaun gefunden worden. Wenn er mich erziehen wollte, seufzte er tragisch: ‚Wo mag nur meine artige Tochter Lotte sein?

Stattdessen fanden wir dich Strubbelkopf hinter dem Zaun. Na ja, liegen lassen konnten wir dich schließlich nicht und haben dich dann – leider – groß gezogen.'"

Lovis lachte vergnügt. Das war eine Geschichte, so recht nach seinem Sinn.

„Und was war weiter?"

„Als ich siebzehn war und wir in Heringsdorf an der Ostsee die Ferien verbrachten, hatte ich einen jungen blonden Verehrer, der sich, wo er mich nur sah, an meine Fersen heftete", fuhr ich fort. „Als ich einmal mit einem roten Sonnenschirm allein die Seepromenade entlang spazierte und in einem Strandkorb Platz nahm, gesellte er sich zu mir, zog seinen Strohhut und fragte, ob er sich neben mich setzen dürfe. Er müsse mich kurz sprechen. Ich lud ihn würdevoll ein.

,Mein wertes Fräulein', begann er und drehte den Hut in den Händen. ,Sie werden gewiss bemerkt haben, wie sehr ich Sie verehre. Leider reise ich morgen wieder nach Dresden zurück. Deshalb möchte ich Sie fragen – es ist mir sogar außerordentlich ernst – ob Sie sich vorstellen können, meine zukünftige Frau zu werden. Ich liebe Sie nämlich sehr. Mein Vater ist Bankbeamter. In zwei oder drei Jahren könnten wir heiraten. Ich hoffe, auch Ihr Vater ist nicht unbemittelt.'

„Grundgütiger!", dachte ich. Und sah mir meinen Zukünftigen genauer an. Glatte Haare, kleine blaue Augen, ein recht hübsches, sonnenverbranntes Gesicht. Da kam mir ein spitzbübischer Gedanke: ,Mein Herr', erklärte ich fest, ,Ihr Angebot ehrt mich sehr. Aber ich muss Ihnen leider eine Enthüllung machen. Ich bin nicht das Kind meiner Eltern. Ich bin ein Zigeunerkind.'"

Da lachte Lovis aus vollem Halse.

„Aber hör nur, es wird noch schöner: Mein Bräutigam rutschte im Strandkorb so weit von mir fort, wie es möglich war. ‚Waas?!‘, fragte er entsetzt.

‚Ja, ja‘; erwiderte ich eifrig, ‚ich bin ein Zigeunerkind, eine Petermann, Tochter des berühmten Stammes der Petermann. Mein leiblicher Vater ist in einem Prozess zu Zuchthaus verurteilt worden. Es kann gut sein, dass man ihn hängen wird. Ich weiß nicht, wie sich Ihre Familie zu mir stellen würde, wenn sie die Wahrheit erfährt.‘

Der Junge riss zuerst sprachlos die Augen auf. Dann fragte er: ‚Und Ihre Eltern, ich meine, Ihre Pflegeeltern, die haben Sie doch adoptiert?‘

‚Sie fanden mich an der Stelle im Garten, von wo ihre zweijährige, blonde und blauäugige Tochter von den Petermanns beim Spielen geraubt worden war. Mich Winzling hatten sie als Ersatz eingewickelt hinter den Zaun gelegt. Da haben mich meine Pflegeeltern eben aufgezogen.‘

Nachdem der Jüngling lange geschwiegen hatte, sagte er endlich: ‚Es fällt mir sehr schwer, davon abzusehen, Sie als meine zukünftige Frau meinen Eltern vorzustellen.‘

‚Nicht wahr‘, gab ich erleichtert zu, ‚eine Zigeunerin als Schwiegertochter eines Bankbeamten, das geht wohl nicht.‘

Aufatmend dankte er mir und schüttelte mir lange die Hand. ‚Leben Sie wohl, mein Fräulein, ich werde Sie nie vergessen.‘

‚Ich Sie auch nicht‘, sagte ich und eilte nach Hause. Erst als ich ihn nicht mehr sah, wäre ich vor Lachen beinahe geplatzt.“

„Das ist ja eine wundervolle Geschichte“, schüttelte sich Lovis. Sein Gesicht glänzte vor Zärtlichkeit. Er nahm mich liebevoll in den Arm. „Das ist schon sehr drollig, Petermannchen.“

Am anderen Morgen begrüßte er mich: „Guten Morgen, Peter-mannchen."

Von nun an nannte er mich nie mehr anders.

Wir verlebten in Horst über zwei wundervolle Sommermonate. Inzwischen war ich zu ihm in die Ferienwohnung gezogen. Wenn wir nicht herum bummelten oder in der Ostsee planschten, malte Lovis begeistert, was ihm Interessantes vor die Augen kam. Und natürlich immer wieder mich. Es gibt ein sehr hübsches Bild von mir mit schwarzem Strohhütchen am Strand, wie ich mit den Fü-ßen im Wasser stehe und meinen langen weißen Rock hebe. Er malte auch ein Porträt von mir, an einem Fenster sitzend, mit ent-blößter linker Schulter.

„Wenn ich dich so sehe, könnt ich dich immer wieder malen", brummte er zufrieden. „Wenn wir wieder in Berlin sind, mal ich große Bilder von uns beiden und dich im Halbakt."

Wenn wir abends auf dem schmalen Steg saßen, unter uns die Wellen an den Strand brechen hörten, am Himmel der gelbe Voll-mond mit seinem schimmerndem Lichtstrahl über dem nacht-schwarzen Wasser, gerieten wir ins Träumen. Einmal fragte ich ihn: „Was gefällt dir denn an mir?"

„Na, so ziemlich alles. Besonders, dass du nicht so bist wie die anderen Frauen, dass du so bescheiden bist."

„Und wie sind die anderen?"

„Och, die denken zuerst mal an sich. Und dann wollen sie im-mer etwas von mir, mehr Geld, dass ich sie bewundere und ob es mir ernster wäre mit ihnen."

„Und wie ist es mit mir?"

„Du bist heut ja ein echter Fragekasten, Petermannchen. Mit dir, ja, das ist so eine Sache. Ein Petermännchen, musst du wissen, ist ein Fisch, der plötzlich Stacheln zeigen und böse verletzen kann. Das hat mich an deiner Zigeunerkind-Geschichte ja so gefreut, dass du Fantasie und Talent hast, klug bist, aber auch ziemlich ironisch sein kannst."

„Aber das gefällt dir doch, liebster Lovis."

„Natürlich gefällt mir das. Sonst würde ich dich nicht fragen, so hier und bei Mondenschein"..., er straffte seine Schultern und hob mit jugendlich verstellter Stimme an, „...ob du dir vorstellen könntest, meine zukünftige Frau zu werden. Leider bin ich nicht mehr solch ein Jüngling wie dein Anbeter damals in Heringsdorf. Es gibt zwei Möglichkeiten für mich für die nächste Zeit: Entweder ich kauf mir einen neuen Pelz – oder ich heirate. Was antwortest du darauf?" Er drehte die Geschichte meines ersten Heiratsantrages einfach um.

Da war es nun heraus, was ich lange gespürt und mir so sehr gewünscht hatte.

Ich schwieg eine Weile und überlegte, was und wie ich ihm antworten sollte. Jetzt bloß nichts Falsches sagen.

„Den Pelz kaufen, ist gewiss besser", meinte ich verschmitzt.

Er blinzelte mich an. „Und das ist tatsächlich deine Antwort?"

„Siehst du, es ist doch ganz einfach, liebster Lovis. Das hast du wörtlich zu mir gesagt, als du mich eingeladen hast, mit dir nach Horst zu fahren. Und darüber hinaus ist das die einfachste und schönste Sache von der Welt. Wir beide zusammen, das ergibt ein sehr interessantes Paar. Der Lehrer und sein Lieblingsmodell. Wenn ich dir das zurückgeben darf, dann bist du mein allerliebster Lieblingslehrer, du wunderbarer großer starker Kerl, und ich sag dir tausendmal Ja!"

Er lachte sein warmes Lachen aus tiefster Brust: „Also, Petermannchen, packen wir's an" und legte mir weich den Arm um die Schultern. „Meinst wirklich, ich bin nicht zu alt für dich?" Ich schüttele den Kopf. „Und nicht zu dick und solch ein Trunken-bold?" Ich schüttelte den Kopf. „Und nicht zu wankelmütig in meinen Stimmungen?"

„Ich liebe dich so, wie du rundherum und von oben bis unten bist", küsste ich ihn.

„Ei, dann wären wir ja verlobt", prustete er noch einmal los.

„Jawohl, liebster Luke, das wären wir dann."

„Aber ein bisschen Zeit lassen wir uns noch mit dem Heiraten, ein gutes Jahr, meinst nicht auch? Ich muss noch viel malen, damit wir genug zu essen haben."

„Dass du mir inzwischen nicht fortläufst", drohte ich scherzhaft mit dem Finger. „Ich fang dich dann schnell wieder ein. Und bis wir ein Ehepaar sind, bleiben wir noch ein Liebespaar."

Wenn Lovis sich wohl fühlte, sang er leise vor sich hin. So auch jetzt. Ich wusste, ich durfte ihn nicht drängen. Schließlich hatte er sich bei der Vielzahl von Frauen, die bisher seinen Weg gestreift hatten, noch für keine endgültig entscheiden können. Und nun also für mich! Ich hätte stolz sein können, die Auserwählte zu sein. War ich aber nicht. Das alles erschien mir noch so unglaublich. Ich wusste, dass er nicht unvermögend war. Selbst er, dieser große Künstler, verkaufte nicht alle Tage ein Bild. Seinen Unterhalt finanzierte er hauptsächlich von seinen Mieteinnahmen in Königsberg und seiner Malschule in Berlin. Für uns zwei würde das schon reichen. Ich brauchte ja nicht viel.

Aber da war noch eine andere Frage, die des Altersunterschiedes zwischen uns. Das ließ ihn wohl insgeheim zweifeln. Ich für mein Teil, setzte mich darüber hinweg. Die Begegnung mit diesem Kraftmenschen von Mann war viel zu bedeutungsvoll für mich. Ich drängte wie eine Motte ans Licht. Ich fühlte, nein, ich wusste: Lovis war mein Schicksal. Wir waren für einander bestimmt. Ich begriff, dass nur eine dauernde Verbindung vor Lebensunglück bewahren konnte. Da packte ich zu und sicherte mir diesen Platz an seiner Seite. Ich griff einfach zu, um schließlich nicht leer auszugehen.

„Was hast du, Petermannchen?", beugte er sich zärtlich über mich.

„Dich lieb und will für immer bei dir bleiben."

„Es spielt doch keine Rolle, ob wir schon jetzt heiraten oder etwas später. Wohnen können wir doch schon zusammen. Bei mir gibt's ja genug Platz."

Aber das wollte ich nicht. „Schau, Luke, ich glaub es ist besser, wenn ich zuerst noch bei meiner Mutter in der Ringbahn 120 wohne. Dann kann jeder von uns auch ein bisschen für sich arbeiten. Wir sehen uns ja sowieso jeden Tag, aber so scheint es mir besser. Dann freuen wir uns jeden Morgen neu aufeinander."

„Vielleicht hast du Recht", gab er zu. „Du bist nicht nur meine Schülerin, sondern auch eine angehende Malerin. Wir brauchen den Leuten ja keinen Anlass für Klatsch zu geben. Auf jeden Fall muss ich noch bei deiner Mutter um deine Hand anhalten, damit nicht ein anderer dich mir wegschnappt. Ich werde ihr schreiben. Das kann ich besser, als ihr mündlich meine Verhältnisse zu erklären. Alles soll doch seine Ordnung haben."

Ich spürte, Corinth hatte Angst, nach unserer Eheschließung würde er unter den Skrupeln meiner Künstler-Laufbahn mit zu leiden haben. Litt er doch schon schwer genug an seinem chaotischen Charakter. Aber ich versprach ihm, ich würde ihm nie im Wege stehen, vielmehr mich seiner Kunst unterordnen. Das beruhigte ihn.

Den Lehrer, besser gesagt, den Pädagogen konnte er selbst hier nicht verleugnen. Als wir eines schönen Nachmittags auf dem Balkon seiner Sommerwohnung saßen, hatte er im Zimmer auf dem Tisch ein kleines Stillleben aufgebaut. „Wie gefällt dir das?"

Ich betrachtete den weißen Teller, auf dem eine aufgeschnittene Orange lag, dahinter ein Wasserglas mit einigen gelben Blumen.

„Es sieht hübsch aus."

„Möchtest du es malen?"

Ich drußkste ein wenig herum, bis ich ihm zuliebe „ja" sagte.

„Na dann, fang an!"

Er holte Farben und eine kleine Leinwand herbei und stellte mir alles zurecht.

Eigentlich hatte ich gar keine Lust und maulte ein bisschen; „Wollen wir nicht lieber schwimmen gehen?"

„Das hat Zeit bis später. Los, fang an. Ich komm später sehen, wie du's gemacht hast. Hab noch in meinem Zimmer zu tun."

„Oder spazieren gehen?" Aber es half nichts

„Red nicht herum, zeig lieber, dass du Energie hast. An die Arbeit!"

Da saß ich nun vor der dummen Orange und der scheußlichen Leinwand. Ich kritzelte ein bisschen herum Als Lovis wieder herein kam, runzelte er die Stirn und ging gleich wieder. Um bald darauf noch mal nach dem Rechten zu sehen.

„Weißt du was, Lovis, ich mach's morgen fertig", sagte ich.

„Nichts da, keine Rede! Zeig, wer du bist! Ich leg dir mal die Apfelsine an", hielt er sie schon mit wenigen Pinselstrichen fest. „Mal sie nur schnell runter, so lange sie noch saftig ist."

Ich wollte immer weniger. „Ich bin nicht in Stimmung dazu."

Da wurde er beinahe böse. „Ich lass dich nicht aus dem Zimmer, bis du die Aufgabe fertig hast. Du musst lernen, fleißig bei der Arbeit zu bleiben. Man muss sich bezwingen, den Ernst der Arbeit verstehen. Also, nun mach's fertig!"

Ich war richtig wütend geworden und schnitt ihm eine Fratze. Aber er insistierte und ließ mich nicht aus dem Zimmer. Und ich malte in meinem Ärger das Zeug herunter, bis das Stillleben fertig war. Das freute ihn, und er betrachtete mein kleines Werk lange.

„Siehst du, nun hast du's geschafft. Das war für dich hart gewesen. Aber das wirst du mir für dein ganzes Leben danken", sein Gesicht leuchtete vor Freude und Güte. „Nun gehen wir spazieren und trinken was." Daraufhin pilgerten wir eng umschlungen am Strand entlang bis zu unserem kleinen Stammlokal.

Im Herbst 1902 fuhren wir dann gemeinsam nach München, wo Lovis mich seinen dort noch verbliebenen Freunden vorstellte. Dabei ließ er keine Gelegenheit aus, ihr Staunen und Lob über mich einzuheimsen. In Tutzing am Tegernsee wurde ich leider recht krank und musste im kleinen Hotel „Bernrieder Hof" vierzehn Tage mit hohem Fieber das Bett hüten. Lovis pflegte mich rührend, schleppte heißes Wasser für Leibumschläge von der Küche herauf und rief sogar einen Arzt aus München hinzu. Der diagnostizierte eine Bauchfellentzündung. Nach vier Wochen ging es mir endlich wieder besser. Ich war erschüttert, wie sehr Lovis sich Sorgen um mich machte. Meine Krankheit hatte uns einander noch näher gebracht.

Zurück in Berlin, überraschte er mich mit dem Wunsch, mich in nackter Rückenansicht zu malen. „Das wird ein Zeugnis für unsere Liebe sein", verriet er. „Ich denke an einen Halbakt. Brauchst nur die Bluse herab zu lassen." Und schon holte er eine aufgespannte Leinwand, seinen Farbkasten und eine neue Palette. Ich wusste, jetzt wird er nur noch arbeiten, sich voll auf den Halbakt konzentrieren. Also tat ich, was er wollte und streifte die Bluse herunter. Inzwischen hatte er noch einen Spiegel aufgestellt. „Ich will auch mich mit dir zusammen malen, ein bisschen in der Manier von Rembrandt", murmelte er und begann mit raschen sicheren Pinselstrichen, immer wieder ein Auge zukneifend, das Doppelporträt von ihm und mir in zärtlicher Pose, beide in den Spiegel schauend.

Von nun an baute er seine Malschule aus und mietete nicht weit entfernt von der Klopstockstraße ein weiteres Schüleratelier in der Händelstraße. Jetzt kamen zu den Mädchen auch junge Studenten hinzu. Er korrigierte auch Schüler in anderen Malschulen, so in den „Studienateliers für Malerei und Plastik" des Bildhauers Arthur Lewin-Funcke in der Kantstraße. Die Lehrtätigkeit für junge Leute füllte sein Leben fast vollständig aus, so dass ihm kaum noch Zeit für eigene Werke blieb.

An meine Mutter schrieb Lovis (hier verkürzt) den folgenden Brief: „Sehr verehrte Frau Berend! Da ich mich mündlich viel schwerer aussprechen kann, so möchte ich durch diesen Brief einiges klar stellen. Wir beide, Ihre Tochter und ich – haben niemals darauf gerechnet, irgendetwas mitzubekommen, wodurch doch immerhin der innere Wert viel höher zu schätzen ist, auch das Verhältnis ein reineres ist. Wir können das umso sicherer, als ich die letzten Jahre sehr gut verdient habe und ungefähr ... M(Mark) auf die Deutsche Bank von diesem übrig gebliebenen Verdienst zurückgelegt habe. Diese Summe, die ich eventuell jeden Augenblick zur Verfügung habe, stellt uns Jahre hindurch immer gesichert hin, zumal es doch höchst wahrscheinlich bleibt, dass jedes Jahr einiges hereinkommen wird. Dann habe ich noch ein ... väterliches Vermögen von ... Mark, das in Königsberg auf sichere Hypotheken untergebracht ist. Also ist zu erwarten, dass bei vernünftiger Wirtschaft unser Leben in finanzieller Beziehung gesichert ist. Diese Erklärung glaubte ich, Ihnen machen zu müssen, damit Sie eine Beruhigung haben und auch unser eigenmächtiges selbständiges Verfahren in unserer Entschließung zu erklären ist. Außerdem aber – liebe Frau Berend – will ich Sie davor bewahren, sich in Kosten zu stürzen... Ich weiß ja auch, was es heißt, mit Geld umzugehen ... und vor allen Dingen auch das Essen im Hotel, das ich Sie bitte, mir ganz allein zum Arrangieren zu überlassen." Als meine Mutter mir den Brief zeigte, brach ich gerührt in Tränen aus.

Am 23. März 1904 war mein Hochzeitstag. Luke und ich wünschten beide nur eine standesamtliche Trauung, an die sich ein elegantes kleines Essen im Savoy Hotel für uns und meine Mutter anschloss. Meine Schwester Alice war zu dieser Zeit in Italien, so hatte ich unser kleines enges Zimmer in der Wohnung Ringbahnstraße für mich. Was ich nur meinem Geliebten anvertraute – ich war schwanger im zweiten Monat. Mir ging es gut, nach den ersten Wochen mit Übelkeiten fühlte ich mich jetzt wohl. Lovis war stolz wie ein Spanier. Wir würden ein Kind haben. War das nicht die Krönung unserer Liebe?

Mein Hochzeitsstaat bestand aus einer sehr feinen Bluse aus Crêpe de Chine und einem schwarzen Seidenrock. Mehr an Ausstattung vertrug das Budget meiner Mutter nicht. Die Ärmste jammerte, dass alles so einfach war. Sie, die aus einer sehr wohlhabenden Familie stammte, hatte eine weit glanzvollere Hochzeit erlebt.

Wir waren schon im Mantel (ich in einem schwarz-seidenen) um aufzubrechen, als es plötzlich an der Haustür klingelte. Ein Bote brachte zwei Blumensträuße. Entsetzt schaute ich sie mir an. Das waren zwei dicke Dinger mit auf Draht gezogenen gelblichen Rosen, alle matt und schon fast verblüht, die bereits ihre Köpfe hängen ließen. Und das von Lovis zu meiner Hochzeit! Da hatte man dem Ärmsten aber etwas angedreht!

Rasch warf ich meinen schwarzen Seidenmantel ab und lief über die Straße in den kleinen Blumenladen gegenüber. Dort holte ich mir lose, leicht zusammengelegte langstielige rosa Nelken und für Mama einen Strauß dunkellila Flieder. Alles sah prächtig aus und duftete. Mama stand noch im Entree, als ich die Blumen brachte.

„Das gibt es bestimmt nur selten, dass eine Braut kurz vor der Trauung sich noch selbst die Blumen kauft. Manche hätten sicher geweint", klagte sie. Ich aber war weit davon entfernt, glücklich, dass ich die Unbeholfenheit meines geliebten Luke hatte ausgleichen können. Als wir vorm Standesamt vorfuhren, staunten unsere Freunde über die herrlichen Nelken. Auch Lovis wunderte sich.

„Sind das meine Blumen?" Ich schüttelte den Kopf. Einen Augenblick lang glaubte ich, er werde mir das übel nehmen. „Meine waren wohl nicht schön? Ich bin gestern in den besten Blumenladen gegangen und habe die schönsten Rosen bestellt, die es gibt und für jeden Strauß zwanzig Mark bezahlt. So hat mich die Bande betrogen!" Ich tröstete ihn und erzählte ihm, was man mir gebracht hatte.

„Das war sehr gescheit von dir, Petermannchen", dankte er mir. „So steh ich doch nicht als übler Geizhals da. Für dich wollte ich doch nur das Allerfeinste. Diese Gauner, diese Betrüger!"

Der Standesbeamte hielt eine salbungsvolle Rede, bei der ich mir das Lachen kaum verkneifen konnte. Wir erhielten von der Stadt Berlin ein in Kunststoff gebundenes Familienbuch und verspeisten dann zu dritt in bester Laune ein wunderbares Viergang-Menü mit befrackten Kellnern in einem Speisesaal, den ich mir eleganter nicht hätte vorstellen können.

Schon kurz nach der Hochzeit überraschte er mich damit, dass er das Atelier in der Klopstockstraße in eine schöne Wohnung für uns umgestalten wollte. Seine „Malweiber" empfing er nun in dem Atelier in der Händelstraße. Er begab sich auch in andere Ateliers, die ihm befreundete Künstler zur Verfügung stellten, wo er die Arbeiten seiner neuen Schüler korrigieren konnte. Die Räume in der Klopstockstraße waren lange nicht renoviert worden. Und nun sollte nach seinem Geschmack und Willen alles einschließlich Vorhängen und Fußböden, Küche und Bad ganz neu und schön gemacht werden. Um mich bei all diesen geräuschvollen und Schmutz erzeugenden Umbauarbeiten zu schonen, mietete er für mich eine kleine Sommerwohnung in der Mühle Henning in Eberswalde.

„Ich hab mit der Wohnung und den Handwerkern genug Scherereien. Hier in dem Farbengestank, Staub und Dreck wäre es nichts für dich, Kerlchen. Da bleib du lieber schön im Grünen und genieße die frische Luft und Sonne. Ich komm dann immer heraus zu dir, wann ich nur irgend kann."

Da alles neu und schön werden sollte, hatte Lovis für sich ein großes, breites Messingbett herstellen lassen, das er „Spreewald" nannte. Später nahm ich mir vor, ihn zu befragen, was es mit diesem seltsamen Namen auf sich hatte. Für mich kaufte er ein schönes Mahagonibett mit einem Brett am Kopfende. Darauf malte er mit Ölfarbe eine Szene von „Faun und Nymphe".

Von je her war er ein großer Briefschreiber gewesen. So schrieb er mir während der Umbauzeit fast täglich immer die liebevollsten Briefe. Wir beide machten uns einen Spaß daraus, uns Zärtlichkeiten, die niemanden etwas angingen, in Spiegelschrift zu verraten. Während ich mich in Eberswalde bis August auf die Geburt unseres ersten Kindes vorbereitete, schuf Lovis aus dem ursprünglichen großen Atelier eine wahre Palastwohnung.

Als er mich endlich abholte, kam ich aus dem Staunen gar nicht heraus. Beim kleinen Schüleratelier mit Oberlicht hatte er das

Dachfenster mit einem durchsichtigen hellen Tuch abhängen und den Fußboden mit einem Teppich bespannen lassen. Das sollte nun als Esszimmer dienen. In allen Wohnräumen waren neue Tapeten angebracht worden. Die Wände des Salons schmückte eine Bespannung aus rotem Brokat mit Goldleiste. Überall hingen passende bodenlange Vorhänge. Sogar ein Kinderzimmer hatte er eingerichtet und einige Spielsachen besorgt, was mich besonders rührte. Das Bettchen wollte er aber mit mir gemeinsam aussuchen.

„Jetzt kann unser Kleines kommen", schloss er mich zärtlich und zufrieden in die Arme. „Da ich diese Geschichte schon mal übernommen hatte, wollte ich sie auch ordentlich zu Ende bringen. Im Dachgeschoss habe ich sogar mein Atelier. Dort ist auch noch Platz für deines." Ich war über die Maßen bewegt und gerührt. Nie durfte ich daran zweifeln, wie sehr er mich liebte. Alle diese grässlichen Arbeiten hatte er überstanden, damit ich es nur schön haben sollte.

„Weißt du, da wir außer einem Liebespaar ja nun auch werdende Eltern sind, wollen wir alles daran setzen, stets friedlich zusammenzuleben und für einander immer Geduld aufzubringen", sagte ich und küsste ihn.

„Du wirst immer der Mittelpunkt sein", flüsterte er mir zärtlich ins Ohr. „Ich als Vater bin zweiundzwanzig Jahre älter als du, und du wiederum noch mal so alt wie unser Kind. Was für eine merkwürdige Kette von meinen Vorfahren zu weiteren Zukünftigen."

Ich musste lachen über diese Weisheit.

„Was ist denn daran so komisch?", fragte er.

„Vorfahren, Nachfahren und dann noch eine lange Kette. Ich verstehe kein Wort davon", lachte ich schon wieder. Denn ich meinte nur ihn, nur ihn, und weder verstand ich die Vergangenheit noch wusste ich die Zukunft. Das Kind in mir war noch nicht der Anker, den ich brauchen würde für dieses ganze Kräfte zehrende, aufopferungsvolle und wunderbare Leben mit ihm.

Unser Thomas ist da

Bis zu meiner Niederkunft vergingen die Wochen wie im Fluge. Ich streifte in der schönen, neu hergerichteten Wohnung umher, richtete dies und das, ordnete die zu einander passenden Bücher im großen Regal und saß oft lange im Kinderzimmer, um zu überlegen, was noch fehlte. Obwohl ich mich ein wenig vor der Geburt fürchtete, war ich innerlich ruhig. Das rührte daher, dass Lovis mir allein durch seine Gegenwart Mut und Kraft gab. Ich malte sogar einige Bilder, obwohl mir bei meinem schwer gewordenen Leib das lange Stehen Mühe machte. Lovis hatte tatsächlich ein eigenes kleines Atelier für mich eingerichtet und mir alles bereitgestellt, was ich an Farben und Leinwand brauchte. Viel befasste ich mich nicht damit, denn je näher der Geburtstermin heranrückte, umso mehr ging ich nach innen zu meinem Kind. Was würde es sein, ein Junge, ein Mädchen? Wie würde ich es richtig behandeln, so ein kleines Geschöpf? Ich hatte das ja nicht gelernt. Man lernt es ganz von selbst, ganz praktisch, hatte meine Mutter gesagt. Und wie würde sich Lovis zu dem Kleinen stellen? Ich wusste ja, er war ganz närrisch, in seinem Alter – mit 46 – noch Vater zu werden.

„Das wird eine große Sache, Petermannchen, ein großes Abenteuer für uns beide", meinte er scherzhaft. „Unser Kind, vielleicht mein und dein Sohn, wir müssen uns beide daran gewöhnen. Wenn es da ist, haben wir ein Wunder im Haus." Und wieder legte er sein Ohr an meinen Bauch. „Ich kann sein Herz klopfen hören". Er strahlte: „Denk nur, in vier Wochen sind wir zu dritt." Da überkam es ihn. Bewegt wischte er sich die Tränen aus den Augen. „Es ist wirklich ein Wunder." Ich wusste, dass er in solchen Augenblicken an seinen eigenen Vater dachte. Kein Tag verging, an dem er das nicht tat. Denn auch dieser war spät Vater geworden und liebte seinen ersten und einzigen Sohn über die Maßen.

In dieser letzten Zeit des Wartens malte Lovis noch fleißiger als sonst. Stundenlang stand er vor der Staffelei und rang um sein Werk. Er stürzte sich geradezu in die Arbeit, als wolle auch er seine Ängste um mich besiegen. Gerade hatte er zwei große Bilder mit vielen Figuren darauf fertig gestellt. Wenn er seine Kompositionsbilder klassischer antiker Personen mit mehreren Modellen schuf, war er selbst „Diogenes" oder „Odysseus". Er fühlte mit ihnen, als ob sie sich bei uns im Zimmer lebendig bewegten. Gerade deshalb war er fähig, sie künstlerisch zu schildern.

Und dann kam endlich der Tag heran, an dem unser Kind aus mir hinaus ins Leben drängte. Als die Wehen einsetzten, war Lovis ganz aufgelöst vor Anspannung und Sorge. Er wollte keine Hausgeburt, sondern brachte mich ins Jüdische Krankenhaus. „Dort gibt es die besten Ärzte", sagte er. Mit Professor Doktor James Israel, waren wir über seinen Freund Walter Leistikow bekannt geworden. Wir hatten uns schon vorher geeinigt, dass das Kind, wenn es ein Sohn war, Thomas heißen sollte.

Ich selbst wurde plötzlich ganz ruhig, übergab mich vertrauensvoll allen geübten Händen. Ich wusste, mein Vertrauen würde mir Kraft geben. Diese zehn Stunden waren dann aber doch ein Meer von zunehmenden Schmerzen mit anbrandenden Wellen. Das Kind lag schräg und musste gedreht werden. Im letzten Augenblick erhielt ich eine kleine Narkose mit Lachgas, so wie einst die englische Königin Victoria. Und dann weckte mich ein hoher Schrei. Mein Kind, unser Kind, war geboren. Man legte es mir auf die Brust. Ich schluchzte vor Erleichterung. Es lebte, es war so winzig – es war ein Sohn!

Und dann war Lovis auch schon bei mir. Er blickte mich unendlich liebevoll aus seinen blauen Augen an. „Fein hast du das gemacht, Kerlchen, Petermannchen, Liebste. Unser kleiner Thomas sieht prächtig aus." Er umarmte mich vorsichtig. Ich konnte nur seine Hand drücken. „Jetzt musst du dich erst mal erholen." Dann verriet er mir, dass er die ganze Zeit über im Nebenzimmer gewartet hatte und dort in einem Sessel eingeschlafen war, nur um sofort nach der Geburt an meinem Bett zu sein. Nun teilte er mir einen erstaunlichen Entschluss mit: „Da ich jetzt Vater eines Sohnes bin, werde ich mit dem Schreiben einer Selbstbiografie beginnen. Wenn Thomas einmal groß ist, soll er wissen, wie sein Vater zu einem Maler geworden ist." Trotz meiner Erschöpfung war ich sehr gerührt. „Das ist ein sehr schöner Gedanke, liebster Luke."

Als Thomas acht Monate alt war, fuhr ich nach Braunlage im Harz, um dort für uns ab August eine Sommerwohnung zu mieten. Da ich ein bisschen schwach auf der Brust war, hatte mir unser Hausarzt zu einem Aufenthalt in Höhenluft geraten. Ich fand eine gute Unterkunft mit drei Zimmern, Bad und Küche bei dem Gemeindeeinnehmer Kämpfert. Schon eine Woche später verabschiedete sich Lovis für vierzehn Tage, um in Blankenburg mit Quartier bei einer Familie Sieger eine Schlachterei zu malen. Ihm schwebte wieder einmal das Bild eines geschlachteten Ochsen vor.

Uns beiden war es ganz angenehm, jeder für sich ein Weilchen allein zu sein. Es ist doch ein Unterschied, nur zu zweit oder mit einem Baby zusammen zu leben. Sechsundvierzig Jahre Altersunterschied zu seinem Nachkommen– das war bei dem Gebrüll seines Sohnes nach Nahrung für ihn auch akustisch eine Herausforderung. Außerdem hatte ich eigene Pläne, wollte ein größeres Bild malen mit dem Thema „Die Mütter". Da war es mir ganz recht, einmal ohne Lukes Ratschläge zu sein.

Insgeheim fürchtete ich, er könne eifersüchtig sein auf meine Malerei, obwohl er mich darin immer bestärkte. In unserem ersten Ehejahr hatten wir beide lernen müssen, was es heißt, täglich mit einander zu leben. Den Altersunterschied zwischen uns spürte ich nun deutlich, nahm mir aber fest vor, mich ihm gegenüber so weit wie möglich zurück zu nehmen. Er brauchte mich sehr, aber ich ihn weit mehr. Er schrieb mir jeden Tag und klagte bald, „die Freude, endlich allein zu sein, ist auch nicht so – so." Drei Wochen später hatte er das Bild „Geschlachteter Ochse" fertig gemalt.

Er zeigte es mir voller Stolz. Ich stimmte seiner Freude darüber zu. Insgeheim aber wandte ich mich innerlich von dem an den Hinterbeinen aufgehängten und geöffneten Kadaver ab. Wer würde ein solches Bild kaufen, es sich an die Wand hängen? Lovis schien meinen Einwand zu spüren.

„Mich reizen an solchen Motiven in erster Linie die tierische Anatomie und das rote Fleisch in seiner unterschiedlichen Farbigkeit. Da kann ich mich richtig austoben. Als ich in Paris studierte, habe ich im Louvre Rembrandts geschlachteten Ochsen gesehen. Der hat mich stark beeindruckt. Das Motiv dieses gewaltsamen Todes ging mir nicht aus dem Kopf. Darin steckt bei aller Abscheu aber auch viel Sinnliches. Ein Stillleben mit Blumen oder Früchten sieht natürlich schöner aus."

Ich wollte ihn nicht kränken und lächelte ihm zu. „Es war gewiss ein großes Stück Arbeit für dich. Was meinst du mit dem Sinnlichen dabei?"

„Ach das verstehst du nicht, Petermannchen. Das hat etwas mit Gewalt und Tod zu tun. Das ist keine Erotik für Frauen. Trotzdem – ich habe für solche Art Bilder Interessenten."

Darauf antwortete ich ihm nicht, dachte mir aber mein Teil. Von Erotik verstand ich durchaus etwas. Wir hatten in unseren ersten Ehejahren ja ausgesprochen intensive körperliche Kontakte. Er war ein starker, erfahrener Liebhaber. Dennoch nahm ich mir vor, ein Bild von mir zu malen, wie ich die Geburt erlebt hatte. Ich würde es „Schwere Stunde" nennen. Mal sehen, ob er das auch erotisch fand.

Wir blieben noch bis Mitte September zusammen in Braunlage. Doch dann drängte es Lovis zurück nach Berlin. Seine weiblichen und männlichen Schüler wollten nicht länger auf ihn warten. In der Mal- und Modellierschule von Arthur Lewin-Funcke, in der er zweimal in der Woche korrigierte, erregte ein junger Maleradept seine Aufmerksamkeit. Er hieß Georg Walter Rössner, war Sohn eines Rechtsanwalts und stammte aus Leipzig. Schon als Abiturient hatte er Zeichenunterricht bei dem Bildhauer Georg Kolbe erhalten und war diesem nach Berlin gefolgt. Dort nahm er Kontakt zu Lovis auf. Der erkannte schnell das beachtliche Talent des jungen Mannes.

„Der Bursche zeichnet beinahe wie Rembrandt, dabei ist er erst zwanzig", erzählte er mir, als ich nach zwei Monaten wieder zu Hause in der Klopstockstraße war. „Er sagt, er hätte geschwankt, ob er Pianist oder Maler werden solle. Für seine Bilder macht er einfallsreiche Kompositionen. Nur mit dem Malen von Porträts hapert es noch bei ihm. Auch könnten seinen blassen Farben etwas mehr Kraft verlangen."

„Es ist eben nicht jeder solch ein Pinselheros wie du", neckte ich ihn.

„Du hättest auch gleich ‚Malermetzger' sagen können", brummte er.

In Berlin hatte ihm ein Kritiker wegen der zahlreichen gemalten Schlachthausszenen diesen Namen angehängt. „Rössner illustriert in einem Verlag auch Märchen und Abenteurergeschichten, um sich über Wasser zu halten."

„Tust du das nicht auch? Etwa bei deinem ‚Odysseus'?"

„Na, der haut wenigstens richtig zu, wenn er gegen die Freier seiner Frau kämpft", verteidigte sich Lovis mit glitzernden Augen. Jetzt war er in seinem Element.

„Dann bring doch deinen Wunderknaben einmal mit", forderte ich ihn auf. Aber das wollte Lovis nicht.

„Da er wirklich Talent besitzt, habe ich ihm die Académie Julian in Paris empfohlen. Das rate ich nur meinen besten Schülern..."

„Mir hast du das aber nicht"..., unterbrach ich ihn scherzhaft.

„Nein, dich wollte ich ja hier behalten. Außerdem fährt Rössner schon am Donnerstag. Er wird bei André Bachet Porträtmalerei studieren."

Da ich spürte, dass Luke sich nicht weiter über seinen talentierten Schüler auslassen wollte, besänftigte ich ihn: „Dann werden wir ja in Zukunft mehr von ihm hören."

Dieses kleine Gespräch machte mich neugierig, wie Lovis bei seinen Korrekturen mit männlichen Schülern umging. Als mich Lisa Winchenbach einmal besuchte – ich war gerade allein zu Hause – kamen wir natürlich auf ihn zu sprechen. Dabei erzählte sie mir von einem entfernten Bekannten, einem Jakob Steinhardt, der Schüler von Corinth im Atelier von Lewin-Funcke sei und ihn als Künstler und Lehrer sehr bewunderte.

„Du weißt ja, dass Corinth dort die Arbeiten derjenigen Schüler korrigiert die sich quälen und bei denen er Ernsthaftigkeit und größte Gewissenhaftigkeit verspürt. Wenig Interesse zeigt er allerdings für Schüler, die schnelle und schmissige Zeichnungen machen. Wie Steinhardt mir sagte, geht er an diesen Zeichnungen mit einem ‚hm, hm' vorüber. Wenn er guter Stimmung ist, fehlt es nicht an Humor. Wenn ein Schüler aber irgendeine Stilrichtung verfolgt, bleibt er sinnend stehen: ‚Hm, hm, da ist was drin, hm, hm, aber das muss raus.'"

„Ich kann mir gut vorstellen, dass bei seinen Korrekturen sein pädagogisches Talent zum Vorschein kommt", warf ich ein. „Bei meinen Bildern ist er entweder sehr nachsichtig oder sehr ehrlich."

„Na, du bist ja schließlich mit ihm verheiratet. In der ersten Zeit unseres Malunterrichts bei ihm waren wir Schülerinnen alle erstaunt, wie sehr er besonders dich immer ermunterte. Er hat sich wohl gleich mächtig in dich verliebt. Aber höre nur weiter, wie ihn Steinhardt beurteilt:

Einmal erschien Corinth mit seinem Malkasten und einer Leinwand. Er wolle das Aktmodell mit den Schülern malen, um ihnen zu zeigen, wie er das mache. Im Halbkreis um seine Leinwand versammelt, konnten sie verfolgen, wie der Meister malt. Mitten in der Arbeit nahm er einen großen Spachtel und kratzte einen erheblichen Teil des Bildes wieder ab. Also das ganze noch einmal von vorne. Erst beim dritten Mal gelang ihm der Akt, erst dann war er es zufrieden", berichtete Lisa eifrig, um dann fortzufahren:

„Als Steinhardt selbst einen weiblichen Akt malte, stellte sich Corinth neben ihn und zeichnete auf derselben Leinwand den ganzen stehenden Akt. ‚So muss das sein', meinte er und überließ ihm das Blatt. Sein Schüler war überaus glücklich, auf diese Weise einen echten Corinth zu besitzen. Steinhardt meinte noch: ‚So wie der sich nichts schenkt, macht er es auch seinen Schülern nicht leicht.'"

Ein ähnliches Urteil hörte ich später von anderer Seite über einen ebenfalls sehr jungen Schüler von Lovis. Dieser hieß August Macke und war Student an der Düsseldorfer Königlichen Kunstakademie gewesen. Von einer Reise nach Paris, wo er sich in den französischen Impressionismus verliebt hatte, kam er eigens nach Berlin, um bei Lovis zu lernen. Mackes Onkel Bernhard Koehler, ein wohlhabender Berliner Unternehmer und Kunstmäzen, unterstützte ihn bei diesem Vorhaben. Obwohl erst neunzehn Jahre alt und von großer und breiter Gestalt, strahlte Macke eine seltene Kraft und Lebenslust aus. Wenn er mit lachendem Gesicht Lewin-Funckes Atelier betrat, füllte seine Stimme den ganzen Raum.

Wie ich durch einen Zufall erfuhr, schrieb er an seine spätere Frau: ...„Bei Corinth komme ich gut vorwärts. Ich habe mich so an ihn gewöhnt, dass er jedes Mal erstaunt ist, wie ich ihn verstanden habe. Er ist trotz seiner Ruppigkeit doch ein Kerl, der einem, wenn man selber mit will, viel, viel beibringen kann. Vor allem nimmt er selbst die Kohle in die Hand oder den Pinsel und zeigt einem, wie er es machen würde. Ich wechsele zwischen Malen und Zeichnen. Er merkt es allen an, ob man frisch ist oder nicht. ‚Wenn Sie schlapp werden und murksen, fangen Sie lieber etwas anderes an. Nur frisch bleiben.‘ ... Er ist sehr ehrlich und sachlich und ich fühle mich immer erfrischt nach der Korrektur.“

Als ich Lovis einmal auf Macke ansprach, gab er zu, dieser sei ein besonders begabter Schüler, dem gewiss eine beachtliche Karriere bevorstehe. Jahre später waren wir beide sehr erschüttert, als wir erfuhren, dass der rheinische Maler und berühmte Expressionist August Macke sieben Wochen nach Ausbruch des Weltkrieges an der Westfront in Frankreich in der Champagne mit 27 Jahren gefallen war.

Positive Kritik von begabten Schülern an der Lehrmethode meines Mannes erfreute natürlich mein Herz. Denn ich liebte ihn jeden Tag mehr. Inzwischen waren wir ein bestens eingespieltes Ehepaar geworden. Wir gingen viel mit einander aus, ins Theater, auf Kostümfeste oder Veranstaltungen der Berliner Secession, bei der ich Mitglied geworden war. Zu Hause empfingen wir häufig zahlreiche Gäste der Berliner Kunst- und Verlagsprominenz, wie unter anderen die Cousins Paul und Bruno Cassirer und Samuel Fischer. Dabei wussten wir unseren inzwischen vierjährigen Thomas bei unserem Dienstmädchen Grethe in besten Händen.

Wenn Lovis nicht außerhalb malte oder als Lehrer korrigierte, malte er meistens mich. Ich stand ihm in vielen Kostümen, häufig auch nackt Modell. Das lange Stehen war für uns beide sehr anstrengend. Während Lovis stundenlang verbissen die Leinwand mit Konturen und Farben bedeckte, erleichterte ich mir und ihm die Arbeit, indem ich lustige Lieder oder Opernarien sang. Als er mich im spanischen Kostüm malte, gab ich aus der Oper Carmen „Die Liebe vom Zigeuner stammt" zum Besten.

Am 25. Juli 1908 traf uns tief der Freitod von Walter Leistikow, dem besten Freund von Lovis. Er hatte sich am Tag zuvor mit erst 42 Jahren im Sanatorium Hubertus am Schlachtensee erschossen, um seiner Familie und sich die Qualen seines Endes zu ersparen. Alle Freunde, Kollegen und Sammler seiner Werke eilten von überall herbei, um den Gründer der Berliner Secession und großen Kämpfer für die moderne Kunst zu Grabe zu tragen. Ich wusste, dass Leistikow unheilbar an Syphilis erkrankt war. Lovis hatte ihn noch wenige Tage zuvor besucht und begriffen, dass hier nichts mehr zu ändern war. Außer seiner Ehefrau wollte er niemand anderen mehr sehen. Corinth beschloss, seinem lieben Freund ein würdiges Denkmal zu setzen und schrieb über ihn eine Biografie mit dem Titel „Das Leben des Malers Walter Leistikow", das bald darauf bei Paul Cassirer erschien.

Im Jahr 1908 verfasste Lovis auch ein Lehrbuch, in dem er dem Leser die Kunst der Malerei näher bringen wollte. Unter dem Titel „Das Erlernen der Malerei" wurde der Hobbymaler mit den vielfältigen Techniken dieser Kunst vertraut gemacht. Dass Lovis außer seiner überragenden Gabe für die Malerei auch noch ein Talent fürs Schreiben hervorzauberte, steigerte meine Bewunderung für ihn nur noch mehr.

Vier Jahre nach Thomas' Geburt war ich noch einmal schwanger. Ich hatte ja bereits die Erfahrung gemacht, hoffte aber, die Geburt würde diesmal schneller von Statten gehen. Zwar war die Erinnerung an die durchlittenen Schmerzen verblasst, dennoch drängte es mich gerade jetzt, den unmittelbaren Augenblick malerisch festzuhalten. Mit diesem Bild, das ich „Die schwere Stunde" nannte, beschwor ich gewissermaßen die Natur, mir die Geburt unsers zweiten Kindes in einem halben Jahr leichter zu machen. Als ich das Bild vollendet hatte, wurde es sogar in der Secession ausgestellt. Unser Hausarzt Professor Stratmann wollte es sogar kaufen. Lovis betrachtete das Gemälde lange und meinte dann: „Na, Petermannchen, das muss damals ja arg gewesen sein. Sehr gut beobachtet, sehr gut in der Komposition. Aber ohne dieses Gewusel von Tüchern bist du mir viel lieber."

„Und sinnlich findest du es nicht?", fragte ich spöttisch.

„Nein, Kerlchen, dafür habe ich dich viel zu lieb."

So war er, spontan und immer ehrlich. Er sprach seelenruhig Dinge aus, wenn er sie für wahr hielt, obwohl sie andere kränken konnten. Zum Beispiel sagte er einem trauernden Bekannten, dem die Frau gestorben war: „Na weinen Sie nicht gar zu sehr, in einem Vierteljahr ist es Ihnen schon wieder ziemlich gleichgültig." Der Mann war außer sich.

Leute, die er längere Zeit nicht gesehen hatte, begrüßte er: „Ei, Deubel noch mal. Sie sind aber grau geworden. Und einen dicken Bauch haben Sie sich auch zugelegt." Der Betreffende entschuldigte sich meist erschreckt. „Nee, nee", das brauchen Sie nicht. Das ist das beginnende Greisenalter", lachte Corinth vergnügt.

Wenn er wieder einmal drohte, in Melancholie zu verfallen und ich ihn, im Klubsessel mit Zigarre vor sich hinbrütend, aus seiner Depression herausholen wollte, machte ich ihm vor, wie er Leute begrüßt. Dann marschierte ich im Zimmer umher, ging wie er und pfefferte den Unsichtbaren mit fuchtelnden Händen alle derartigen Begrüßungen von Lovis entgegen. Dabei trieb ich die Verulkungen noch frivol auf die Spitze. Besten Erfolg, ihn aufzuheitern, hatte ich auch mit meinem Versuch, seinen ostpreußischen Tonfall nachzuahmen. Als Berlinerin mit hiesigem Dialekt stellte ich mich dabei betont dämlich an. Dann schüttelte sich Lovis so vor Lachen, dass er die Zigarre aus der Hand legen musste. „Gut, Kerlchen, dass du so lustig bist." Bald war er wieder bester Stimmung.

Die Wartezeit auf unser zweites Kind verging schneller als gedacht. Am 13. Juni 1909 erblickte Wilhelmine das Licht der Welt. Ich war danach rascher auf den Beinen als beim ersten Mal. Nun waren wir zu viert und Lovis ungeheuer stolz. Nach dem Sohn auch eine Tochter. Als das Baby drei Monate alt war, gibberte er nur darauf, seine Familie mit sich selbst im Hintergrund zu malen. Ich sollte sitzend mit der Kleinen auf dem Schoß einen großen braunsamtenen Hut und ein tief ausgeschnittenes Kleid tragen, damit man nur ordentlich meinen Busen sah. Thomas stand auf einem Schemel links artig daneben. Wie Lovis, hinter mir stehend, sich selbst mit der Malpalette in der Linken darstellte, gab er das Bild eines brummigen bäuerlichen Naturburschen ab. Dieses einzige Familienbild wirkte auf mich wie eine barocke Inszenierung seiner immer vorhandenen Selbstbefragung. In seinem ersten Berliner Jahrzehnt war Lovis ein gefragter Porträtist geworden. Außerdem trugen die Ausstellungen der Secession in der Kantstraße mit zahlreichen großformatigen Gemälden zu seinem wachsenden Ruhm bei.

Den Auftakt bildete ein Wunsch von Professor Alfred Lichtwark, dem Direktor der Hamburger Kunsthalle. Er war von einem Porträt des Historikers Eduard Meyer so begeister, dass er Lovis bat, den Direktor von Hagenbecks Tierpark, Commerzienrat Carl Hagenbeck, für sein großes Museum zu porträtieren. Lovis zeigte mir aufgeregt Lichtwarks Brief.

„Was meinst, Kerlchen, ist das nicht eine Riesenchance? Man lässt mir sogar die Freiheit, wie ich es malen soll. Ich würd' denken, dazu passt ein Tier. Der Direktor mit seinem Lieblingstier. Ich schreib ihm gleich, dass ich komme. Muss nur mal nachschau'n, welchen Termin ich dafür frei habe. Mit vier, fünf Tagen ist dort zu rechnen." Vor Freude war er ganz aufgeregt.

In der zweiten Oktoberwoche 1911 fuhr er nach Hamburg und nahm im Palasthotel am Neuen Jungfernstieg Quartier. Mit Hagenbeck verabredete er sich in dessen Tierpark in Stellingen. Ich dachte mir schon, dass ihn diese Arbeit aufs Höchste in Anspruch nehmen werde. Doch als er mir schrieb, dass er als Begleitung für das Porträt den Walrossbullen „Pallas" ausgesucht hatte, war ich sprachlos. Bei den Ausmaßen dieses Tieres musste das ja ein Riesenbild werden. Tatsächlich war die Leinwand über vier Quadratmeter groß.

Ein Walross? Wieder einmal überraschten mich Humor und Eigensinn von Lovis, vor allem sein unglaublicher Fleiß. Ob er sich damit körperlich nicht überanstrengte? Am Dienstag, 9. Oktober, hatte er früh morgens mit dem Bild begonnen. Schon am nächsten Tag schrieb er mir: „Meine Arbeit habe ich heute programmgemäß fast zu Ende. Nur morgen das Ganze noch paar Stunden übergehen. Es war sehr anstrengend: Jeden Tag wollte ich Nachmittag ausnutzen, aber wenn ich um 3/4 1Uhr aufhörte, war ich zu müde und fuhr in die Stadt. Ich aß Mittag und schlaf dann so bis 5 Uhr wie auch heute. Jetzt wo es zu Ende geht, stellen sich auch wieder Unzufriedenheiten ein: zu steif etc. ... Das Viech macht alle möglichen Stellungen viel complizierter, wie meine einfache auf dem Bilde. Na, wollen sehen."

Ich konnte mir schon vorstellen, dass sich der dicke Pallas nicht immer von seiner Schokoladenseite zeigen wollte. Als ich das Gemälde später in der Frühjahrsausstellung 1912 in der Secession sah, musste ich lächeln. In seiner Zuneigung für den nahezu weltberühmten Pallas hatte Lovis ein Drittel der Bildfläche mit dem dickhäutigen, sackwanstigen Tierkörper bedeckt. Der Bulle hockt am Rand des Robbenbeckens auf seinen Vorderbeinen rechts neben dem Tierparkdirektor, der ihm seine rechte Hand auf den Nacken legt. Hagenbeck erscheint tatsächlich etwas steif in seinem Mantel mit Schlips und Kragen. Er soll Lovis aber verraten haben, das Tier sei wie ein guter Freund und dabei ein intelligentes, liebenswürdiges Geschöpf mit borstigem Schnauzbart und gutmütigem Blick.

„Als Wahlverwandten hast du das Walross gleich mit porträtiert. Selbst euren Schnauzbart hast du nicht vergessen", neckte ich Luke. Der nahm es heiter: „Nur allein auf dem großen Bild hätte Hagenbecks Figur nicht viel her gegeben", grinste er. Nachdem ihm Lichtwark über das fertig gestellte Bild wahre Elogen gemacht hatte, überließ es ihm Lovis zum Freundschaftspreis von 4000 Mark. Er verkaufte an die Hamburger Kunsthalle noch zwei weitere Bilder und kehrte erschöpft, aber hoch zufrieden zurück. Nach diesem Erfolg war er auch kunstpolitisch für Führungsaufgaben in der Secession gefragt.

Als der vierundsechzigjährige Max Liebermann am 16. November 1911 als Präsident der Secession gemeinsam mit seinen engsten Mitarbeitern ihre Vorstandsfunktionen niederlegten, nahm Lovis die Wahl zum neuen Vorsitzenden an. Es ging bei diesem Wechsel in der Hauptsache um einen Konflikt zwischen der älteren und jüngeren Generation. Die ältere beharrte auf einer Präsenz und Fortsetzung der impressionistischen Richtung. Zu dieser gehörte auch Lovis. Die jüngeren Künstler, unter ihnen Emil Nolde, Max Pechstein, Maler der „Brücke" und „Neuen Künstlervereinigung München" gründeten die „Neue Secession", deren Hauptanliegen der Expressionismus war. Mit dem Präsidentenamt der ursprünglichen Berliner Secession kamen auf Lovis zusätzliche Verpflichtungen zu, die ihn neben seiner Malerei und Lehrtätigkeit sehr anstrengten und überforderten. Denn schon am 11. Dezember erlitt er einen schweren Schlaganfall.

Als ich in der Nacht durch lautes Stöhnen im Nebenzimmer hörte, dass etwas mit ihm nicht stimmte, sprang ich aus dem Bett und eilte zu ihm. Er lag da und krümmte sich vor Schmerzen, murmelte nur etwas von seinen Verstorbenen, die ihm zuwinkten und dass er sterben werde. Seine Finger waren kalt und weiß wie die eines Toten. In meiner Panik rief ich unseren Hausarzt Doktor Strassmann, der als Freund auch sofort kam, obwohl es ihm selbst nicht gut ging.

„Eine riesige Gewalt drückt auf meine Brust", flüsterte Lovis. „Es geht um die Wurscht. Ich muss sterben. Mein eigener Vater ist an dieser Krankheit gestorben." Der Arzt hörte seine Brust ab und beruhigte den Kranken: „Mit so einem Herzen stirbt man noch lange nicht. Sie werden noch tausend Jahre leben. Mir scheint, Sie haben linksseitig einen Schlaganfall erlitten. Das muss noch neurologisch abgeklärt werden. Rechts sind Ihre Gliedmaßen gut beweglich. Es ist nicht so schlimm, wie Sie glauben. Lieber Corinth, Sie werden noch viele Bilder malen. Dafür müssen Sie aber dem Alkohol abschwören. Das ist das Wichtigste. Und für die nächsten Jahre ausschließlich: Aqua mineralis!"

Dann verschrieb er einige Medikamente und beruhigte auch mich: „Ihr Mann muss nicht sterben. Durch den Schlaganfall ist wohl die linke Seite betroffen. Arm und Bein rechts sind frei beweglich. Ich schlage vor, ihn für einige Tage ins Krankenhaus zu geben. Danach wissen wir beide mehr."

So kam es. Nachdem ich anfangs ganz aufgelöst war vor Angst um ihn, ging es Lovis allmählich wieder besser. Er kam nach Hause zurück und ich pflegte ihn, so gut und soviel ich konnte, gab mich ganz auf in der Sorge für ihn. Obwohl es ihn schwer ankam, verzichtete er tatsächlich auf jeglichen Alkohol. Das ging allerdings nicht ohne heftige Stimmungswechsel ab. Er war zum Verzweifeln ungeduldig, wurde manchmal sogar ausfallend gegen mich, wofür ich aber seine erzwungene Abstinenz verantwortlich machte.

Dann kamen endlich bessere Tage. Bald griff er auch schon wieder zu einem Bleistift und machte eine Skizze mit einem Knochenmann darauf. Er setzte auch Briefe und Karten mit ironischem Galgenhumor auf. Ich wusste, wenn er erst soweit war, dass er sich selbst und seinen Zustand witzig aufs Korn nehmen konnte, dann war eine Besserung bald abzusehen.

Und tatsächlich – schon nach zwei Wochen verfasste Lovis für seinen Sohn Thomas einen „Letzten Willen", und zwar auf Latein, um diesem im Falle seines Todes eine geheime Botschaft zu hinterlassen. Thomas war zu dieser Zeit erst sieben Jahre alt und eben in die zweite Klasse gekommen. Erst viele Jahre später konnte er den Text übersetzen. Er lautete:

„O liebstes kleines Thomaslein: Mit meinen Augen habe ich den Tod gesehen; ich habe ihn gesehen und geglaubt, dass mein Leben beendet gewesen ist. Sei zufrieden, wenn ich Dir sage, dass du Hoffnung auf ein glückliches Menschenleben hast. Denn dies Leben ist für Dich nicht nichts. Bleibe ein ordentlicher Mensch, gehorche Deiner Mutter und werde ein starker Mann für Dein Werk, selbst wenn ich leben bleibe. Ich werde über Dein Haupt blicken und meine Hände über Deinen Kopf halten. Da Du noch klein und ohne Bildung bist, wird es nützlich für Dich sein, Rat zu pflegen mit dem Menschen und erprobten Mann E. K., Prokurist der Firma H. C. in Bezug auf alles, was Du tun willst. Denn er ist ein guter und wahrer Freund, und ich glaube, dass er für Dich alles (tun) wollte."

Sechs Wochen hindurch litt er große Schmerzen, schrieb dennoch Briefe an Künstlerfreunde, einen Bankier und Kunsthändler, auch an Professor Alfred Lichtwark. Ebenso ermutigte er die Mitglieder der Secession zu weiteren Fortschritten bei der Auswahl für Ausstellungen und verwies dabei auf die erfolgreiche große Ausstellung in Düsseldorf, die von Künstlern der Berliner Secession beschickt worden war. Wie sich herausstellte, war nach dem Schlaganfall bei Lovis die linke Seite mit Arm und Bein nur leicht gelähmt. Beim Gehen zog er den linken Fuß etwas nach und benutzte zu seiner Sicherheit einen Stock. Mit der linken Hand konnte er greifen und die Malpalette längere Zeit halten. Rechts waren Arm, Hand und Bein unbehelligt geblieben, für seine Malerei das Wichtigste. Denn schon Ende Januar 1912 schuf er mit Hilfe seines Freundes Hermann Struck seine Radierung „Hiob und seine Freunde". Indem er sich selbst mit Hiob und dessen körperlichen und seelischen Leiden verglich, hoffte er, Gott werde ihn noch einmal auszeichnen.

Nachdem wir unsere Kinder bei meiner Mutter in Pflege gegeben hatten, reisten Lovis und ich am 19. Februar an den italienischen Badeort Bordighera. Wir hofften, dass er sich in diesem milden Klima erhole. Wir hatten auch Glück mit unserem sehr ernsthaften und gründlichen Arzt, der ihn sehr erholungsbedürftig fand und den Tagesablauf von Lovis genau festlegte. Morgens koffeinfreier Kaffee, zweimal eine halbe Stunde Gehen oder spazieren Fahren, um halb eins Mittagessen mit für ihn speziell zubereiteten Speisen, um 19 Uhr Abendessen. Um neun Uhr sank Lovis todmüde ins Bett. Bei allem, was um ihn herum geschah, war er sehr still und nachdenklich, unendlich gut und dankbar für alles und die kleinste Aufheiterung. Wir blieben noch bis Ende April in unserem Hotel an der Riviera. Dann ging es Lovis wieder so gut, dass wir nach Berlin zurückkehren konnten.

Die große Zäsur

Obwohl sich Lovis im Frühjahr 1912 von seinem Schlaganfall im vergangenen Dezember einigermaßen gut erholt hatte, war doch ersichtlich, dass diese große körperliche und seelische Prüfung Spuren hinterlassen hatte. Der Schmerz war endlich gewichen. Sein starkes Naturell half ihm, die Ungelenkigkeit seiner linken Extremitäten energisch zu überwinden. Mit seinen ersten kleinen Zeichnungen sogar noch auf dem Krankenbett kehrte seine Zuversicht langsam zurück. Ich konnte ihn darin nur nach besten Kräften bestärken und munterte ihn mit allen mir zur Verfügung stehenden Tricks und kleinen Überraschungen auf.

Eines Morgens im Mai war er aufgeräumt wie lange nicht. Ich spürte, er bewegte etwas in seinem Geist. „Weißt, Petermannchen, heut will ich dich endlich mal wieder malen. Und zwar in deiner braunen Herbstjacke mit den Pelzbesätzen an den Ärmeln und deinem fabelhaften lila Hut. Dazu weiße Handschuhe", begrüßte er mich beim Frühstück.

Ich umarmte ihn glücklich. „Natürlich, liebster Luke. Das machen wir zusammen. Das ist eine wunderbare Idee." Während er langsam die Treppe hinauf in sein Atelier stieg, raffte ich die von ihm gewünschten Kleidungsstücke zusammen und eilte ihm nach. Oben half ich ihm, eine Leinwand aufzustellen und legte ihm Farben und Pinsel zurecht. Er platzierte mich auf einen braunen Armstuhl. Ich wusste: jetzt nichts sagen. Abwarten und freundlich blicken. Lovis war unruhig, suchte unterschiedliche Farben zusammen, brummte ärgerlich etwas Unverständliches, trat näher und wieder etwas zurück – bis er innehielt mit gezücktem Pinsel.

„Jetzt schaust mich an! So ein bisschen fragend unter der Hutkrempe hervor, der linke Ellenbogen aufgestützt. Die Hand hält zwischen Zeigefinger und Daumen das Kinn. Ja, so ist's recht." Und schon begann er mit sicheren, energischen Strichen, modellierte von Mund, Nase und Augen her mein Gesicht, umrahmt von dem großen dekorativen Hut mit einem (gedachten) prachtvollen orangefarbenen Federschweif. Hieb alles in fantastischem Schwung auf die Leinwand, wie nur er das konnte. Ich hielt ganz still. Das ging gute zwei Stunden so, dann hatte er den Kopf mit Hut fertig. Ich staunte.

„Das hast du wieder großartig gemacht, mein Lovischen. Wie dir das gelungen ist! Ganz wie früher, nein, noch besser. Du hast da etwas herein gelegt, was ganz neu und frisch ist."

„Meinst? Ich glaub auch, ich hab's geschafft", strahlte Lovis. „Es ist ein gutes Porträt von dir. Siehst aus, wie eine große Dame."

„Das bin ich auch", lächelte ich, „bin schließlich die Gemahlin von Berlins derzeit größtem Maler." Wir mussten beide lachen. Irgendwie war ein Bann gebrochen. Lovis hatte zu seiner alten Form und darüber hinaus zu noch größerer künstlerischer Unabhängigkeit gefunden.

„Das war erst die Generalprobe", kratzte er sich am Kopf. „Das Größte kommt noch. Jetzt werd ich den geblendeten Simson malen, muss aber noch Vorskizzen machen."

Dieses Thema aus der Bibel hatte ihn schon in München beschäftigt, als er 1893 „Simson und Delia" und 1899 die „Gefangennahme Simsons" malte. In Berlin schuf er acht Jahre später eine weitere grausame Szene, die „Blendung Simsons". Ich begriff, wie wichtig ihm gerade diese Gestalt war, schien er sich doch mit dem schmählich von Delia seiner Kraft beraubten muskulösen

Helden, der auf seine neuerliche Erstarkung hoffte, zu identifizieren.

Ich umarmte Lovis und musste dabei ein wenig an mich halten. „Ich bin sehr glücklich, dass du wieder zu malen beginnst", sagte ich ihm zwischen Lachen und Weinen. „Von jetzt an malst du deine schönsten Bilder."

Ende Juni fuhren Lovis und ich noch einmal zu seiner Erholung nach Bernried am Starnberger See. Dort hatten wir für sechs Wochen ein Häuschen gemietet, das zu einem Gut mit Pferde- und Kuhställen gehörte. Die Kinder waren der Obhut meiner Mutter überlassen, die ja noch von unserem Kindermädchen und der Köchin unterstützt wurde. Lovis nannte seine Schwiegermutter stets Belle-Mère und siezte sie wie meine Schwester Alice und die beiden siezten ihn ebenfalls. Sein vierundfünfzigster Geburtstag am 23. Juli fiel auf einen Sonntag. Ich hatte ihm einen wunderschönen Strauß mit roten, gelben und weißen Rosen, dazu weißen Hortensien geschenkt, über den er sich so freute, dass er ihn spontan malte. Daraus ist ein prächtiges Stillleben geworden.

Wie an jedem Geburtstag seit dem Jahr 1900 malte er auch wieder 1912 ein Selbstporträt. Er hatte sich das zur Angewohnheit gemacht, nicht etwa aus Eitelkeit. Vielmehr dienten ihm diese alljährlichen Konterfeis zur Selbstbefragung. Denn er war ein ungewöhnlich selbstkritischer Mensch. Er beobachtete die Veränderungen in seinem Gesicht genau und mir wollte scheinen, dass, je älter er wurde, er in diesen Selbstporträts geheime Spuren seines kommenden Todes suchte. Ein Hinweis darauf war ja schon in seinem Selbstbildnis mit Skelett von 1896 in München zu erkennen. Dennoch hatte er sich bisher immer in der Rolle des Siegers gemalt.

Und dann kam im späteren Sommer der Tag heran, an dem Lovis mit gewisser Feierlichkeit verkündete. „Heute beginne ich mit meinem Bild ‚Geblendeter Simson.‘" Er hatte sich als Modell einen großen Mann von athletischem Körperbau kommen lassen. Ich war bei diesen Malterminen nicht dabei und sah das Bild erst kurz vor der Vollendung. Lovis hatte seinem Simson die Augen mit einer blutgetränkten Binde verbunden. Der Mann war nackt bis auf ein dreieckiges dunkelgraues Tuch um die Lenden. Seine Hände waren mit einer Kette gefesselt. Mit wilder Entschlossenheit tappte er aus einer Tür, die er durchbrochen hatte, direkt auf den Betrachter zu. Das Bemerkenswerteste an dieser das ganze Bild ausfüllenden Gestalt waren die breit auseinander nach vorn gestreckten Arme und großen Hände, mit denen sich der Blinde vorwärts tastete. Die verzerrten Gesichtszüge kündeten von blindwütiger Verzweiflung und leidenschaftlichem Aufbegehren.

Mir war sofort klar, dass sich Lovis in seinem Simson selbst dargestellt hatte. Ich war erschüttert von dieser zwingenden Eindringlichkeit, spürte aber auch die unglaubliche Kraft, die aus dem Bilde sprach. Simson als Überwinder des Leidens. Lovis war aus der Zäsur, die der Schlaganfall für seine Kunst hervorgerufen hatte, mit neuer Kraft als Sieger hervorgegangen.

Gegen Ende Oktober 1912 erhielt er überraschend Besuch von Max Slevogt, der nicht weit von uns wohnte und gleich ihm im Vorstand der Berliner Secession war. Die beiden kannten sich seit ihrer Münchner Zeit und waren gleichzeitig 1901 nach Berlin gegangen. Als Anlass nahm dieser, dass er sich für die Schwarz-Weiß-Ausstellung „Zeichnende Künste" von November bis Dezember 1912 irrtümlicherweise zu spät angemeldet hatte.

Corinth empfing ihn freundlich: „Ich bedaure dieses Missgeschick sehr, Es ist nun aus Termingründen leider nicht mehr möglich, eine Wand mit Ihren Arbeiten zu dekorieren, wie Sie es wollten. Wir hätten das gern getan. Das Wichtigste ist ja, dass diese Entscheidung niemandes Absicht war sondern Ihr eigener Irrtum, der Abgabetermin liege nicht im September sondern früher."

„Ich weiß nicht, wie mir das passieren konnte. Ich muss da irgendetwas durcheinander gebracht haben." Slevogt schnaufte leicht, worauf Lovis ihn bat, Platz zu nehmen.

„Darf ich Ihnen etwas anbieten, Tee, einen Kaffee, eine Zigarre?"

„Vielen Dank. Ein Glas Wasser genügt mir. Ich komme nicht nur wegen der Grafik-Ausstellung. Es ist wegen Paul Cassirer." Slevogt schaute sich irritiert um, als er mich im Nebenzimmer bemerkte. "

„Lassen Sie nur. Meine Frau ist mit allen meinen Angelegenheiten bestens vertraut. Sie kann gern bei uns sitzen. Sagst nur rasch dem Mädchen Bescheid?", bat er mich und wandte sich wieder seinem Gast zu. „Wenn es nun leider in diesem Winter nichts geworden ist, würde ich Sie bitten, uns für spätere Zeiten wohl geneigt zu bleiben. Und was ist mit Cassirer? Ich nehme an, er will Präsident werden."

Slevogt, ein massiger Mann, rutschte etwas geniert auf dem Sessel herum. „Das ist niemandem in der Secession entgangen, dafür hat er zu viel Gedöns gemacht. Nach Ihrer Krankheit... ich meine, nachdem Sie so lange ausgefallen sind... verbreitete er das Gerücht, ... Sie seien für das Amt aus gesundheitlichen Gründen nicht mehr in der Lage ... äh, weil Ihre Vernunft gelitten habe."

Lovis fuhr empört auf: „Er meinte wohl meinen Verstand?"

„So ähnlich, kann man es nennen", wischte sich Slevogt mit einem Taschentuch den Hals. „Es fiel der Satz, Sie seien unzurechnungsfähig und als Präsident der Secession nicht länger tragbar."

Corinth sprang auf und lief erregt im Zimmer hin und her. Sein Gesicht war dunkelrot angelaufen. Ich zitterte, er könne einen neuen Schlaganfall erleiden. „Das schlägt dem Fass den Boden aus", schrie er. „Das ist eine bodenlose Verleumdung. Ich habe mich wegen der Ausstellung abstrapaziert, nur Arbeit und viel Ärger gehabt. Ich dränge mich wahrhaftig nicht nach diesem beschissenen Amt. Soll er das doch machen, der Judas! Er betrachtet die Künstler doch sowieso als seine Sklaven, wie mir von Emil Nolde zu Ohren gekommen ist. Wer nicht nach Cassirers Gusto malt, wird nicht ausgestellt. Und so einer nannte sich meinen Freund!" Corinth ließ sich wieder erschöpft in seinen Sessel fallen. „Ich will Ihnen sagen, warum ihm die Präsidentschaft so wichtig ist", fuhr er fort. „Als Galerist kommt er als Erster an die Bilder heran, beurteilt sie und setzt die Preise fest. Meine Bilder hat er mir abgekauft, da waren sie noch nicht einmal ausgestellt, gewissermaßen frisch von der Stange und für ihn noch günstig zu haben. Dann hat er die Preise kräftig herauf gesetzt und mich mit 50 Prozent abgefunden. Ihm geht es nur um den maximalen Gewinn."

Slevogt sagte beschwichtigend: „Na ja, man kann viel gegen ihn sagen, aber er hat ja auch viel für die Künstler und die Secession getan. Viele existieren von seinen Bilderverkäufen. Wir Maler sind nun mal nicht die besten Kaufleute. Wir leben zwar für die Kunst, aber leben müssen wir auch von ihr, meinen Sie nicht, gnädige Frau?"

„Ich würde vorschlagen, mein Mann klärt das selbst bei seinen Freunden in der Secession", wandte ich ein. „Jeder wird sehen, dass an diesem Gerücht nicht das Geringste dran ist und er sich im Vollbesitz seiner geistigen Kräfte befindet."

Luke sah mich nur an. Sekundenlang hatte ich den Eindruck, der Blick seiner blauen Augen treffe mich wie ein Messer. „Den

Teufel werde ich tun. Ich geh zu Cassirer und schmeiß ihm das Amt vor die Füße. Ich trete zurück. Basta!"

„Das fände ich sehr schade", entgegnete Slevogt. „Sie haben den Vorsitz doch bestens geführt, ließen die Anderen reden und debattieren und hörten nur ruhig zu. Schließlich haben Sie das Gezeter mit eiserner Faust zusammen gefasst, entwirrt und zum Staunen aller den Sachverhalt einfach und klar dargelegt. Der Meister hat gesprochen und es gab keine Widerrede. Wollen Sie das so einfach aufgeben?"

Obwohl sich Lovis nun wieder einigermaßen beruhigt hatte, beharrte er auf seiner Entscheidung: „Ich trete zurück."

„Dann bleibt mir wohl nur, demnächst das gleiche zu tun", erhob sich Slevogt.

Auch ich stand auf, um ihn an die Tür zu begleiten. „Schade, dass Sie uns schon verlassen wollen, Herr Slevogt. Wenn ich in dieser verfahrenen Situation einen Rat geben darf, würde ich vorschlagen, erst einmal die Hauptversammlung am 5. Dezember im Secessionsgebäude abzuwarten. Neben einigen anderen Mitgliedern steht ja mein Mann auch auf der Kandidatenliste. Vielleicht klärt sich alles ohne größeren Theaterdonner."

Slevogt lächelte. „Lieber Herr Corinth, was haben Sie doch für eine kluge Frau! Aber nun darf ich mich empfehlen. Die Hauptversammlung verspricht sehr spannend zu werden."

Nach diesem Besuch fiel Luke in eine schwere Depression. Eine Befürchtung schien sich in ihm festgesetzt zu haben, dass er durch den Schlaganfall vielleicht doch eines Tages seinen Verstand einbüßen könnte. Schließlich befand sich sein Onkel, Bruder seines Vaters, in einer psychiatrischen Klinik. Es gab Tage, da sprach Lovis kein Wort, vergrub sich in seinem Atelier ohne zu malen. Ich wandte alle meine Kraft auf, um ihn wieder zum Malen zu bewegen. Nachdem Paul Cassirer tatsächlich zum Präsidenten der Secession gewählt worden war, bot er Lovis einen Sitz im Vorstand an, was der aber ablehnte. Immerhin trafen sich die beiden. Nach allerlei einleitenden Floskeln über Ärzte, die dem einen das Rauchen, dem anderen den Wein verboten hatten, wie Luke erzählte, überraschte ihn Cassirer mit dem Angebot, für ihn vom 19. Januar bis 23. Februar 1913 eine große Ausstellung seines Lebenswerkes mit 228 Bildern in den Räumen der Secession zu machen.

„Mein lieber Corinth, ich lasse Sie doch nicht einfach fallen, wie Sie glauben. Sie sind, neben Liebermann natürlich, mein bestes Zugpferd. Und später geht die Ausstellung noch an ganz andere bedeutende Orte", lächelte Cassirer ein wenig spöttisch und betrachtete seine Fingerspitzen. „Was halten Sie von der Großen Kunstausstellung Düsseldorf, von Mannheim und der Weltausstellung in Gent? Nicht zu vergessen Ausstellungen in verschiedenen Galerien und Museen in Baden-Baden, München und Dresden? Sie werden international berühmt, mein Lieber." Und indem er sich mit einem aufmerksamen Blick zu ihm beugte: „Ich habe Sie persönlich nicht kränken wollen. Ich möchte mich mit Ihnen versöhnen, Corinth. Wenn man so lange zusammen gearbeitet hat wie wir und einer um die Stärken und Schwächen des anderen weiß, sollte man sich in Freundschaft einigen und verbinden. L'art pour l'art. Die Kunst für die Kunst."

Das war die Kraftspritze, die Luke wieder aufrichtete. Zuerst wollte er den Worten Cassirers nicht glauben. Als der aber insistierte: „Also, ran an die Arbeit, Meister! Von dieser Ausstellung wird Berlin noch lange sprechen", ergriff Lovis gerührt dessen Hand und sagte mit rauer Stimme: „Wenn Sie das für mich tun wollen... ich danke Ihnen. Ich werde mich der Secession würdig erweisen."

Nach diesem Gespräch war er wie ausgewechselt. Ich wusste, die Aufgabe war riesig. Nur ein Kunsthändler wie Cassirer konnte die Ausstellung in so kurzer Zeit bewältigen. In seinen Archiven lagerten hunderte von Lovis' Bildern. Das alles musste gesichtet, ausgewählt und gehängt werden. Ich beschloss, ohne Wissen meines Mannes, mit Cassirer zu sprechen, damit Lovis mit all diesen enormen Vorbereitungen so wenig wie möglich belastet würde. Mir war klar, trotz Cassirers großer Einzelausstellung für Corinth musste man bei ihm vorsichtig sein.

Um Lovis abzulenken, kam mir die Absage einer Frau Toelle aus Barmen zur Hilfe. Sie war Besitzerin eines Porträts des Schauspielers Rudolf Rittner, den Lovis 1906 in seiner Rolle als Florian Geyer gemalt hatte. Sie wollte das Bild für die Ausstellung nicht hergeben. Also schlug ich Lovis vor, einfach eine zweite Fassung des Porträts zu malen. Eine Skizze und fotografische Abbildung hatte er ja noch. Er brummte und maulte zwar, was immer ein gutes Zeichen war, aber dann stürzte er sich in die Arbeit.

Die letzten dreizehn Monate von Lovis' Krankheit und meine pflegerischen Sorge um ihn waren für mich seelisch wie körperlich so schwer gewesen, dass ich ihm kurz vor Jahreswechsel erklärte, ich müsse mir selbst einmal etwas Erholung gönnen. Jetzt wollte ich allein in die Berge fahren und dort im Schnee wandern.

„Ich dachte an Aldrans bei Innsbruck", sagte ich zu ihm. „Das liegt knapp achthundert Meter hoch, was bestimmt gut für meine Lunge ist. Jetzt im Winter durch den Schnee zu stapfen, stelle ich mir herrlich vor."

Lovis war einverstanden. Er betrachtete mich besorgt. „Du hast dich wirklich für mich aufgeopfert, Kerlchen. Wenn du das nötig hast, dann fahr halt allein. Ich würd ja gern mitkommen, aber das geht jetzt nicht. Wenn du so allein durch den Schnee wanderst, geb ich dir meinen Dolch mit, falls dir einer zu nahe kommt. Aber bis zu meiner Ausstellung bist wohl wieder da?"

„Natürlich, liebster Luke. Dann komm ich mit roten Backen frisch wie ein Apfel zu dir zurück."

Zwei Tage nach Weihnachten fuhr ich und genoss in dem verschneiten kleinen Dorf nach der anstrengenden langen Zeit von Lovis' Rekonvaleszenz mein Alleinsein. Ich hatte mein Malzeug mitgenommen, um es wieder einmal mit dem Malen oder Zeichnen zu versuchen. Zuerst wollte mir das nicht recht gelingen, aber dann machte ich doch einige kleine Skizzen von der grandiosen weißen Bergwelt und dachte mir, das wäre auch etwas für Luke. Auch wenn er nicht bei mir war, dachte ich immer an ihn, dann aber auch wieder an mich. Ich war nicht nur seine unabkömmliche Ehefrau, seine Pflegerin und häufigstes Modell. Ich war auch ich selbst und wollte als Malerin arbeiten, anerkannt sein und Erfolg haben. An der Seite eines so dominanten Meisters wie Lovis war das schier unmöglich. Alles drehte sich nur um ihn. Er war fünfundfünfzig, ich dreiunddreißig. Ich hoffte, noch eine lange Zeit mit ihm zusammen zu leben. Dennoch regte sich in mir Widerspruch, als Künstlerin nur in seinem Schatten zu stehen. Noch war ich jung und sah gut aus, obwohl ich nicht mehr so schlank war wie zu Zeiten unserer ersten Liebe. Das schien ihn aber nicht zu stören. Luke liebte pralles weibliches Fleisch.

Was mich aber störte, waren seine erotischen Eskapaden. Seine Arbeit brachte es mit sich, dass er tagelang für viele Stunden außer Haus war oder auch außerhalb Berlins. Zechen mit seinen Freunden bis zum Umfallen, wie in früheren Jahren, durfte er nicht mehr. Dieses Verbot beachtete er, obwohl es ihn als offensichtlichem Alkoholiker immer wieder die größte Kraft kostete, auf seine täglichen Schnäpse und die Flasche Rotwein am Abend zu verzichten. Er hing viel zu sehr an seiner Malerei, die ihm sein Leben bedeutete, um die Warnungen seines Arztes zu missachten. Umso mehr suchte er kurze, unverbindliche Abenteuer bei Damen, die sich ihm anboten. Wenn ich unserem Dienstmädchen seine Wäsche herauslegte, streifte mich schon ab und zu ein Duft nach fremdem Parfüm. Ich dagegen flirtete höchstens mal. Bei den Berliner Bällen und Festivitäten der Secession hätte ich immer wieder mehr als einen Erfolg haben können. Aber ich blieb trotz ein, zwei kurzen Seitensprüngen meinem überragenden Ehemann treu. Ich war so etwas wie sein persönlicher Besitz, sein Petermann, die Kameradin, auf die er sich verlassen konnte. Ich beschloss, ihm meine Meinung zu sagen. Und seinen Dolch musste ich nicht gebrauchen.

Die Eröffnung von Lovis' Ausstellung war grandios. Liebermann hatte für ihn im Vorwort des Katalogs geschrieben: „Dir, Lovis Corinth, kollegialen Gruß zuvor. Wie der Vogel Phönix aus der Asche, bist Du aus langer Krankheit gekräftigt hervor gegangen und uns neu geschenkt worden. Als Gegengeschenk wird Dir Dein Lebenswerk bis zum heutigen Tage vorgeführt. Du sollst erkennen, was Du bis heute geleistet hast, wir wissen es seit langer Zeit, was Du uns und der Kunst bist.

Als richtiger Maler bist Du der Stolz unseres Metiers, und ich wähle dieses Wort absichtlich; denn nur aus dem Handwerk kann sich eine gesunde Malerei entwickeln... Gerade die Ausstellung der Werke Corinths zeigt uns, mit welch rastlosem Fleiß er sein Leben lang gearbeitet hat – um Corinth zu werden... Corinth ist einer der ernsthaftesten Maler Deutschlands... Prosit Corinth. Januar 1913. Max Liebermann."

Im „Berliner Tageblatt" schrieb der Kunstkritiker Fritz Stahl: ... „Eine solche Ausstellung, die, glaube ich, niemals sonst versucht worden ist, stellt den Künstler auf eine Probe, von deren Gewaltsamkeit man fast erschrickt. Und wer Corinth, wie Liebermann diese Worte im Katalog ausspricht, als ‚einen der ernsthaftesten Maler Deutschlands' verehrt und vom Publikum verehrt sehen will, der muss sich freuen, wie er diese Probe besteht... „den ganz großen Respekt kann niemand diesem Maler versagen, der immer bereit ist, das Erreichte aufzugeben, wenn ihm ein neues Ziel erscheint, der erbarmungslos gegen die eigene Kraft alles abstößt, was nicht sein eigen ist, der das ‚Stirb und Werde' als kategorischen Imperativ in sich trägt. ... Es sind Stücke in Corinths Bildern..., von denen man fühlt, so hat die Malerei großer alter Meister ausgesehen, als sie frisch war.... Dieses Arbeiten aus dem Vollen der Farbe... bedeutet viel mehr. Es ist die eigentliche Malertat... es ist ... der vollkommene Ausdruck einer Sache. Die gemeinsame Grundlage ist doch wohl eine Sinnlichkeit, die auf verschiedene Reize mit gleicher Kraft reagiert und nie eine ihrer Regungen verheimlicht."

Nach dem großen Erfolg von Corinths Ausstellung errang auch die Sommerausstellung der Berliner Secession, die ihr 15-jähriges Bestehen beging, international starke Begutachtung. Cassirer hatte die Künstlervereinigung gezwungen, auch die modernen Kunstrichtungen aktiv zu fördern. Neben den Expressionisten Kirchner, Heckel, Schmidt-Rottluff, Max Pechstein und Oskar Kokoschka wurde eine große Zahl von Bildern ausländischer Künstler wie Cézanne, van Gogh, Renoir, Toulouse-Lautrec, Seurat und Matisse gezeigt.

Unter den jungen deutschen Malern stellte auch Georg Walter Rössner zwei Werke aus, die Bilder „Robinson Crusoe mit Freitag im Einbaum" und „Dame im Café im alten Meißner Garten". Da ich seit 1908 als Mitglied der Berliner Secession auch ausgestellt hatte, interessierte mich dieser Künstler besonders, da er Schüler von Corinth gewesen und von ihm als einer seiner talentiertesten beurteilt worden war. Da ich ihm nun persönlich begegnete, nahm ich den hageren jungen Mann mit dem durchgeistigten Gelehrtenkopf neugierig aufs Korn. Inmitten des geräuschvollen Betriebes in der Secession erweckte er einen verträumten Eindruck. In der lebhaften Gesellschaft der Künstler, die sich vor Eröffnung der Ausstellung anschauten, wo und wie ihre Bilder gehängt waren, verstummte er plötzlich, um sich gewissermaßen in sich selbst zurückzuziehen. Merkwürdig, ich hatte ihn mir ganz anders, weniger schüchtern, vorgestellt. Ich trat auf ihn zu und sprach ihn an.

„Ich bin Charlotte Berend-Corinth. Mein Mann hat mir schon vor einigen Jahren von Ihnen erzählt. Ich freue mich, dass Sie jetzt bei uns in der Secession ausstellen. Ihr Robinson Crusoe interessiert mich besonders, weil das Bild bei aller Realität sehr impressionistisch aufgefasst ist. Sehr schön die tropischen Pflanzen um Boot und Hintergrund herum. Mit Grün muss man ja vorsichtig sein, weil es grell erscheint und leicht andere Farben erschlägt. Gibt man etwas Braun hinzu, lässt es sich anderen Farben gut unterordnen."

„Ich bin sehr erfreut, Sie kennen zu lernen, gnädige Frau. So wie Sie mein Bild sehen, spricht aus Ihnen die Malerin. Kein Wunder bei solch einem Gatten", wunderte er sich, wobei sich seine Stimme vor Freude etwas überschlug. Ich schätzte ihn auf knapp dreißig.

„Ich war selbst Schülerin von Corinth, bis wir geheiratet haben. Ich habe viel von ihm gelernt und tue es immer noch, wenn ich ihm beim Malen zuschauen kann. Dennoch arbeite ich an meinem eigenen Stil, was allerdings noch ein wenig warten muss. Wenn man als Mutter und Ehefrau eines Künstlers wie ihm so beschäftigt ist, steht die eigene Malerei vorerst noch zurück", lächelte ich ihn an. Da bald darauf Liebermann hinzutrat, um mich für ein Pressefoto gemeinsam mit ihm zu entführen, war unser kleines Gespräch auch schon beendet. ‚Dieser eitle Pfau', dachte ich. ‚Weil er sich gerade mit Corinth überworfen hat und sich selbst nicht mit ihm zeigen will, muss eben ich herhalten.'

„Ach Rössner, gut dass ich Sie sehe. Wir sollten uns demnächst mal unterhalten. Vielleicht habe ich etwas für Sie." Und schon dirigierte mich Liebermann in Richtung einiger würdiger Herren, in denen ich Mäzene und Käufer vermutete. Später erfuhr ich dann, dass die Berliner Nationalgalerie Rössners „Dame im Café" gekauft hatte. Ich hätte seinem Robinson die Palme gegeben.

Von Liebermann wusste ich, dass er mich als Corinths „bessere Hälfte" überhaupt nicht leiden konnte. „Die Frau, das ist ein Aas und die ist für Corinth großartig, aber n' Aas", hatte er sich Freunden gegenüber geäußert. Ich fand, er war selber eins. Mein Auftreten in der Öffentlichkeit kam daher, dass mich Luke nach seinem Schlaganfall gebeten hatte, ihm die lästige Steuererklärung abzunehmen. Obwohl ich mich in diese Materie erst hereinfuchsen musste, war daraus bald immer mehr geworden. Schließlich überließ mir mein Ehemann die meisten Verkaufsverhandlungen mit privaten Käufern, Händlern oder Verlegern. Ich wurde immer sicherer und sorgte energisch dafür, dass man Luke nicht übervorteilte und seine Werke finanziell zu niedrig ansetzte. Bei Verkaufsgesprächen setzte ich mich durch, woraufhin man mir schließlich Respekt zollte. Von Lovis hielt ich alles Belastende fern, damit sein Kopf und seine Hand frei waren von Zwang. Er sollte ungehemmt nur seiner Kunst leben. Was sich möglicherweise ein Großteil der Männerwelt wünschte – ein Lämmchen war ich nicht. Das hätte Corinth auch nicht geheiratet.

Da sich ein Teil der Mitglieder der Secession durch die umfangreiche Repräsentanz ausländischer Werke in ihrer Ausstellungsmöglichkeit eingeschränkt sah, kam es im Juni 1913 in der Berliner Secession zum Bruch. Weil man Cassirer seine Doppelfunktion als Jurymitglied und Kunstverkäufer vorwarf, wurde er als Präsident abgewählt. Denn die jüngeren Expressionisten glaubten, nicht genügend zum Zuge zu kommen. 40 von ihnen traten neben Slevogt, Liebermann und Paul Cassirer aus und gründeten die Freie Secession mit Max Liebermann als Ehrenpräsidenten. Als einziger Maler mit internationalem Ruhm verblieb Corinth mit dem Rest der Künstler in der historischen Berliner Secession und wurde neuerlich zu deren Präsidenten gewählt. Dieses Amt hatte er bis zu seinem Tode inne.

Die in den folgenden Monaten stattfindenden Scherereien zwischen der so genannten Rumpf-Secession mit meinem Mann an der Spitze und der Freien Secession, der Partei von Paul Cassirer, trieb Lovis zu einer Flut von Briefen und kunstpolitischen Aktivitäten. Als Paul Cassirer nach dem Krach im Secessionsgebäude am Kurfürstendamm von seinem vermeintlichen Hausrecht Gebrauch machte, waren den „Rumpf-Secessionisten" dort keine Betriebsversammlungen oder Ausstellungen mehr gestattet. Die Angelegenheit endete vor Gericht, wonach Cassirer nicht nur Recht erhielt sondern den „Abtrünningen" rund um Corinth monatelange Mietzahlungen in Rechnung stellte, die angeblich nie bezahlt worden seien. Deren Kassen waren so gut wie leer. Lovis trennte sich daraufhin von Cassirer mit seiner Galerie und beauftragte den Galeristen Fritz Gurlitt mit dem Verkauf seiner Bilder.

Hinzu kam, dass auf dem Kunstmarkt die Geschäfte nicht gut liefen, woran die beiden gerade beendeten Balkankriege zwischen Bulgarien, Rumänien, und Griechenland gegen die Türkei und

Serbien ihren Anteil hatten. Die europäische Finanzwelt hielt sich mit dem Erwerb von Kunstwerken zurück, um die wirtschaftliche Situation zu beobachten. Denn 1913 zeigten sich am politischen Firmament schon erste Anzeichen eines heraufziehenden Gewittersturmes zwischen den Völkern Mitteleuropas. Während Lovis, unbehelligt von der großen Politik, mit äußerster Zielstrebig- und Standfestigkeit ein Bild um das andere schuf, allein 1913 über 50 Gemälde, brach im Jahr darauf am 1. August 1914 der Weltkrieg aus.

Obwohl er sich für die deutsche Außenpolitik nicht interessierte, betraf der deutsche Kriegseintritt Corinth nahezu persönlich. Als der Kaiser zu den Waffen rief und Hunderttausende mit blumengeschmückten Gewehren in den Krieg zogen, wusste niemand, wie grauenvoll dieser enden würde. Auch Lovis dachte, er sei in zwei bis drei Monaten wieder vorbei, wenn der Kaiser und seine Generäle erst einmal Recht und Ordnung wieder hergestellt hätten. Er selbst war vom Kriegseintritt begeistert. Von der allgemeinen patriotischen Aufbruchstimmung verblendet, erwartete er auch einen gesellschaftlichen Aufbruch.

Vor einer großen Zahl von Studenten hielt er sogar einen flammenden Vortrag: „Wir wollen der Welt zeigen, dass heute deutsche Kunst an der Spitze der Welt marschiert. Fort mit der gallisch-slawischen Nachäfferei unserer letzten Malereiperiode! Der ‚fürchterliche Ernst'! Jetzt wollen wir ihn pflegen, auf dass wir das fremde Joch abschütteln und eine eigene deutsche Kunst diktieren. Wir wollen der Natur folgen, jeder nach seiner Auffassung und nach seiner Individualität, alsdann kann es uns nicht fehlen, dass wir mit dem heiligen Ernst erreichen, endlich auch eine deutsche, nationale Kunst zu besitzen.... Soll die deutsche Kunst regeneriert werden, so ist vor allen Dingen geistige Freiheit notwendig.

Nur sie kann uns zu der Höhe führen, welche wir so sehnsüchtig erträumen."

In diesem Zusammenhang wetterte Lovis gegen die „Lex Heinze", eine 1891 von Kaiser Wilhelm II. vorgeschlagene Ausweitung des § 184 des Reichsstrafgesetzbuches. Dieser so genannte Unzüchtigkeitsparagraph richtete sich verstärkt gegen allzu freizügige Werke der bildenden Kunst, unter anderem auch gegen Corinths Illustrationen zu erotischen Gedichten von Schiller und Bürger.

Mitte August 1917 erhielt Lovis „in Anerkennung seiner ausgezeichneten Verdienste um die Deutsche Kunst" das Ehrenbürgerrecht der Stadt Tapiau. Nachdem die Russen in Ostpreußen eingefallen waren und Lovis' Geburtsstadt zum großen Teil zerstört hatten, war sie von ihren Bürgern wieder aufgebaut worden. In den vier Kriegsjahren wurde allen Deutschen klar, welche verheerenden Folgen dieser große europäische Krieg unter Mitwirkung der Vereinigten Staaten von Amerika hatte. Kaum eine Familie, in der nicht der Vater, Sohn oder Bruder gefallen war oder als Krüppel heimkehrte. Die Zeitungen strotzten vor Todesanzeigen. Was aber wirklich im mörderischen Stellungskrieg in den Gräben an der Westfront vor sich ging, wurde nicht gezeigt. Zwar blieb es in Berlin und überall zu Hause ruhig. Aber die Lebensmittel wurden immer stärker rationiert. Auch Kohlen waren knapp geworden. Im Winter wurden unsere Wohnräume nur einmal am Tag schwach beheizt. Dick in einen warmen Pelzmantel gehüllt, malte Lovis in der kalten Jahreszeit mit blauen Händen im eiskalten Atelier unverdrossen seine Bilder. Die waren jetzt plötzlich gefragter denn je. Da die Reichsmark ihren Wert verloren hatte, legten Käufer ihr Kapital in Gemälden von Corinth an.

Indem er Männer in Rüstungen als Ritter und Beschützer malte, wappnete sich Lovis gegen das allgemeine Elend. Zum Kriegsende schrieb er in einer Art Memorandum: „Am 11. November 1918 hatte Wilhelm II. abgedankt und war nach Holland geflohen. Das Haus Hohenzollern war abgeschafft und Preußen zu Ende. Polen nahm sich Danzig und erhielt mitten in Deutschland einen so genannten Korridor. Wegen der von den Siegern geforderten unmäßig hohen Reparationskosten stand der Staatsbankrott vor der Tür." Obwohl ihn ohnmächtige Verzweiflung über die Hilflosigkeit der Bevölkerung gepackt hatte, setzte Lovis hinzu: „Ich fühle mich als Preuße und kaiserlicher Deutscher."

Seinen 60. Geburtstag am 21. Juli 1918 feierten wir vier Corinther mit meiner Mutter und Schwester Alice in Urfeld am Walchensee. Als wir ihn, von Kochel über die Kesselbergstraße kommend, plötzlich so blau vor uns sahen, waren wir hingerissen von dem malerischen Anblick dieser herrlichen bayerischen Gebirgslandschaft. Lovis wollte sie am liebsten gleich malen. Auf Empfehlung einer Freundin von mir wohnten wir im Hotel „Fischer am See". Dort hatte uns der Wirt drei schöne Zimmer mit Balkon und Aussicht auf die Berge reserviert. Auch die Kinder mit Oma Hedwig waren gut untergebracht. Zum Geburtstag fand ein kleines Festessen mit Familie und wenigen Freunden auf der Terrasse statt. Obwohl in diesem Kriegsjahr gerade in der Gastronomie spürbare Knappheit herrschte, gab es Seiblingfische aus dem See an frischem Gemüse und zum Nachtisch eine Erdbeerbowle mit Kuchen. Ich hatte aus Berlin noch zwei im Keller vergessene Champagnerflaschen beigesteuert. Mit Sprudelwasser aufgegossen und Erdbeeren versetzt, war das ein würdiges Geburtstagsgetränk.

Lovis genoss die herrliche Aussicht auf das majestätische Karwendelgebirge. Als er so über Wasser und Berge blickte, war er zutiefst von der Schönheit der Landschaft und dem Zauber des Walchensees gepackt. „Hier müsste man wohnen. Hier könnte ich leben und malen", rief er aus und sog dabei gierig die frische Gebirgsluft ein.

Schon am Morgen flatterten die ersten Geburtstagsgrüße ins Hotel. Von überall her, aus Berlin, Königsberg, Leipzig, Dresden und Rom trafen die Glückwunschschreiben ein. Der Beamte des kleinen Postamtes von Urfeld musste zwei Tage seinen Schalter schließen, um der Telegramme und der Flut von Briefen Herr zu werden.

Als wir am Nachmittag am See entlang bummelten, meinte Lovis so nebenbei: „Vor einer Woche hab ich in Berlin einen richtig großen Bildverkauf getätigt. Rat mal wie viel. Dreißig Mille! Die auf die Bank zu bringen, hat wohl wenig Sinn. Wenn dieser lausige Krieg endlich zu Ende ist, besitzt das Geld sowieso kaum noch Wert. Was, meinst du, könnte man damit machen, Petermannchen?"

„So viel! Das ist ja wunderbar", staunte ich. Gleichzeitig überlegte ich. Mein Vater hätte das Geld in einem Grundstück angelegt. Dabei kam mir ein kurzes Gespräch mit dem Direktor unseres Hotels in den Sinn. Der hatte so nebenbei einmal über die harten Zeiten geklagt, dass kaum noch Gäste kämen und seine Geschäfte wie die auch aller Gastwirte im Dorf schlecht liefen. Und weil er Lovis sehr bewunderte und der sich so begeistert von der Landschaft zeigte, dachte der Wirt daran, uns ein schönes Grundstück am Hang mit Blick auf den See zu verkaufen. „Dem großen Künstler zu Liebe." Ich erzählte Lovis davon.

„Auch ich habe mich regelrecht in diese Landschaft verliebt", sagte ich. „Wenn wir hier ein Grundstück mit Seeblick besitzen, wäre das doch wunderbar. Wir könnten ein Ferienhaus aus Holz darauf bauen. Lass mich das machen, Luke. Herr Geiger kommt uns mit dem Preis auch sehr entgegen. Die Wiese soll gar nicht weit von hier sein, gleich dort hinten, wo der Wald beginnt, am Berghang des Herzogstandes. Komm, schau'n wir sie uns an!"

Lovis überlegte eine Weile. Dann meinte er: „Hast recht, Kerlchen. Das wäre wirklich fein. Dann könnten wir hier die Sommermonate verbringen und müssten nicht mehr in die teuren Hotels. Und ich könnte malen, malen."

Als wir vom Weg aus auf die Wiese herabschauten, auf der einige knorrige Obstbäume und weiter oben eine schöne Ahorngruppe standen, waren wir beide sofort von der fantastischen Aussicht begeistert. Da lag der blaue See vor uns mit dem Jochberg zur Seite. Lovis lachte vor Freude.

„Ich mach dir einen Vorschlag. Ich kaufe das Grundstück und geb dir die dreißig Tausend noch dazu. Du baust dafür das Haus. Ich überlass alles dir, wie es aussehen soll und wie viel Zimmer es hat, für mich natürlich ein Atelier. Dabei hast du freie Hand. Ich weiß, dass du das fertig bringst. Meine einzige Bedingung: Du machst alles allein und wie du es für richtig hältst. Ich will von dem Hausbau und all dem Drum und Dran nichts hören, nie auch nur mit einem Satz an die Bauerei erinnert werden, weil ich mich voll auf meine Bilder konzentrieren muss. Das trau ich dir vollkommen zu."

Ich musste erst einmal tief Luft holen. Was er da so kategorisch verlangte, war einfach unglaublich. Aber ich kannte ja meinen Luke. Das ging nicht gegen mich persönlich, das diente nur seiner Kunst. Der wurden alle Überlegungen untergeordnet. Aber war das nicht doch eine Nummer zu groß für mich? Dennoch, – was er sagte, war auch verlockend.

Schließlich stimmte ich zu: „Eigentlich bin ich ja von Beruf Ehefrau eines großen Künstlers, Mutter zweier Kinder und Malerin. Dass ich nun auch noch eine Bauherrin werde, ist schon eine gewaltige Herausforderung. Für dich aber will ich das Werk wagen. Zuerst einmal kaufst du das Grundstück, am besten gleich noch mit einer Option auf das darunter liegende Gelände. Siehst du, da ist noch ein Stück bis zum Ufer. Dort könnten wir später ein Hüttchen zum Baden errichten. Dann such ich mir einen Architekten und eine Baufirma. Auch Arbeiter zu finden, wird schwierig sein. Möbel muss ich ja auch noch anschaffen. Ich brauche hier mindestens drei Monate Zeit, bis der Bauplan, der Behördenkram und die Verhandlungen mit einer Baufirma unter Dach und Fach sind. Im Frühjahr beginnt dann der Bau, danach geht die Innengestaltung mit der Möbelsuche los. Ob das Geld für das komplette Haus und meine Unterkunft reicht, müssen wir sehen. Sonst müsste ich dich noch um mehr bitten, Luke."

„Dann male und verkaufe ich eben noch mehr Bilder, Petermannchen", grinste er sein breitestes Lachen von einem Ohr zum anderen mit gefletschten Zähnen. Ich hingegen fasste mir mit beiden Händen an den Kopf. „In diesen schrecklichen Kriegszeiten ist alles zusammen das reinste Kunststück."

„Das du aber meistern wirst. Ich weiß, du kannst es, bist doch auch sonst meine beste Managerin, Kerlchen. Ich schenk dir auch das Haus. Es soll dir gehören, unser Haus Petermann. Ich freu mich schon heute darauf." Lovis war wie ausgewechselt und tänzelte geradezu den Weg zurück zum Hotel „Fischer am See".

Was er mir da angehängt hatte, nahm er leichten Herzens. Die Kinder vor allem, aber auch Oma Hedwig, waren auch von diesem Plan begeistert. Noch während unseres Aufenthaltes in Urfeld machten wir den Kauf des Baugeländes und die Option auf das anschließende Wassergrundstück notariell perfekt. Zwei Wochen später reiste außer mir der Rest der Familie zurück nach Berlin.

Ich hingegen rüstete mich in Urfeld mit aller Kraft für die Planung und den Bau unseres ersten eigenen Hauses.

Walchensee

Da stand ich nun, mit diesem Riesenprojekt mir allein überlassen. Lovis war mit den Kindern und meiner Mutter nach Berlin zurückgefahren. Wie sollte ich vorgehen? Bevor ich einen Architekten suchte, erkundigte ich mich bei dem Direktor des „Hotels Fischer am See". Der wusste immerhin einen in Murnau. Darüber hinaus riet er mir, dass ich mich zunächst einmal im Dorf Urfeld umschauen sollte, wie hier der Baustil vorherrschte. „Wenn's nur ein Ferienhaus sein soll, könnt's ja aus Holz sein. Aus Holz sein hier viele Häuser und stehn schon hundert Jahr."

Das fand ich sehr vernünftig, Mit Holz zu bauen, ging auch schneller und kostete nicht so viel. Ich nahm mit dem mir empfohlenen Architekten in Murnau Kontakt auf und besprach mit ihm den Grundriss des Hauses. Es musste in den Hang des Kesselberges gebaut werden und sollte daher anderthalb Stockwerke mit halbem Kellergeschoss haben. Zur Seeseite plante ich einen durchlaufenden Balkon im ersten Stock. Äußerlich sollte es bescheiden wirken, damit es sich den Häusern der Gegend anpasste. Der Architekt nannte mir eine Baufirma in München, zu der ich mich umgehend begab. Dort erfuhr ich die Adresse eines Sägewerkes mit Schreinerei, um Bretter und Balken als Baumaterial zu liefern. Schließlich galt es noch, bei der Baubehörde in München die Baugenehmigung zu erhalten. Das war denn eine der größeren Schwierigkeiten.

Der Nachbar, ein berühmter Musikprofessor und ausgerechnet der Direktor der Königlichen Akademie für Tonkunst in München, hatte Einspruch gegen die Errichtung unseres Hauses erhoben, weil er sich durch unerwünschte Lärmbelästigung gestört fühlte. Es kostete mich alle mir zur Verfügung stehende Energie, Überredungskunst und Durchsetzungskraft, dass der Bau schließlich mit sämtlichen erforderlichen Behördenstempeln genehmigt wurde. Nachdem der Nachbar sich davon überzeugt hatte, dass unser Holzhäuschen von seinem Grundstück hundert Meter entfernt lag, gab er schließlich nach.

Sobald das Wetter im Frühjahr 1919 in Urfeld offen war, reiste ich dorthin, um die Bauarbeiten zu überwachen. Da der Krieg fast alle jungen Männer verschlang, engagierte ich in den umliegenden Dörfern ältere Maurer und Schreiner, die mit derartigen Arbeiten vertraut waren. Zusätzlich lockte ich sie neben guter Bezahlung mit Zigaretten und Schnaps vom Münchner Schwarzmarkt. Auf der Baustelle lagen Unmengen von langen Brettern aus Fichtenholz, die zu doppelwandigen Wänden mit wärmenden Isoliermatten verbaut wurden und vom relativ steilen Abhang bis zum ersten Stock gewuchtet werden mussten. Ich hatte all meinen Ehrgeiz hereingesetzt, im gesamten Haus eine moderne Elektroanlage und in Bad und Toiletten fließend kaltes und warmes Wasser mit Kupferleitungen zu installieren. Schließlich wurde von einem erfahrenen Kachelofenbauer in der Wohnstube und in den Zimmern Kachelöfen gemauert. Nach sechseinhalb Monaten war das Haus im September 1919 endlich fertig.

Damit es auch drinnen gemütlich aussah, rannte ich mir auf den Bauernhöfen der näheren Umgebung nach alten, stilgerechten Möbeln die Hacken ab. Ich suchte so lange nach einem Esstisch aus Ahornholz mit breiter Eckbank, nach Schränken, Stühlen, großen Holzbetten und einem gediegenen Sofa, bis ich alles fand. Dazu kaufte ich eine Kücheneinrichtung, Lampen, Rosshaarmatratzen, Bettwäsche, Teppiche, karierte Stoffe zum Nähen der Vorhänge und Sitzkissen. Für Lovis konnte ich einen bequemen grünen Backensessel aus Leder erstehen. In unserer Bauernstube hing an der Decke ein graziöser bronzener Leuchter, ein Meisterstück von Bruno Paul aus einem exquisiten Münchner Geschäft. Die Außenwände des Hauses erhielten von mir einen Anstrich von verdünnter chinesischer Tusche, was die Holzwände alt und würdig aussehen ließ. Darüber hinaus bemalte ich die Fensterläden von außen mit Rosenmotiven. Vor lauter Arbeit wusste ich nicht, wo mir der Kopf stand.

Als Mitte Oktober auch die Inneneinrichtung vollständig war, telegrafierte ich Lovis und Thomas zu kommen. Die beiden flogen im Zeppelin „Bodensee" von Berlin über Friedrichshafen nach München und fuhren von dort im Automobil nach Urfeld. Das war eine Überraschung und ein freudiges Wiedersehen! Lovis betrachtete alles und lobte mich über den grünen Klee. „Das hast du aber fein gemacht. Du bist schon ein toller Kerl, Petermannchen! Ich wusste, dass du das wirklich hinkriegst. Das ist dein bisher größter Verdienst." Ausnehmend gut gefiel ihm auch sein Atelier im ersten Stock neben seinem und Thomas' Schlafzimmer, besonders der Balkon davor, von dem aus man einen wunderbaren Blick auf den See hatte.

Am nächsten Morgen erlebte ich allerdings einen Schock. Denn beim Frühstück erklärte mir Lovis kategorisch, dass ich kein einziges Motiv des Walchensees malen dürfe. Der gehöre nur ihm und seiner Kunst. Ich könne ja anderes malen, zum Beispiel Bücher illustrieren. „Dafür schenke ich dir das Haus."

Ich war sprachlos. War das der Dank für all meine Mühe? Ich war empört und verbittert. Schließlich hatte ich das Haus geplant und mit einer von mir gesuchten Firma gebaut, Lovis, wie verlangt, mit keinem Wort behelligt. Er hatte nur alles bezahlt und ich ihm meine besten Jahre als Frau geopfert. In meiner Wut erwog ich sogar, einfach abzureisen, ihn zu verlassen. Doch nach einer schlaflosen Nacht wusste ich, dass ich das nicht konnte. Und dann überlegte ich: Neben seinem überragenden und meinem bescheidenen Talent hatte ich keine Chance. Meine Motive vom Walchensee würde niemand beachten. Man sähe nur Lovis' Bilder. Also beschloss ich Zähne knirschend, zu bleiben und ihn zu unterstützen, so lange uns das Leben verband. Da stieg mit einem Mal ein starkes Gefühl in mir auf. Ich liebte ihn ja.

Der Walchensee hatte es Lovis von Anfang an sehr angetan. Er malte ihn zu jeder Jahreszeit bei Tag und besonders gern in hellen Mondnächten. Dann lauerte er auf dem Balkon dem Gestirn am Nachthimmel auf, bis es sich ihm im besten Licht und in der besten Richtung zeigte. Die grandiose Landschaft hielt ihn in ihren Bann und inspirierte ihn noch in Berlin zu einem unglaublichen Spätwerk. Berauscht von der Farbe brachte er in diesen ihm noch verbleibenden sechs Jahren ein Bild nach dem anderen hervor, von insgesamt 250 Ölbildern allein sechzig vom Walchensee.

Auch ich liebte den See, noch mehr aber das Haus, mein Werk, das ich ganz allein geplant und errichtet hatte! Gegenüber anderen war es bescheiden. Ebenso berühmte Maler wie Lovis besaßen dagegen prachtvolle Häuser: Liebermann ein Palais gleich neben dem Brandenburger Tor, von Lenbach eine italienische Villa in München und Defregger ein Gut in Südtirol. Oft ließ ich meine Finger tastend über das schöne glatte Holz der Wände gleiten oder legte liebkosend meine Wange daran.

Die Wochen über, die wir in Urfeld verbrachten, waren für Lovis die glücklichsten des Jahres. Er zeichnete, radierte und malte. Wenn er mit der schweren Kupferplatte in der Landschaft stand und mit dem Diamantstift radierte, hielten wir uns alle respektvoll entfernt, denn unsere Gegenwart hätte ihn gestört. Nur die Zicklein durften um ihn herum springen. Wenn er ein größeres Bild malen wollte, half ihm Thomas, die schwere Staffelei mit der Leinwand etwas Hang abwärts auf die Wiese zu tragen.

So kuschelig in unserem ersten und einzigen Haus beieinander, herrschte in unserer Familie meistens Heiterkeit und Harmonie. Lovis machte es sich in seinem grünen Ledersessel behaglich und rauchte eine Zigarre. Dann schnurrten unsere Kätzchen Hinz und Kunz um seine Schultern. Sie spürten seine Zuneigung und folgten ihm auf Schritt und Tritt, durften sogar um ihn herum tollen, wenn er Aquarelle malte. Gutmütig hörte man ihn da schimpfen: „Na, was fällt euch ein, na, werdet ihr das jetzt lassen!" Nur manchmal trat bei ihm seine Depression wieder hervor, die ich aber meistens mit Scherzen und lustigen Einfällen „abbügelte" und verscheuchen konnte.

Nur einmal war es wirklich schlimm: Ich war gerade beim Unkrautjäten in einem tieferen Abschnitt des Gartens, als Singer, unser Diener, zu mir gestürzt kam: „Gnädige Frau, kommen Sie schnell, Ihr Mann hat mir befohlen, alle Äste von der Ahorngruppe abzuschlagen – Ihre Frau Mutter meint, ich solle Sie rufen – wir verstehen gar nicht – die schönen gesunden Bäume!"

Ich flog nur so den Hang hinauf. Endlich war ich auf der Terrasse. Sie war bedeckt mit großen Ästen. Die frischen grünen Blätter zitterten noch im Wind. Vor dem Haus saß meine Mutter verschüchtert auf der Bank. Lovis fand ich in seinem Sessel. Mit rotem Gesicht und blitzenden Augen saß er da. Seine geballten Fäuste lagen auf der Lehne. Ich stand vor ihm und fragte nichts. Leise ging ich wieder hinaus und ordnete an, dass die Zweige weggeschafft würden. Meine Mutter raunte: „Er hätte sie alle abgeschlagen, wenn ich dich nicht gerufen hätte."

Bis zum Abend sitzt Lovis schweigend in seinem Lehnstuhl. Ich mache mir im Zimmer zu schaffen, wie er es liebt, und räume in diesem und jenem Fach herum. Aber nur Schweigen. Schließlich frage ich beiläufig: „Es ist so schön draußen. Wollen wir ein bisschen spazieren gehen, Lovis?" Seinerseits keine Reaktion. Auch zum Abendessen erscheint er nicht am gemeinsamen Tisch. Schließlich frage ich ihn betont freundlich: „Willst du nicht auch mit uns essen?" Uns bleibt jeder Bissen fast im Halse stecken.

Plötzlich spricht, nein schreit er in die bedrückende Stille hinein: „Nein, nein! Ich komme nicht essen – und ich werde auch nie wieder malen, verstehst du mich? – Nie – nie, nie wieder werde ich malen!" Er stößt diese Worte so herzzerreißend hervor, dass die Kinder zu weinen beginnen. Ich gehe schweren Herzens hinaus auf die Terrasse. Vor mir die entstellten Bäume. Ich blicke zum silbernen Mond empor und wieder ins Zimmer hinein, sehe die verschüchterte Gruppe um den Tisch sitzen. Und er immer noch in seinem Sessel mit verzweifeltem Gesicht.

Da gehe ich zu ihm und streiche ihm liebevoll über den Arm. „Komm doch mit hinaus, Lovis! Draußen ist es so schön." Dann warte ich auf der Terrasse auf ihn. Doch er kommt nicht. Noch einmal rufe ich ihn drängend: „Lovis, komm doch zu mir!"

Irgendetwas muss in meiner Stimme liegen, das ihn bezwingt. Denn er steht schwerfällig auf und bewegt sich mit gebrochenem Gang durch das Zimmer. Langsam kommt er zu mir und bleibt neben mir stehen. Wir sprechen kein Wort, blicken nur zum Himmel hinauf. Meine Liebe zu ihm überfällt mich mit Wucht. Leise, ganz vorsichtig lege ich meine Hand auf seine Hand, die über dem Terrassengeländer liegt. Sie ist ganz steif vor Kälte, steif auch diese Finger, die so wunderbar den Pinsel führen können. Vorsichtig schiebe ich meine Hand in seine hinein und drücke sie.

Endlich erfolgt schamhaft zärtlich sein Gegendruck. So stehen wir beide lange schweigend beieinander. Ich kann kaum sprechen, so erfüllt bin ich von Liebe zu ihm.

„Und morgen malst du, ja?" Er seufzt schwer. „Morgen malst du wieder ein schönes neues Bild, ja? Ich bin nicht mehr böse wegen der Bäume."

Endlich gesteht er leise: „Ich habe die Zweige abschlagen lassen, weil sie mich stören. Sie verstellen mir den Blick. Morgen will ich ein neues Bild anfangen, ein ganz wunderbares mit dem Blick über den See und dem Ufer gegenüber. Deine Mutter jammerte vorhin ‚ach, die schönen Bäume!' Das hat mich ganz wütend gemacht. Ich brauche eben den freien Ausblick, verstehst du?"

Nun sehen wir uns endlich an. Schon umgibt uns die Dunkelheit wie ein warmer Mantel. Ich lehne meinen Kopf an seine Schulter. Das ist meine Antwort. Schließlich gehen wir ins Haus zurück. Nach einer weiteren halben Stunde ist er ganz zufrieden und fragt: „Was meinst du, Petermannchen, wird morgen die Sonne scheinen?"

„Wann brauchst du denn die Sonne?", gebe ich heiter zurück. „Sie kommt gewiss rechtzeitig hervor."

„Na, so um dreiviertel elf."

„Und wie soll sie sein, heiß und klar oder dunstig? Soll Wind wehen?", frage ich im Ton eines Lieferanten.

Schon ist er ganz aufgeregt. „Nein, nein, und bloß kein Wind. Ich brauche eine ganz glatte Seefläche."

„Willst du denn schwimmen gehen?"

Nun blitzt schon das helle Vergnügen aus seinen blauen Augen. „Nee, keine Zeit. Übrigens, was meinst du, ob noch von dem schönen Aquarellpapier was da ist?"

Für mich bedeutet seine Frage, dass ich ihm einen solchen Bogen mit Reißnägeln auf eine Pappe befestigen und sie gegen eine Stuhllehne aufstellen soll.

„Ah, das sieht doch wundervoll aus, ganz wundervoll", ist er entzückt. Nun steht das weiße Papier vor ihm. Man kann geradezu fühlen, wie es ihn zur Tat auffordert. Er spricht kein Wort, raucht, ist ernst und ruhig, ganz versonnen.

Ich beschäftige mich derweil in der Küche. Als ich zurückkomme, sitzt Lovis noch immer vor dem weißen Papier, das auf sein Bild wartet. „Ach Gott, wenn nur das Aquarellieren nicht so schwer wäre, so nass und überhaupt..." seufzt er. „Na, ich werd's schon hinkriegen, was meinst, Kerlchen?"

Ich nicke ihm aufmunternd zu, denn ich weiß, das neue Bild, das er morgen malen wird, ist bereits fertig in seinem Kopf. Endlich senkt sich die Nacht über Haus Petermann und wir gehen alle schlafen. Eine kleine Weile lang höre ich ihn noch auf seinem Balkon herumspazieren, um zu schauen, ob der Himmel ihm morgen beim Malen helfen wird.

Am nächsten Tag ist er bester Laune und frühstückt genüsslich. Aber er lässt sich noch Zeit, greift sogar zur Morgenzeitung. Ab und zu blickt er prüfend zum Himmel. Corinth braucht keine Sonne. Jetzt tut sie ihm sogar den Gefallen. Er bekommt immer sein erwartetes Wetter. Als er sich plötzlich aufrafft, oben auf dem Balkon mit der Arbeit zu beginnen, ruckt er nervös auf dem Stuhl herum und zittert vor Erregung.

„Deiwel, Deiwel noch Mal, so was Verfluchtes! Jetzt, wo ich anfangen will, ist die Pappe verbogen und das scheußliche Papier ist ab, weil nachts die Reißnägel herausgeflogen sind. Kannst du so was nicht besser machen? Wie sieht denn das Wasser aus! Deiwel noch Mal, wo sind denn die Pinsel?" Alles ist verkehrt, alles ist unerträglich.

Auf dem Balkon richte ich ihm alles ruhig wieder her und lege ihm aus dem Atelier seine Malutensilien bereit. Und dann beginnt er endlich. Er malt, er vergisst die Welt um sich, nimmt den Pinsel dick voll Wasser, taucht ihn ins Kobaltblau und fegt über das weiße Papier. Ich habe ihm oft und oft beim Malen zuschauen dürfen. Und jedes Mal ist es die reinste Überraschung. Ins Blau mischt er Braunrot. Wie von selbst fliegt der Pinsel über das Papier. Jetzt hier ein Schwarz gesetzt, dort sogar ein kleines Gelb – Lovis malt mit unglaublicher Sicherheit. Er weiß genau, wo er jedes Farbfleckchen hintupfen muss. Der Walchensee ersteht vor unseren Augen. Und was Corinth da aufs Papier bringt, ist nicht nur der See mit der ihn umgebenden Bergwelt. Der Tuschpinsel hält im Porträtausschnitt dieser Landschaft alles fest, was die Szenerie auch unsichtbar umgibt: die Luft, die ganze Atmosphäre, Corinths eigene Stimmung an diesem Vormittag.

Der Erfolg seiner Walchenseebilder war riesig. Die Galerien rissen sich um sie, die Kritiker übertrafen sich im Lob über seinen „Altersstil". In Urfeld entwarf er auch sein umfangreiches Mappenwerk „Fridericus Rex". Als ich mit den Kindern von einem Spaziergang zurückkehrte, fand ich Lovis in seinem Atelier am Tisch sitzend, der über und über mit Zeichnungen bedeckt war. Ich konnte nur staunen, als er, wie ertappt, von seiner Arbeit aufblickte. „Sieh dir nur die Zeichnungen an, Kerlchen!", freute er sich. „Alle sind nur für den Alten Fritz. Und ich mach noch viel mehr."

„So viele! Die sind ja großartig", rief ich bewundernd aus. „Wie kommst du denn auf Friedrich II.?"

„Als alter Ostpreuße bin ich natürlich königstreu, besonders diesem werten Herren hier gegenüber, der für Preußen so Großes geleistet hat", erklärte er. „Und weil ich ihn dafür sehr verehre, lege ich ihm mein Werk zu Füßen. Ich mach daraus farbige Lithografien. Weil es so viele interessante Szenen und Mythen in seinem Leben gibt, können es wohl über vierzig Blätter werden. Denk nur an die vereitelte Flucht und die Hinrichtung seines Freundes Katte. oder an sein Flötenspiel in Sanssouci oder daran, wie er, den Hut lüftend, mit einem ‚Bonsoir Messieurs' aus einem besetzten Haus direkt an seinen Feinden vorbeispaziert. Das alles habe ich festgehalten und noch viel mehr. Ein ganz klein wenig vom Alten Fritz steckt auch in mir", grinste Lovis.

„Ich weiß, der große Preußenkönig hat dich schon immer fasziniert", stimmte ich ihm bei. „Und in dir steckt wirklich etwas von ihm, dieser unbedingte Wille, diese Kraft."

Tatsächlich entstanden 1921 siebenundvierzig lithografische Blätter, die im Verlag von Corinths Galeristen Fritz Gurlitt in zwei Mappen veröffentlicht wurden. Der Zyklus wurde zwar komplett gedruckt, gelangte aber nie in den Kunsthandel. Nur zwei Exemplare dieses großartigen Werkes blieben in unserer Familie.

In Berlin hielt sein Schaffensrausch an. Besonders fesselten ihn Blumenmotive und Stillleben mit essbaren Dingen wie Früchten, Fischen oder Geflügel. Im Rausch ihrer Farben verströmten seine Blumen ihren Duft und ihre ganze Frische. Wenn man seine in einem Gemälde festgehaltenen Auslagen eines Wochenmarktes betrachtet, verspürt man unmittelbar die Lust, in diesen oder jenen Apfel, in einen besonders saftigen Pfirsich oder runden Käse zu beißen.

Sein Amt als Präsident der historisch gewachsenen Berliner Secession konnte er nur noch nebenbei wahrnehmen. 1922 gab es dort noch einmal Verdruss, als Georg Walter Rössner, sein vor zwei Jahren in den Vorstand gewählter und der Jury angehörender ehemaliger Schüler, der inzwischen durch Liebermanns Vermittlung zum Professor an der Staatlichen Kunstschule zu Berlin erhoben worden war, wieder aus der Künstlergemeinschaft austrat. Danach schloss dieser sich dem Verband der Berliner Künstler an, der die Generation der jungen Maler favorisierte. Der ständige Konflikt war dadurch entstanden, dass Rössner parallel zur Secession am Kurfürstendamm auch in der Berliner Akademie am Pariser Platz ausstellte, die von Max Liebermann geleitet wurde. Corinth selbst, der mit Liebermann wegen der Verschiedenheit ihrer Ansichten auseinander geraten war, hielt sich dort mit der Beschickung von eigenen Werken ostentativ zurück. Im Grunde überstieg die Tätigkeit in der Berliner Secession nun seine physischen Möglichkeiten. Lovis wusste, dass die Zeit drängte, in der er noch alle die Bilder vollenden wollte, die seinem ständig regen Geist vorschwebten.

Als gläubiger Christ war er schon seit frühen Jahren sehr bibelfest gewesen. Jetzt, im höheren Lebensalter, besonders nach seinem Schlaganfall, wandte er sich vermehrt biblischen Themen zu. Besonders um die Osterzeit malte er immer wieder die letzten Tage und Leiden von Christus. Schon 1895 hatte er eine Kreuzabnahme gemalt und gut verkauft. 1922 schuf er mit dem „Roten Christus" ein Bild dessen brutalen Martyriums. Drei Jahre später entstand sein erschütterndes Hauptwerk „Ecce homo", aus dem sein intensives Erleben der Kar- und Osterwoche spürbar wird.

Dazu schrieb er am 13. April 1925 in sein Tagebuch: „Ich stehe vor einem großen Bilde. Es wird ein ‚Ecce homo'. Ich will es ausführen. Die Osterzeit hat meine Spannkraft erhöht. Ich hänge künstlerisch mit den Geschehnissen der Bibel und ihren Feiertagen zusammen."

Das Gemälde konzipierte er so, dass nur drei Personen den Vordergrund ausfüllen. Als Modell für den in der Mitte der Gruppe stehenden gemarterten und gefesselten Christus wählte er seinen Schüler und Freund Leo Michelson. Als Kriegsknecht den Maler Paul Paeschke sowie als Pilatus zur Linken den Schriftsteller Michael Grusemann. Der in ein langes rotes Hemd gekleidete Christus wird von zwei Schergen zu Pontius Pilatus abgeführt und so dem Tod am Kreuz ausgeliefert. Dieses fast zwei Meter hohe und 1,50 Meter breite Gemälde vollendete er stundenlang im Stehen in nur vier Tagen und verausgabte sich damit bis zur Erschöpfung. Nach dieser künstlerischen und malerischen „Gewalttour" fühlten sich auch seine Modelle dem Umsinken nahe.

So ausgebrannt, wie er war, holte er noch einmal eine kleine Skizze hervor, die er mir schon früher gezeigt hatte. „Sieh dir das an, Petermann, diesen Entwurf habe ich vor dreizehn Jahren gemacht", sagte er zu mir. „Jetzt war es so weit, dass ich das Bild malen konnte." Ich fragte mich angstvoll, was er meinte mit diesem „Jetzt". Ob er gefühlt hatte, dass er mit dem Bild nicht mehr warten durfte? Als es vollendet war, saßen wir täglich lange Zeit davor und besprachen jedes Detail.

Zu Hause in unserer Wohnung konnte ich mir nicht mehr verheimlichen, dass sich Lovis körperlich zunehmend rasch veränderte. Wo er doch früher das Bild eines urwüchsig starken Kerls mit breiten Schultern und kräftigem Nacken abgegeben hatte, war er abgemagert und sah schmächtig aus. Sein ehemals rundes Gesicht war eingefallen. Die Augen, die durch uns hindurch eine vage Ferne suchten, lagen tief in ihren Höhlen.

Häufig war sein Blick nach innen gerichtet und wenn er sich zu uns an den Tisch setzte, war es so, als sei er gar nicht da. Er aß sehr wenig, meistens rührte er sein Essen nicht an. Bei seinem Anblick überkam mich die schreckliche Ahnung, dass sich sein Leben dem Ende zuneigte.

Dennoch malte Lovis nach der Fertigstellung seines „Ecce homo" weiter. Seine häufigsten Motive waren jetzt Blumen. Den blühenden Tafelschmuck von Mines Konfirmation ließ er sich ins Atelier bringen und verwandelte die Blumen in eine Komposition von schimmernder Schönheit und köstlicher Harmonie. Auch für Fische in ihrer vielfältigen und häufig skurrilen Form begeisterte er sich und wollte unbedingt ein „Fisch-Stillleben" schaffen. Also gingen wir an einem frühen Morgen gemeinsam in einem Geschäft bunte und glänzend schuppige Fische einkaufen, mit denen er ins Atelier hinauf eilte und sie so dekorierte, wie er sie malen wollte. Diese Szenerie war ein visuelles Erlebnis für ihn. Er machte auch zwei Porträts von Thomas, eines mit Strohhut und das andere „in Rüstung". Sein letztes Bild nannte er „Die schöne Frau Imperia", ein kleineres Gemälde, auf dem sich eine Herrscherin ihrem Hofstaat nackt präsentiert. Und wie immer in den vergangenen 29 Jahren malte er sich selbst aus Anlass seines 67. Geburtstages. In diesem Selbstporträt erkannte ich ein einziges Abschiednehmen von der Welt. Dennoch war Lovis sehr bemüht, sich seine zunehmende Schwäche nicht anmerken zu lassen.

Anfang Juni 1925 überraschte er mich mit seinem Plan, nach Amsterdam zu reisen, wo er im Rijksmuseum die Werke von Rembrandt und Frans Hals bewundern wollte. Sein Schüler und Freund Leo Michelson sollte ihn begleiten. Zunächst wollte er zu einer Besprechung nach Düsseldorf fahren und dort den Kunstverein der Rheinlande besuchen. Geplant war eine Reise mit dem

Dampfer auf dem Rhein nach Amsterdam. Am Abreisetag, dem 16. Juni, war Lovis schon am frühen Morgen gestiefelt und gespornt, umarmte mich und verabschiedete sich von Thomas mit einem kräftigen Händedruck und einem „au revoir". Danach sah er sich mit einem etwas eigentümlichen Blick in seinem Zimmer um, als ob er das Gefühl hätte, von dieser Reise nicht mehr zurückzukehren.

Von Amsterdam telegrafierte er sehr zufrieden, dass er gut angekommen sei und bereits radiert, gezeichnet und aquarelliert habe. Doch am 22. Juni telefonierte uns sein Freund Michelson an, dass Lovis besorgniserregend an einer Lungenentzündung erkrankt sei. Sofort leitete ich alles in die Wege, um mit den Kindern zu Lovis nach Amsterdam ins Hotel de l'Europe zu fahren.

Dort fand ich ihn in erschreckend schlechtem Zustand.

Lungenentzündung! Da gab es meiner Meinung nach nur ein Mittel: frische Seeluft. Ich selbst war vor Jahren von der gleichen Krankheit am Meer genesen. Ich weinte lange in meinem Zimmer bis ich mich wieder beruhigte. Dann kümmerte ich mich darum, dass er in ein gutes Hotel ins Seebad Zaandvort gebracht wurde. Vorher sollte ich auf Lovis' inständiges Drängen noch im Rijksmuseum die Bilder von Rembrandt und Franz Hals besichtigen. Ich tat es ihm zuliebe, obwohl mir das Herz schwer und voll der größten Unruhe war. Wollte er nur deswegen nach Amsterdam reisen, um Rembrandt, sein ganz großes Malervorbild, einmal im Original zu sehen? Mine hatte zu einem Museumsbesuch überhaupt keine Lust. Nach zwei Wochen fuhr Thomas zurück nach Berlin, weil er eine wichtige Klausur für sein Studium schreiben musste.

Inzwischen hatte sich Lovis in Zandvoort schon einigermaßen erholt. Er war zuversichtlich, zeichnete in sein Skizzenbuch und aquarellierte sogar ein Bild, das schwarze Häuser mit weißen Fenstern zeigte. Als er es mir zeigen wollte, es aber nicht fand, wurde er heftig: „Wo ist denn mein Bild?" Wir brachten es ihm und er brummte: „Warum hat es denn kein Passepartout, dann kommt es doch erst zur Geltung."

Mine und ich legten ein Passepartout zusammen, da lächelte er zufrieden. „Diese Häuser von Amsterdam mit den vielen hellen Fensterumrahmungen, das war eine Mordsarbeit. Ich hab das Bild auch fein signiert", lachte er. „Kann man die elektrische Bahn erkennen?" Es war seine letzte Arbeit. Erschöpft schlief er ein und freute sich beim Erwachen immer wieder an dem Aquarell.

Und dann kam der 17. Juli heran, ein Freitag. Ich saß an seinem Bett und hielt seine rechte Hand. Meine Liebe zu ihm überflutete mich. Plötzlich richtete er seine klaren blauen Augen mit ungeheurer Schärfe und Festigkeit auf mich. Dieser durchbohrende Blick entsetzte mich. Es lag etwas so Endgültiges darin.

„Schau mal auf dein Aquarell, Lovischen, wie schön es ist", brachte ich mühsam hervor. Er lenkte seine Augen von mir auf das Bild und sah es mit unverwandtem Ernst an. Dann verschleierte sich sein Blick. Er wurde müde und schloss die Augen.

Er öffnete sie niemals wieder. Er ging dahin – ganz ohne Kampf. Die Stille im Raum war fast hörbar. Bis in seinen Tod hinein lag seine rechte Hand auf der Bettdecke, als hielte sie einen Pinsel. Tief bewegt, konnte ich lange nicht meinen Blick von ihr wenden. Mir war, als habe sein unermüdlicher Geist im Stadium zwischen dem Hier und Drüben noch Bilder geträumt, bis Seele und Körper sich trennten. Während er in diesem fremden Hotelzimmer starb, heulte vor dem Fenster plötzlich ein Hund.

Wie Lovis Corinth so da lag mit einem ganz kleinen Lächeln um den Mund, sah er erhaben aus. Vier Tage später wäre er siebenundsechzig Jahre alt gewesen. Seinen letzten Blick – nie würde ich ihn vergessen.

Er hatte sein Leben in vollkommenem Einverständnis mit sich, der Natur und seiner Kunst geführt. Seine großen Themen waren Erotik, Aktmalerei, die Bibel und der Tod gewesen. Er überschritt die Grenzen der akademischen Malweise zu einer lichteren impressionistischen Palette, um später zu einer wilden und ausufernden Farbigkeit zu gelangen. Die Umrisse in seinen letzten Bildern entstanden einzig durch Farbe. Er hatte alle seine Werke, Bilder, Skizzen und Grafiken, fertig gemacht. Nichts war unvollendet geblieben. So ging er in die Geschichte großer Künstler ein.

Wochen, nachdem ich ihn auf seinem letzten Weg auf den Waldfriedhof von Stahnsdorf bei Berlin begleitet hatte, beschloss ich, sein Werk zu sichten und in einem Verzeichnis zu ordnen. Auch seine Selbstbiografie, die er auf zahllosen Zetteln und in einigen nicht nummerierten Schreibheften undatiert festgehalten hatte, fügte ich, so gut es ging, chronologisch zusammen. Dabei stieß ich auf eine Notiz, die mich zu Tränen rührte: „Ein Schutzgeist in wirklicher Menschengestalt, das ist meine Frau und unsere Kinder. Außer, dass sie ein großes Talent besitzt und meine Schülerin vor der Ehe war, besitzt sie einen großen Verstand und einen weit vorausehenden Blick. Sie war es hauptsächlich, die mich stützte und mir half in allen schwierigen Lagen des heutigen Lebens. So arbeitete ich weiter, und ihr zu danken hätten die Menschen, wenn ich in meinem späteren Alter einiges Gute geleistet habe.“

Insgesamt hat er rund tausend Bilder und hunderte grafische Arbeiten geschaffen, stets unter der harten Anforderung an sich selbst: „Die Kunst war mir das einzige Ziel.“

Historische Personen des Romans

Lovis Corinth (1858 – 1925)

Geboren in Tapiau, einer kleinen Stadt im nördlichen Ostpreußen, wächst Franz Heinrich Louis neben fünf erwachsenen Halbgeschwistern auf. Er ist der einzige leibliche Sohn seines Vaters, der mit einer 13 Jahre älteren Cousine in zweiter Ehe verheiratet ist. Dieser betreibt eine Lohgerberei und einen größeren landwirtschaftlichen Betrieb. Die Konflikte zwischen den Kindern überschatten die Jugend des Knaben. Schon früh erkennt der Vater die künstlerische Begabung und Intelligenz von Louis, der als Kind Luke genannt wird. Er lässt ihm Zeichenunterricht erteilen und das humanistische Gymnasium Königsberg besuchen. Nach der Mittleren Reife will er Maler werden.

Nach zweijährigem Studium an der dortigen Kunstakademie geht er ins Mekka der Malerei nach München und wird zunächst in die private Malschule von Franz Defregger aufgenommen. Wenig später wechselt er in das modernere Atelier von Ludwig Löfftz, wo er grundlegende Kenntnisse der Akt- und Porträtmalerei gewinnt. Im Anschluss daran begibt er sich über Antwerpen nach Paris, wo er drei Jahre lang die private Kunstschule Académie Julian besucht. Dort erlernt er das präzise Aktzeichnen nach lebenden Modellen und interessiert sich über die realistischen Studien hinaus für Themen aus der Bibel und der griechischen Mythologie. Ab dieser Zeit benutzt er die lateinische Version seines Vornamens und nennt sich Lovis Corinth.

Auf Paris folgt im Oktober 1887 ein halbjähriger Aufenthalt in Berlin, wo er die Maler Max Liebermann und Walter Leistikow kennen lernt. Besonders letzterer erkennt die große Begabung seines neuen Freundes und möchte ihn in Berlin halten. Doch Corinth geht zunächst noch einmal für drei Jahre nach Königsberg, das er nach dem Tode seines Vaters verlässt. Danach kehrt er für neun Jahre wieder nach München zurück. 1892 beteiligt er sich an der Gründung der Münchner Sezession und bahnt der Moderne in Deutschland einen Weg. Obwohl er in München 100 Gemälde und 30 Grafiken erstellt, gelingt ihm dort der Durchbruch nicht. Daraufhin folgt er einem Angebot seines Freundes Leistikow, dessen Atelier in Berlin zu übernehmen. In der Hauptstadt hat er mit seinem Gemälde „Salome" durchschlagenden Erfolg. Bald ist er als Porträtist überaus gefragt.

1901 gründet er eine „Malschule für Weiber". Seine erste und begabteste Schülerin ist Charlotte Berend. Aus seiner Verehrung für die 22 Jahre jüngere Frau entsteht eine leidenschaftliche Beziehung. Die beiden heiraten und gründen eine Familie, aus der ein Sohn und eine Tochter hervorgehen.

In Berlin gilt er als malerischer Kraftmensch. Er geht mit einer wuchtigen Farbpalette ganz eigene Wege, steht aber lebenslang dem Impressionismus nahe. Getragen vom vibrierenden Pulsschlag der Großstadt, entstehen bis 1911 dreihundert Gemälde. Im Dezember des gleichen Jahres erleidet Corinth einen Schlaganfall, von dem er sich jedoch wieder erholt. Zurück bleibt nur eine leichte Lähmung seiner linken Hand. Als ihm seine Frau Charlotte in Urfeld am Walchensee ein Blockhaus bauen lässt, erreicht sein Alterswerk den Zenit. Dort malt er seine schönsten Aquarelle, die ihm von Galeristen und Käufern aus der Hand gerissen werden.

Auf einer Reise mit einem Freund nach Amsterdam erkrankt Corinth lebensgefährlich an einer Lungenentzündung. Seine Frau bringt ihn noch ins Seebad Zandvoort. Dort stirbt er vier Tage vor seinem 67. Geburtstag. Im Nachlass umfasst sein Werk über tausend Gemälde und Grafiken.

Charlotte Berend (1880 – 1967)

Die Schülerin, spätere Ehefrau und häufigstes Modell von Lovis Corinth wird am 25. Mai 1880 als zweite Tochter von Ernst und Hedwig Berend in Berlin geboren. Alice ist ihre ältere Schwester. Ihr Vater enstammt einer jüdischen Kaufmannsfamilie und ist Baumwollimporteur mit einem Geschäft am Alexanderplatz. Schon als Kind fällt Charlotte mit ihren hübschen kleinen Zeichnungen auf. Mit ihrer Schwester besucht sie die öffentliche Charlottenschule am Magdeburger Platz, wo sie ersten Zeichenunterricht bei Eva Stort erhält. Diese war Privatschülerin von Max Liebermann und Karl Stauffer-Bern und erkennt die zeichnerische Begabung ihrer jungen Schülerin, die sie fördert. Nach ihrem Schulabschluss möchte Charlotte unbedingt Malerin werden, was beim Vater zunächst auf Skepsis stößt. Schließlich genehmigt er ihr ein Kunststudium. 1898 absolviert sie die Prüfung für die Aufnahme an der Königlichen Kunstschule zu Berlin in der Klosterstraße. Danach setzt sie ihr Studium an der Unterrichtsanstalt des Kunstgewerbemuseums Berlin bei Maximilian Schäfer und Ludwig Manzel fort.

Ein jäher familiärer Schicksalsschlag stellt neue Weichen für ihr Leben. Da sich ihr Vater als Geschäftsmann an der Börse verspekuliert, dabei sein Vermögen verloren und wohl auch treuhänderische Gelder von Kunden veruntreut hat, erschießt er sich und lässt Frau und Töchter verarmt zurück. Charlotte muss das teure Studium aufgeben. Ab 1901 wird sie die erste Schülerin von Lovis Corinth, der gerade seine „Malschule für Weiber" eröffnet hat. Er erkennt sehr schnell ihre Begabung und verliebt sich in die schöne junge Frau. Sie wird sein häufigstes Modell. Trotz des Altersunterschiedes von 22 Jahren werden sie ein Liebespaar und heiraten zwei Jahre später. 1904 wird Sohn Thomas, 1909 Tochter Wilhelmine geboren.

Franz von Defregger (1835 – 1921)

Als Sohn eines Tiroler Bauern geboren, verkauft Franz Defregger nach dem Tode des Vaters seinen ererbten Hof, um seine beiden Schwestern auszuzahlen. Er selbst will nach Amerika auswandern, um neue Eindrücke zu erleben und sie zu malen. Als aus diesem Plan nichts wird, beginnt er zunächst ein Studium der Bildhauerei an der Innsbrucker Gewerbeschule. Dort erkennt man sein hervorragendes Talent und schickt ihn an die Königliche Kunstakademie in München, wo er das Handwerk der Malerei erlernt. Mit 28 Jahren geht er für zwei Jahre nach Paris, um sich an der Ecole des Beaux Arts im Aktzeichnen zu vervollkommnen. Zudem studiert er in den Museen und Kunstsammlungen gründlich die alten und modernen Meister.

Nach seiner Rückkehr nach München wird er Mitarbeiter im Atelier des Historienmalers Theodor von Piloty. In den folgenden Jahren erntet er mit seinen Gemälden beim Publikum großen Erfolg und wird 1878 zum Professor der Historienmalerei in der Komponierklasse der Münchner Kunstakademie ernannt. Besonders gefragt ist er auch als Porträtist. Seine spezielle Liebe gilt dem bäuerlichen Alltagsleben und dem Tiroler Volksaufstand von 1809, den er in zahlreichen dramatischen Szenen festhält.

Im Alter von 48 Jahren wird ihm der Verdienstorden der Bayerischen Krone verliehen mit gleichzeitiger Erhebung in den persönlichen Adelsstand eines Ritters. Zu dieser Zeit werden viele seiner zeitgenössischen Malerkollegen von Prinzregent Luitpold von Bayern geadelt. Neben zahlreichen Auszeichnungen und Preisen erhält er den preußischen Orden Pour le Mérite für Wissenschaften und Künste. 1906 ist Defreggers Werk auf der Jahrhundertausstellung deutscher Kunst in Berlin zu bewundern. Einer seiner berühmtesten Schüler ist Lovis Corinth gewesen.

Franz von Lenbach (1836 – 1904)

Bereits mit fünfzehn zehn Jahren macht der Sohn des Schrobenhausener Stadtmaurermeisters nach vorzüglichem Abschluss der Elementarschule eine Ausbildung bei dem Baubildhauer Anselm Sickinger in München. Denn er soll später im väterlichen Betrieb mitarbeiten und dort einen guten Posten bekleiden. Nach dem Tod des Vaters wird er als Maurergeselle freigesprochen. Doch sein Talent verlangt nach mehr. 1852 besucht er die Königlich Bayerische Polytechnische Schule in Augsburg und lässt sich dort im Figurenzeichnen ausbilden. In seiner Freizeit entdeckt er für sich zunehmend die Malerei.

Deshalb beginnt er im Januar 1854 sein Studium an der Akademie der Bildenden Künste in München, absolviert die zeichnerische Grundausbildung und tritt in die Malklasse von Hermann Anschütz ein. Mit einem Freund, später mit anderen Akademiestudenten, trifft er sich in dem Dorf Aresing und gründet dort mit ihnen die Aresinger Malschule, deren Freilichtmalerei sogar in München Ansehen erwirbt. Mit 21 Jahren wird er in die Malklasse von Piloty aufgenommen. Bald perfektionierte sein Schüler Lenbach seine Malkunst so, dass er sein Bild „Landleute vor einem Unwetter flüchtend", im Münchner Glaspalast ausstellen und für 450 Gulden verkaufen konnte. Außerdem erhielt er ein Staatsstipendium.

Eine Romreise mit seinem Lehrer und Studienreisen nach Paris, Brüssel und in andere Städte erweitern seinen künstlerischen Horizont. Bald wandelt sich der junge Künstler vom Landschaftsmaler zum gefeierten Porträtisten. Seine impressionistische Auffassung findet zunehmend den Beifall des Adels und gehobenen Bürgertums. 1860 trägt man ihm und dem Schweizer Maler Arnold Böcklin eine Professur an der neu gegründeten Großherzoglichen Kunstschule in Weimar an.

Nach einem langjährigen Aufenthalt in Italien lässt er sich 1866 endgültig in München nieder und fertigt Porträts von bedeutenden Fürsten an, unter ihnen Otto von Bismarck, den er rund achtzig Mal malt, von den deutschen Kaisern Wilhelm I. und Wilhelm II, dem österreichischen Kaiser Franz Joseph und Papst Leo XII. Auch Lovis Corinth ist ihm in der Künstlervereinigung Allotria in München begegnet.

Max Liebermann (1847 – 1935)

Mit Max Liebermann betritt ein Künstler die Bühne des Berliner Kulturbetriebes, der für die folgenden sechzig Jahre Bahn brechend für den aufkommenden französischen und deutschen Impressionismus und die Kunst der nachfolgenden Moderne sein wird. Als Sohn eines Berliner vermögenden jüdischen Textilunternehmers besucht er ausgewählte Schulen und schreibt sich nach dem Abitur zunächst zu einem Studium der Chemie an der Friedrich-Wilhelm-Universität ein. Getragen von seinem starken zeichnerischen Talent, entscheidet er sich jedoch nach wenigen Semestern für eine Ausbildung als Maler und bezieht die Großherzoglich-Sächsische Kunstschule in Weimar. Nach einer kurzfristigen freiwilligen Teilnahme als Sanitäter im Deutsch-Französischen Krieg 1870 mit für ihn schockierenden Erlebnissen tritt er eine Reise in die Niederlande nach Amsterdam und Scheveningen an, um die alten holländischen Maler zu studieren. Nach seiner Rückkehr nach Düsseldorf und Weimar malt er, von Rembrandt beeinflusst, sein erstes großes sozialkritisches Gemälde „Die Gänserupferinnen". Weil ihn in Deutschland die verstaubte akademische Genremalerei anödet, geht er 1873 nach Paris und knüpft Kontakte zu den führenden Realisten und Impressionisten. Nachhaltig beeinflusst ihn die „Schule von Barbizon" mit ihrer Freilichtmalerei.

1884 kehrt er auf Umwegen über Amsterdam und München zurück nach Berlin und heiratet. Nach dem Tod seiner Eltern erbt er ein Millionenvermögen und bezieht 1892 deren repräsentatives Palais am Pariser Platz 7 neben dem Brandenburger Tor. Inzwischen gehört er in Berlin neben Adolf Menzel, Wilhelm Leibl und Fritz von Uhde zur Garde der deutschen Malerei. Zahlreiche persönliche Sonderausstellungen und Ehrungen wie der Rote Adlerorden III. Klasse begleiten seinen Lebensweg.

Auch kulturpolitisch tritt er in Aktion und gründet im gleichen Jahr mit Walter Leistikow die Vereinigung der XI, in der sich elf unabhängige Maler zusammenschließen, und sieben Jahre später die Berliner Secession. 1898 wird er Professor an der Preußischen

Akademie der Künste und gründet 1903 zusammen mit Lovis Corinth und Max Slevogt in Weimar den Deutschen Künstlerbund. Nach Konflikten innerhalb der Secession tritt er 1911 als deren Vorsitzender zurück und überlässt das Amt Lovis Corinth. Er zieht sich in seine Villa am Wannsee zurück und vollendet dort mit zauberhaften Gartenansichten sein künstlerisches Spätwerk. Dort stirbt er am 8. Februar 1935.

Walter Leistikow (1865 – 1908)

Nach seinem Abitur in Bromberg (heute Bydgoszcz/Polen) geht der achtzehnjährige Walter Leistikow, zweitgeborener Sohn eines dort ansässigen Apothekers, nach Berlin, um an der Hochschule für Bildende Kunst Malerei zu studieren. Doch da ihm die Ausbildung dort missfällt, nimmt er Privatunterricht bei dem Landschafts- und Marinemaler Professor Hermann Eschke und wechselt zwei Jahre später zu Professor Hans Gude. Als dessen Meisterschüler gibt er nach sechsjähriger künstlerischer Ausbildung 1886 sein Debüt auf der Großen internationalen Jubiläumsausstellung der Akademie der Künste mit dem Gemälde „Märkische Landschaft". 1888 wird auf deren Jahresausstellung sein Gemälde „Pommersches Fischerdorf" mit einer ehrenvollen Erwähnung ausgezeichnet. Zusätzlich erhält er das Stipendium des Malers Carl Blechen von 600 Mark für eine Reise nach Italien.

In den beiden kommenden Jahren macht der junge Mann die Bekanntschaft von Künstlern wie Max Liebermann, Gerhart Hauptmann und Lovis Corinth. Im Friedrichshagener Dichterkreis lernt er weitere Künstler kennen, darunter auch seine zukünftige Frau, die Dänin Anna Mohr. Auf Empfehlung von Liebermann übernimmt er eine Lehrtätigkeit an der Königlichen Kunstschule Berlin und 1892/93 die Vertretung für das Fach „Malen nach der Natur". Aus Protest gegen die restriktive Kunstpolitik des Kaiserhauses und damit der Königlichen Akademie gründet er mit Liebermann die „Gruppe der XI" mit elf Berliner Malern. In seinem neuen Domizil, einem Atelierhaus, führt er eine Malschule für junge Frauen aus gutem Haus.

Nach seiner Hochzeit 1894 gelingt ihm drei Jahre später bei der sechsten Ausstellung der „Gruppe der XI" sein künstlerischer Durchbruch. Als Maler des Berliner Grunewaldes bricht seine fruchtbarste Malperiode an. Daneben betätigt er sich weiter auf kunstpolitischer Ebene. 1899 wird er Mitbegründer und Vorstandsmitglied der „Berliner Secession" sowie Organisator des Deutschen Künstlerbundes (1903).

Eine in der Jugend erworbene Infektionskrankheit ruft bei ihm zunehmend gesundheitliche Störungen hervor. Kuraufenthalte in Bad Gastein, Dornburg und Meran häufen sich. Doch die Krankheit gewinnt bald endgültig die Oberhand. Nach einem physischen Zusammenbuch kommt er in das Berliner Sanatorium „Hubertus" am Schlachtensee, wo er sich am 24. Juli 1908 das Leben nimmt. Eine große Trauergemeinde erweist ihm die letzte Ehre.

Paul Cassirer (1871 – 1926) und Bruno Cassirer (1872 – 1941)

Paul Cassirer, Unternehmersohn aus einer Berliner jüdischen Familie, lernt bereits in frühen Jahren viele bedeutende Persönlichkeiten des kulturellen Lebens kennen und ist gemeinsam mit seinem Cousin und Schwager Bruno Cassirer Mitglied der Künstlervereinigung Berliner Secession. Gemeinsam gründen sie 1898 die „Bruno & Paul Cassirer Kunst- und Verlagsanstalt". Wegen ihrer Geschäftstüchtigkeit von Liebermann und Leistikow als Sekretäre für die Secession berufen, verschaffen sie sich auf dem Kunstmarkt bald eine herausragende Position. In ihrer Galerie organisieren sie Ausstellungen und beginnen, das Berliner Publikum für den französischen Impressionismus zu interessieren.

Anfang des 20. Jahrhunderts trennen sie sich wegen persönlicher Differenzen. Bruno Cassirer behält den ursprünglich gemeinsam gegründeten Verlag und bringt die Zeitschrift „Kunst und Künstler" heraus. Paul Cassirer führt die Galerie und den Kunsthandel weiter und avanciert 1912 zum 1. Vorstand der Berliner Secession. Viele Künstler sind von ihm wirtschaftlich abhängig, da sie hauptsächlich über ihn und seine Galerie ihre Werke verkaufen. Nachdem er wegen dieser misslichen Verknüpfung von seinem Vorstandsposten abgewählt wird, führt er neben der Galerie auch seinen Verlag weiter, in dem eine Malanleitung von Lovis Corinth und Werke von Frank Wedekind, Carl Sternheim, Else Lasker-Schüler und das Gesamtwerk von Heinrich Mann veröffentlicht werden.

Georg Walter Rössner (1885 – 1972)

Der Sohn eines Leipziger Rechtsanwaltes erhält bereits mit acht Jahren Zeichenunterricht bei dem Maler und Bildhauer Georg Kolbe. Nach Abitur und Umzug nach Berlin wird er Schüler von Lovis Corinth, worauf sich ein Studium an der Académie Julian in Paris anschließt. Von Studienaufenthalten in Belgien, Italien und Frankreich kehrt er 1910 nach Berlin zurück und nimmt wieder

Vor dem Bade 1906

Der Künstler und seine Familie 1909

Frau Luther 1911

Die Alster am Kaisersteg (in Hamburg) 1911

Ostern am Walchensee 1922

Rittersporn 1924

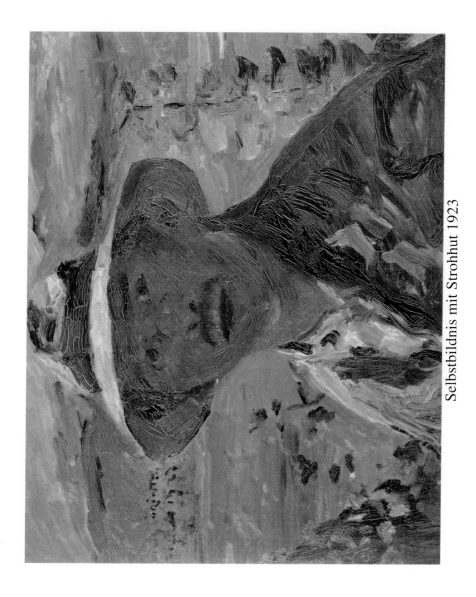

Selbstbildnis mit Strohhut 1923

Schloßfreiheit in Berlin 1923

Kontakt zu Corinth auf. Seine ersten Ausstellungen in der Münchner und Berliner Secession bringen ihm Erfolge als Maler ein. Von 1915 bis 1918 nimmt er als Soldat am Ersten Weltkrieg teil und erlangt zwei Jahre später durch Vermittlung von Max Liebermann eine Zeichenlehrstelle an der Staatlichen Kunstschule Berlin-Schöneberg. Nach kurzer Amtszeit im Vorstand und in der Jury der Berliner Secession wendet er sich dem Verband Berliner Künstler zu. Nach einem fünfmonatigen Aufenthalt in der Villa Massimo in Rom auf Einladung des Preußischen Auswärtigen Amtes erringt er weitere Erfolge bei Ausstellungen in Berlin und Leipzig. 1932 wechselt er als Professor für Porträt und Illustration an die Akademie für freie und angewandte Kunst. Fünf Jahre später wird er im Rahmen der Humboldtstiftung zum Austauschprofessor an der Akademie der Schönen Künste in Santiago de Chile ernannt. Zwei Monate vor Beginn des Zweiten Weltkrieges kehrt er in die Hauptstadt zurück.

Nachdem die Berliner Akademie nach Primkenau/Oberschlesien verlegt worden ist, flieht er kurz vor Einnahme der Stadt nach Gundelsby in Schleswig-Holstein, wo er eine Strohdachkate erworben hat. Hier malt er mit Porträts und Blumen sein künstlerisches Spätwerk. Mit fünfundachtzig porträtiert er, an den Stil seines ehemaligen Lehrers Lovis Corinth erinnernd, die Autorin im Alter von zweiunddreißig Jahren.

Bildquellen: Die Kunstreihe in Farben; Deutsche Buch-Gemeinschaft Berlin-Darmstadt – Wien, 1963

Ausstellung Lovis Corinth 1858–1925 aus Anlass seines 100. Geburtstages; veranstaltet von der Nationalgalerie der ehemals staatlichen Museen im Knobelsdorff-Flügel des Schlosses Charlottenburg – Berlin 18. Januar bis 2. März 1958.

Literaturnachweis

Lovis Corinth und die Geburt der Moderne. Herausgegeben von Ulrike Lorenz, Marie-Amélie zu Salm Salm und Hans-Werner Schmidt. Ausstellungskatalog zum 150. Geburtstag von Lovis Corinth. Kerber Verlag, Bielefeld, 2008

Lovis Corinth, Selbstbiographie. Gustav Kiepenheuer Verlag, 1993

Lovis Corinth, Meine frühen Jahre. Claassen Verlag Hamburg, 1954

Lovis Corinth, Legenden aus dem Künstlerleben. Verlag Bruno Cassirer, Berlin, 1918

Lovis Corinth, Das Erlernen der Malerei – Ein Handbuch. Ars momentum, Kunstverlag, Witten, 2009

Lovis Corinth, „Friedericus Rex, Aus dem Leben Friedrichs des Großen". Ein lithografischer Zyklus, 1921, Deutsche Stiftung Denkmalschutz, Bonn, 2008

Walter Stephan Laux, Der Fall Corinth und die Zeitzeugen Wellner. Prestel Verlag, München, 1998

Charlotte Berend-Corinth, Mein Leben mit Lovis Corinth. Strom Verlag, Hamburg, 1940

Charlotte Berend-Corinth, Lovis. Albert Langen – Gorg Müller Verlag, München, 1958

Defregger (Kunstband). Rosenheimer Verlagshaus, Rosenheim, 2010

Max Liebermann in seiner Zeit. Ausstellungskatalog, Prestel Verlag, München, 1979

Meisterwerke der Porträtkunst – 10 Jahre Museum Georg Schäfer. Sandstein Verlag, Schweinfurt, 2010

Thomas Corinth, Lovis Corinth – Eine Dokumentation. Verlag Ernst Wasmuth, Tübingen, 1979

Holger Behling, Georg Walter Rössner (1885 – 1972) zum 100. Geburtstag, Ausstellung im Städtischen Museum Flensburg

Renate Schnaider:
Lebenssaiten
Elf Erzählungen

Elf Erzählungen über Begebenheiten, die sich so oder ähnlich ereignet haben.
Es sind kritische Zeitbilder unserer Gesellschaft. Sie sind spannend erzählt, berühren unser Inneres und ergreifen. Manche von ihnen mögen erschüttern oder verstören.
Aber sie verhindern das Wegsehen, das Sichabwenden und zwingen den Leser in eine Realität hinein, die schmerzt – weil sie oft bis an die Grenze des Erträglichen führen.
Sie sind aktuell und faszinierend zugleich.

155 Seiten; brosch.; 2010
ISBN 978-3-936103-28-1; € 14,90

Karin Manke:
Versuch, einen Berg zu umarmen.
Bilanz einer Freundschaft.
Wege zu Franz Fühmann.

Die Autorin war von 1976 bis zu seinem Tod 1984 mit Franz Fühmann befreundet, neben Christa Wolf dem wohl bedeutendsten Schriftsteller der DDR. Indem sie diese Freundschaft reflektiert, beleuchtet Karin Manke die Arbeits- und Denkweise Fühmanns sowie sein Verhältnis seinen Mitmenschen gegenüber – aber auch ein wenig den Alltag in der damaligen DDR. Desweiteren wird neben den Tagebuchaufzeichnungen einer Ungarnreise der Briefwechsel zwischen dem bereits etablierten Schriftsteller und der noch jungen, literaturbegeisterten Autorin wiedergegeben.

229 Seiten, brosch.; 2011
ISBN 978-3-936103-28-1; € 17,90

Angelika Zöllner:
Wenn das Gras schweigt
Philosophischer Roman

Elija, ein junger Wuppertaler, hat mit Hängen und Würgen das Germanistikstudium abgeschlossen. Seine schwedisch-deutsche Freundin verlässt ihn wegen eines älteren, brillierenden Kunstprofessors. Da beschließt er eine Auszeit und folgt, auf der grübelnden Suche nach Sinnwerten im Leben, der Einladung seines Onkels nach Rom. Gefesselt, nicht nur von Michelangelos Werken, treibt er sich tags wie nachts im römischen Leben herum. Schließlich folgt er seinem Onkel Tonio – Archäologe am orientalischen Museum in Rom – auf eine Reise nach Rhodos. Dort begegnen ihm allerlei Wirrungen, er findet einen Job und verliebt sich neu. – Auf vergessene Philosophien und Persönlichkeiten wird Elija aufmerksam und entdeckt eine seltene Schriftenreihe „Von der Würde des Menschen". Auf der Suche nach einer zeitgemäßen Ethik beginnt er, sich mit den ursprünglichen Kardinaltugenden nach Plato auseinander zu setzen. Zu allerlei Verwicklungen führen drei Liebesgeschichten, bis Elija sich, wieder in seiner Heimatstadt angekommen, beruflich wie privat neu zu orientieren beginnt...

524 Seiten; brosch.; 2015
ISBN 978-3-936103-40-3; € 15,90

Helmut Zemke:
Der Mann mit dem Kneifer
Vier Erzählungen

Helmut Zemke, ein Literat ersten Ranges, der längst entdeckt sein sollte.

In den vorliegenden vier Erzählungen geht es immer um das Innenleben von Personen in Zeiten gesellschaftlicher Umbrüche.

Ganz individuelle Schicksale, die autobiographische Züge des Autors enthalten, werden mit psychologischem Feingefühl, spannend erzählt.

Helmut Zemke hat Geschichte, Philosophie und Germanistik studiert, war journalistisch an verschiedenen Zeitungen und Magazinen tätig und wurde in den Jahren des „Kalten Krieges" zum Opfer des Regimes, aus dem er aber ungebrochen hervorgegangen ist.

368 Seiten; brosch.; 2015
ISBN 978-3-936103-43-4; € 14,90